U0829746

社交心理学

主编　杨　燕

天津大学出版社
TIANJIN UNIVERSITY PRESS

图书在版编目(CIP)数据

社交心理学/杨燕主编.—天津:天津大学出版社,2007.5
(2013.6重印)
ISBN 978-7-5618-2442-9

Ⅰ.社… Ⅱ.杨… Ⅲ.人间交往-社会心理学 Ⅳ.
C912.1

中国版本图书馆CIP数据核字(2007)第05 08 号

出版发行 天津大学出版社
出 版 人 杨欢
地　　址 天津市卫津路92号天津大学内(邮编:300072)
电　　话 发行部:022-27403647
网　　址 publish.tju.edu.cn
短信网址 发送"天大"至916088
印　　刷 昌黎太阳红彩色印刷有限责任公司
经　　销 全国各地新华书店
开　　本 148mm×210mm
印　　张 9.125
字　　数 263千
版　　次 2007年5月第1版
印　　次 2013年6月第5次
印　　数 14 001-16 000
定　　价 18.00元

凡购本书,如有缺页、倒页、脱页等质量问题,烦请向我社发行部门联系调换
版权所有　侵权必究

前　言

当今世界经济全球化的趋势不可阻挡,国际国内的各个方面充满竞争。大学生要想在竞争中立于不败之地,非常关键的因素之一就是努力提高个人的交往能力。

在我多年的心理学教学和心理咨询实践中,听到不知多少同学有关交往方面的心灵倾诉,深切感受到他们的困惑与迷惘,并深感作为一个从事心理教育的教师的责任。开设社交心理学课,把自己多年来教学实践和研究中的体会告诉学生,帮助青年大学生在交往中认识社会、认识集体、认识他人和自我,让他们掌握“自己解放自己”的方法,为他们更广泛更深刻地适应社会,进而帮助他们在事业上能够开拓进取,成为我的夙愿。令人欣慰的是,社交心理学这门课程受到同学们的普遍欢迎,并且在教学互动中建立了深厚的师生情谊。每个学期学生选课人数始终居高不下。在授课过程中,我一直酝酿将近年来的讲稿加以整理,编写一本适合大学生学习的《社交心理学》教材,今天终得实现。

本书共分十章内容。第一章,绪论;第二章,社交心理基础;第三章,社交心理的自我意识;第四章,社交动机;第五章,社交知觉;第六章,社会交往中的人际吸引;第七章,友谊与爱情心理;第八章,社交性心理;第九章,网络交往心理;第十章,社会交往与心理健康。

在教材编写的过程中,天津大学原社会科学与外国语学院院长、天津大学心理研究所名誉所长宗文举教授给予了精心指点;出版社副总编高希庚教授为此书提出了多方面的修改建议;学校也将此书纳入现代心理学理论与实践精品课系列教材之中。这给了我极大的鼓励与信心。在此书付梓之际,对他们和一切关心此书出版的同志表示衷心的感谢!

为了增加课堂的趣味性和学生们对此课的兴趣,方便老师的授课,本人精心制作了与教材相匹配的多媒体课件。课件的制作得到了天津大学电教中心陈敏老师的大力支持，增加了课件的观赏性与趣味性。在此表示衷心的感谢！

尽管作者力求完美，但因水平有限，不当之处在所难免。敬请同人指正，余当不胜感激。

杨 燕

2007 年 3 月

写于天津大学

目　录

第一章 绪 论

交往是人类特有的相互沟通和相互作用的基本行为方式，是现实社会中的每一个人都不能脱离的一种活动。

人们醒着的时候几乎一直进行交往。比如人们之间的相互问候，与同学聚会，与好友深谈，与恋人窃窃私语，与家人团聚等等。马克思把交往形象地比喻为“人类历史的必然旅伴”，还比喻为“人们日常活动、日常接触中的必然伴侣”。由此可见，交往同人类历史的发展和人们日常生活的联系是多么紧密。

我们每个人都是社会的一个网结点，任何人脱离社会都不可能生存下去，而人的生存就注定离不开与社会接触、交往。人们对交往的渴望就像人们需要空气、阳光和水分一样，世界上没有朋友的人很少见，不与人交往的人大概也不会有。国外曾经做过这样一个实验：当一个人处于所有外界信息被剥夺的环境中，最多忍受2~3天，这时他的身心都会受到较为严重的损害。苏格拉底说得非常好：喜欢孤独的人不是神灵便是野兽。曹雪芹笔下的姑苏小姐林黛玉，可以算得上孤芳自赏，难以合群，但她也有自己的知己贾宝玉，还有丫鬟紫鹃也可以称得上好朋友。英国著名作家丹尼尔·笛福的名作《鲁滨逊漂流记》中的主人公，虽在与世隔绝的孤岛上生活了28年，但他毕竟还是找了一个“礼拜五”与他相伴。由此可见，人与人之间的交往、亲和已经成为人们赖以生存的精神食粮。

面对当今经济和社会环境的日益变化，人们越来越认识到朋友的可贵、人际关系的重要了。大学生作为社会群体的一部分，同样需要与人交往，建立良好的人际关系，这是大学生共同学习、共同生活、共同创造和发展的基础，因为我们除了阅读书本知识进行学习以外，还要与社会各类人员进行交往，进行信息沟通，才能不断丰富自己，发展自己。

在今天，这种文明高度发达、分工极其细密、知识极其丰富的年代，每个人的每项成功都是不能够奢望绝对的单枪匹马而一蹴而就的，为他人承担义务，你将获得他人为你承担义务的回报。这就由你自己亲手创造了一个你的成功的良好气候与环境，成功将会萌动，成功将会向你走来。确实，在生活中学会处理人际关系，将帮助你的事业走向成功。但如果我们没有交往意识，不懂得与人交往，甚至采取不正当的交往方式，不仅不能达成有效的交往，反而会与自己的愿望相反，带来不良的后果，甚至引发心理上的疾患，影响自己的人生前途。我们在多年的教学与心理咨询工作中，接触了很多在人际关系中困惑与挣扎的学生，甚至走向社会却不能融入社会的莘莘学子。他们都渴望与人交往，但苦于不善与人交往，甚至不懂如何去跟别人亲近，因此虽有满腹经纶，却无施展之处。乐观者会自我解嘲“此处不留爷，自有留爷处”，“天生我材必有用”；悲观者则感叹“人间冷漠、世事无情”。

难道真像有的同学所认为的“人与人难以相处”吗？不是的，是我们的观念和行为有问题。成功学专家卡耐基说过，成功需30%的学识、70%的社会适应能力。你是否意识到这一点，又是如何去做的呢？

重视与人交往，正确与人交往，把它作为我们传递信息、交流思想的工具，必能打开我们生活的一片蓝天。本书就是为了解答人们在交往中存在的问题，教会大家运用心理学的理论和方法解释社会交往中的一些现象，使人们能够正确地掌握一些交往的技巧，建立和谐的人际关系，以便生活更加美好快乐，从而实现我们人生的梦想。

第一节　社会交往与社交心理

一、社会交往与人际关系

（一）社会交往的概念

社会交往是人与人之间在相互接触中，彼此在心理或行为上产生相互影响、相互作用的过程和联系。具体来说，就是人们在社会生活中为了满足某种需要而进行的信息交流或联系。

交往对人群具有凝聚整合作用。俗语说:“物以类聚,人以群分。”社会上的人之所以能够结群,是由于生活的需要或为了实现某种共同的社会目标通过交往活动而逐步形成的。而群体形成的规范和行为准则,也同样是由于交往规范化、标准化的结果。因此,交往是人与人之间建立联系、形成人际关系的纽带,是社会群体构成的前提。

社会交往属于社会心理学研究的重要课题,是社会心理学的基本概念之一。由此说来,社会交往就是指人们在社会生活中交流信息、沟通感情、相互作用和相互知觉的过程。

(二)人际关系的概念

人际关系是在交往过程中建立的直接的心理上的关系,是人们通过交往来满足某些需要或调节某种利益所建立的人与人之间相对稳定的关系。其特点是:个体性、直接性、情感性。

个体性:在人际关系中,角色退居到次要地位,而对方是不是自己所喜欢或愿意亲近的人成为主要问题。

直接性:人际关系是人们在面对面的交往过程中形成的,个体可切实感受到它的存在。没有直接的接触和交往不会产生人际关系,人际关系一经建立,一定会被人们直接体验到。人们在心理上的距离趋近,个体会感到心情舒畅,如若有矛盾和冲突,则会感到孤立和郁悒。

情感性:人际关系的基础是人们彼此间的情感活动。情感因素是人际关系的主要成分。人际间的情感倾向有两类:一类是使彼此接近和相互吸引的情感;另一类是使人们互相排斥、分离的情感,在这一类情感基础上所形成的人际关系,则带有相互排斥与厌恶的特征和性质,如冷淡、嫌弃、憎恨等。这两类性质相互对立的人际关系,在一定社会范围内总是相互交织出现的,从而构成人类复杂的生活画卷。

(三)社会交往与人际关系的区别与联系

从以上两个概念我们看出,人际交往与人际关系既有区别又有联系。

1.区别

社会交往是从动态角度看的一个过程,是人的行为与活动,在交往中人们往往通过语言、眼神、表情或其他身体动作等形式来表达自己的意见、情感和态度。人际关系一般是从静态角度看的一种状态。人与人之间的交往目的就是达到一种稳定的情感关系。比如:恋爱关系、婚姻关系、家庭关系、朋友关系等等。

2.联系

人际关系通过交往表现,又通过交往实现,人际关系的发展和变化是人际交往的结果,有什么样的交往就会产生什么样的人际关系。而人际关系的程度又影响和制约着人际交往的深度和广度,决定交往的内容和性质。

人际关系作为社会交往的联结点,与每个人的学习、工作和生活都有着千丝万缕的联系,并带来不容忽视的影响。因此,人际关系的状况如何,必然影响着每个人的成长发展。事业成功离不开社会交往,在为某一事业而奋斗的过程中,需要通过交往、分工协作才能取得成就。这一点在现代社会生活中日益明显。人际关系和谐、感情融洽、行为协调,就会促进工作的顺利发展,提高工作效率;相反,由于自己不善于交往,人际关系就会紧张,情感别扭、行为不协调、内耗大,就会阻碍工作发展,降低工作效率。不仅如此,如果持续紧张的人际关系,在一定条件下心理健康还会受到损伤,甚至会导致身心疾病。解除人际关系紧张状态,消除人际关系的各种障碍,最根本的方法之一就是要在动态的社交中去解决。多进行交往、沟通,促使人际关系和谐、深化。人际交往的时间越长、空间越大,人的精神生活就越丰富,得到支持与帮助的机会就越多,就越能保持心理平衡。

二、人的心理与心理构成

与人的交往,实际上是与人的心理交往,交往行为的发生,必然带来人的心理变化。只有弄清人的心理才能建立相对稳定的情感关系。

(一)心理的概念

简单说,心理是人脑对客观现实的能动反映。对于此概念我们可以从以下三个方面去理解。

1.心理是人脑的机能,脑是心理的器官

人脑是一种结构复杂、机能极为灵敏的物质。如果人脑受了外伤

或得了某种疾病,其相对应的心理活动会部分或全部失调。如:

患脑震荡——产生幻觉、错觉、遗忘等心理现象;

患脑溢血——会留下半身不遂的后遗症;

患脑肿瘤——人会变得痴呆;

无脑畸形儿——因无脑髓而无正常思维,根本无心理活动。

人的一切心理活动都是通过脑的条件反射活动产生的。反射是有机体借助于神经系统对刺激做出规律性反应的形式,其活动主要分为三个环节。

开始环节——外界刺激作用于感官,传入脑神经的兴奋过程。

中间环节——脑中枢发生的神经过程和这一过程的主观表现,即心理活动。

终末环节——由中枢神经传至效应器官,引起效应器官的活动,如动作、语言。

条件反射的发现科学地解释了脑产生心理的过程,证实了心理是脑的机能这一论断。

2.心理是对客观现实的反映

客观现实包括自然条件、社会环境、他人言行等。人的心理活动离不开这些客观条件,这些都是人的心理活动的源泉。如果人的心理活动脱离了这些现实,与世隔绝,那么人的心理便成为无本之木,无源之水。比如,众所周知的印度狼孩卡玛拉8岁时才被人从狼穴中发现,与狼生活了8年的卡玛拉的智力只相当于6个月婴儿的心理发展水平。被日本掠走的中国人刘连仁,因不堪忍受矿山苦役逃亡深山,一直过了13年的野人生活,被救出后没有了正常人的心理。这些事实都说明,客观现实和社会生活实践是人的心理活动产生和发展的源泉。

3.心理具有主观能动性

主观性是指人脑对客观现实的反映总要受自己主观定式影响,呈现出对事物不同的看法,因为,我们每个人在生理遗传、发展成熟、需要动机和个性特征方面存在着差异,而且在认识客观现实时的心理状态也不尽相同。因此,不同的人,甚至同一个人在不同的环境条件下对同一个事物形成的主观映象也不同。如同是一场音乐会,有的人感觉是一种享受，而对有些人却认为是在受罪；同样的老师讲授同样的课程，但学生对讲授内容的理解和掌握却有不同程度的差别。

能动性是指人对客观现实的反映不是一种简单的再现，不像镜子反映事物那样消极被动，而是在实践活动中对客观现实积极、能动的反映。这种能动性表现为对自己的行为的调节和对实践活动的指导。有时我们自己的行为在某种程度上会偏离大多数人的心理行为常规，因此，我们需要在实践中不断调整自己的心理，不断纠正自身的行为，保持自身的心理健康或趋于正常化的心理，才能不断适应周围的生存环境，也才能充分发挥自己的能动性，推动社会的进步。

(二)人的心理构成

人的心理是由人在反映客观事物时所发生的一系列心理现象构成的，可分为心理过程和个性心理两部分。其具体内容如下。

- 心理
  - 心理过程
    - 知:感觉、知觉、注意、记忆、思维、想象
    - 情:情感、情绪。指愉悦或不满的态度体验心理
    - 意:意志，实现目标而付诸的行动
  - 个性心理
    - 个性意识倾向性:需要、动机、兴趣、理想、信念、世界观
    - 个性心理特征:气质、性格、能力

所有这些都可谓心理现象。我们可看出，心理过程和个性心理是同一个心理现象的两个方面。没有不带个性特征的心理过程，也没有不表现在心理过程之中的个性特征。在社交活动中，人的心理现象都以不同的交往行为而表现出来，善于洞察人的心理，把握人的个性特征，是社交活动的根本所在。

三、社交心理

(一)概念

在十分复杂的交往过程中，人们会形成各种各样的印象，这就出现了社交心理。社交心理是人的心理在社会交往活动中的表现，或者说，是社会交往过程中人与人之间相互作用时的心理。

(二)特征

1.独特的个体性

每个人由于先天的遗传素质和后天的生活经历不同,所以,在交往当中都会呈现与众不同的个性特征。有的人在交往当中表现出热情、开朗、健谈;有的人郁郁寡欢、不善言表。这种差异表现在人与人之间的社会交往中,就形成独特的个体差异性。

2.心理的兼容性

一般在交往中,相同的兴趣、爱好,共同的理想、信念,会增加彼此间的吸引力和亲密感,很快达成交往。因此,心理的兼容性是人与人之间建立良好的人际关系的前提和基础。

3.自身的调整性

我们在交往中往往会根据交往的对象不同而采取不同的交往方式和交往策略,因此,就要不断地调整自己的心理和行为,以控制和把握交往活动的进行,达成交往。相反,如果一个人在交往中一意孤行,主观臆断,就会处处碰壁,寸步难行。比如,你是一个热心肠,你在诚心诚意地指导对方、帮助对方、矫正对方的观点,但他如果是一个自尊心强烈、争强好胜的人,他可能把你的帮助看成施舍,当成“嗟来之食”而断然拒绝。而如果他是一个顺从温和、虚心好学的人,他会衷心地感激您。因此,在交往中充分考虑对方的性格因素,不断调整自己的交往行为,采取灵活的交往方式是交往成功的重要诀窍。

第二节 社交心理学的内容及其社会功能

一、社交心理学的内容

由于社会交往是人与人之间在接触中相互影响、相互作用的过程和联系,那么这种交往行为必然会带来交往心理的变化,或兼容,或排斥,或承受,或外移,心理活动会随之发生相应的变化。有交往行为就会产生交往心理,交往心理又制约或整合交往行为,交往行为的多样性和复杂性带来了社交心理学的丰富多彩的内容。因此,社交心理学研究的范围非常广泛。

(一)以人的心理为研究基点

社交心理学是以个体的人为研究基点,研究人与人在社会交往活动中心理和行为规律的科学,它以探索人的深层心理为己任。只有洞察人的心理奥秘,才能把握住人的行为走向。群体与群体的交往也无不是在同个体的人打交道,同个体的一种心理交往。可以这样说,所有的交往活动,无论是群体间还是个体间的交往,抑或是个体与群体间的互动,都离不开一个基本事实,那就是人与人的心灵交汇。与群体的交往活动实际上是个体与放大了的"个体"的交往。熟悉群体的心理定式必须了解每个个体的心理,以个体的心理为基点。

(二)以社会交往过程为研究主线

在社会交往的不同阶段会有不同的心理和相应的行为,一般交往的心理过程要经历社交动机、社交知觉、情感探索、情感交流、稳定交往几个阶段。而每一个阶段起相互作用的形式都包含着各自不同的手段和心理,因而对人们之间的关系必然起到不同的调节和影响作用。因此,社交心理学的研究内容会根据不同阶段的心理和行为各有侧重,并特别在于寻找人们相互作用心理和行为中的积极力量和因素,并把不利因素转化为有利的因素。

(三)以人的个性差异及其形成、发展为研究特点

对客观事物的认识过程、情感过程和意志过程是任何人都具有的,但是,人们通过心理过程,在认识和改造事物的过程中,又表现出个人不同的特征。这些个人特征表现在能力、气质和性格方面,正是这些特征构成人们心理面貌上的差异,从而把人们区分开来。同样,人们在交往中,心理活动也表现出不同的特征。例如有的人善于交际,在交往中思维敏捷,交谈中口齿伶俐,对人热情,使人有一种亲切之感,很容易适应环境。相反,有的人则不善于交际,显得缺乏生气,行动迟缓,在活动中不愿意表现自己,胆小怕事,尽量摆脱出头露面的事,在交往中表现出来的这些不同的个性特征,在一定程度上影响着人们的交往。因此,探讨社交中个性的差异与个性形成、发展规律,是社交心理学的一个主要特点。

二、社交心理学的功能

(一)社会交往是重要信息的来源

有人做过统计,认为许多专业科技人员的专业信息的50%~80%是来自朋友间的聚会、聊天、讨论和聚餐。所以,人际间的交往是发展文化、优化智能的重要途径。历史上许多伟大人物,都是在密切的人际交往中增加知识,改善知识结构,产生新的思想的,因为每个人都载有一定新鲜度的信息量,交往过程中,信息也就交换了,正所谓你有一个苹果,我有一个苹果,我们之间的交换还是一个苹果,但你有一种思想,我有一种思想,交换以后,就变成两种思想了。

社交心理学是探讨人与人之间交往的心理学问题,它将对获得信息交流的重要性给人以启示,并将揭示有效地获得信息途径方面的指示。

(二)有助于良好人际关系的建立

一个人要在事业上成功,必须学会协调各方面的关系,为自己营造一个良好的人际环境。如果一个人经常受情绪困扰,在人际关系方面非常不协调,就会时常感叹怀才不遇,事业也就很难发展。同样,一个群体,为了实现群体成员的共同目标,就必须在共同的价值标准和行为规范约束下,协调步调,而协调步调要通过社会群体各成员不断接触,相互加深了解,才会逐渐和他人之间产生共同的公约和规则,也才能保证共同目标的实现。可见,没有良好的人际关系,就没有个人以及群体的发展,社交心理学教会人们应该如何按社会规范沟通内部信息,处理好人与人之间的矛盾,使人的行为相互协调,建立良好的人际关系。

(三)使个体在交往中形成独特的人格魅力

人格是各种心理特性的总和,也是各种心理特性的一个相对稳定的组织结构,在不同的时间和地点,它都影响着一个人的思想、情感和行为,使人具有区别于他人的、独特的心理品质。但很多人并不十分清楚自己有什么特点,在交往中尽管自己表现得很真诚,却引不起别人的兴趣，得不到别人的认可，疑惑自己没有人缘。其实这个人缘亦即人格魅力，而这个人格魅力主要是来自于人的不断交往。一个人在特定的社会环境中，通过活动，借助语言、表情、姿态与他人交往，逐渐发展形成自己的个性。观察表明，在单调的生活环境中，较少与人交往的儿童，探索行为在一定程度上受到抑制，智力和语言发展都较迟缓，性情孤僻。而那些和母亲生活在一起的儿童，由于亲子之间交往频繁，儿童不断地得到丰富的语言刺激，在相互反馈中，促使儿童在能力和人格方面迅速发展起来。人正是在各种社会影响的关系中意识到在交往中所受到的影响，并对这种影响有其特定的应答活动，在这种不断的应答活动中，逐渐理解和掌握一定的道德规范、社会价值观念，学会评价自己和他人，并以此为准则调整自己的认识和行为方式，表现出某种倾向，逐渐地形成与众不同的人格魅力。

马克思曾指出："一个人的发展取决于和它直接或间接进行交往的其他一切人的发展。"① 可见，研究社交心理学可促使个体全面客观地分析、判断自己的心理面貌，培养优秀的个性品质，在交往中形成独特的人格魅力。

第三节 社交心理学的学科性质及研究原则和方法

一、学科性质

（一）以心理学和社会学为基础

1.以心理学为基础

心理学是一门古老而又年轻的学科。说它古老，是因为早在2 000年前，许多哲学家、教育家以及一些医生对心理现象一直在探讨。说它年轻，是因为1879年，德国心理学家冯特在莱比锡首先建立了心理实验室。从心理学真正成为一门独立学科算起，仅有一百多年的历史。

① 马克思，恩格斯：《马克思恩格斯全集》，第3卷，515页，北京人民出版社，1960。

但心理学在探讨人的心理本质、揭示各种心理现象发生和发展的一般规律、研究心理过程和心理现象等方面,都取得了较高的成就。社交心理学以作为心理科学母体的普通心理学为基础,也是既古老又年轻,比如,我国的古典名著《红楼梦》、《三国演义》等著作中写了许多关于人际交往的故事、经验和名言。社交心理学正是应社会交往这一实践领域的要求而产生并迅速发展起来,成为一门独立的学科,从事研究的人也不计其数。

社交心理学为什么要以心理学为基础呢?因为人们的交往活动,不是简单形式的交往,而要经历一个复杂的心理过程。人与人之间的交往,从感知、记忆到思维、想象和注意,有一个认识过程,认识之后,人们还要根据自己的需要,表现出自己的好恶倾向,决定自己的积极和消极的态度,经历一个情感过程。同时,交往行动的确定,交往行为的抉择,都有着一定的目的,为了实现交往的目的,就需要对自己的行为进行控制和调节,即有一个意志过程。因此,人们的交往行为,就其本质而言,是受心理过程的影响和制约的,社交心理学必须以心理学为基础,它只有在健康的心理过程中,才能获得最佳的交往效果。

2.以社会学为基础

社交心理学还要以社会学为基础。如果从1836年法国的实证主义者孔德提出社会学这个概念和关于建立这门新学科的大体设想算起,社会学至今也已有150年的历史。社会学研究人的社会属性。生活在社会中的人,除具有自然属性外,还有社会属性,也就是除了有满足自己生存的需求,还有被社会尊重的需求,实现自己的价值的需要,而且这一社会特性是人的重要属性。马克思指出:“人的本质,并不是单个人所固有的抽象物,在其现实性上,它是一切社会关系的总和。”人所进行的一切活动,无不受其社会性的制约。社会学研究的直接对象是人,是人与人之间的社会关系。它与社交心理学所研究的角度不同。社交心理学要研究人与人之间相互作用、互相制约的心理活动规律。社会学所涉及的是低层次的社会关系,如血缘关系、地缘关系、业缘关系,而不是面对面的心理关系与行为关系。同时,社会学所涉及的个体是作为一定社会组织和群体代表的个体,是抽象的非个性化的个体。

但是社交心理学必须要借助于社会学的一些理论原则,吸收其相关的一些研究成果,研究人与人之间交往过程中的心理与行为,这反映了两门学科研究的是一个问题的两个着眼点。因此,社交心理学直接联系着社会学,没有社会学,自然会影响社交心理的存在和发展,甚至会成为营养不良的畸形儿。

社交心理学在社会学与心理学之间架起一座桥梁。心理学和社会学是社交心理学的基础。

3.社交心理学具有多学科性质

社交心理学既是一门综合性的应用学科,这就决定了它的多学科性质,它的研究内容涵盖了多种学科。它除以心理学和社会学作为基础之外,与其他学科密切联系。

(1)社交心理学与管理心理学

管理心理学或组织心理学涉及的基本理论主要包括人际关系理论、激励动机理论和群体组织理论三大类,其中人际关系理论和群体组织理论方面的研究,为社交心理学的研究提供了许多理论根据和可借鉴的经验。

在学科发展的道路上,社交心理学和管理心理学,作为心理学的应用分支和社会心理学在不同领域的延伸学科,必将相互促进、共同发展。

(2)社交心理学与公共关系心理学

公共关系学 1903 年产生于商品经济发达的美国,也是研究人与人之间关系的一门学问。这里所说的人包括三种形态,即个体的人、群体的人、有组织的人。因此,公共关系学是研究如何使企业和社会之间建立并保持良好的社会关系状态,以促进事业成功的一门应用科学。公共关系学一般要涉及与公众建立良好关系的问题。社交心理学要吸收其中有关的知识,因此,它们之间有着千丝万缕的联系。尽管社交心理学同公共关系学以及公共关系心理学研究的目的、着眼点不同,但它们在具体操作中有许多相互渗透、相互借鉴的方面。它们都以人为主客体,尽管公共关系心理学是研究群体和社会之间的关系,但在实践中,主客体往往是以“代表者”的个体身份出现的,这一点是大体一致的。

(3)社交心理学与思维科学

既然社交心理学是以心理为基础,那么,它就要研究人脑,这就离不开思维科学。思维科学是研究人脑对客观事物的一般性和规律性反应的科学。其实,无论哪一门学科,既然离不开它的研究对象,也就离不开思维科学。社交心理学更是直接依赖于思维科学,特别是对其中关于思维形式和思维活动规律的具体应用,更有助于这门学科的完备和发展。

社交心理学主要是研究人与人之间在交往中相互作用、相互影响而产生心理活动规律的科学。思维科学为其提供了正确的认识工具和表达工具。它有助于人们正确地表达自己的思想。

(4)社交心理学与伦理学

伦理学是研究关于一定社会中道德问题的科学。“伦”就是人与人之间的次序,“理”就是道德准则,“伦理”就是处理人与人之间关系应遵循的道德准则。社交心理学研究人与人之间的交往关系,总是离不开一定道德准则的。因此,伦理学为人际交往提供了必要的社会准则、政治准则、道德准则。

此外,社交心理学还与思想教育学、文化人类学、法学、美学及心理卫生学等有较为密切的联系。

二、社交心理学的研究原则

社交心理学研究人们在社会交往过程中表现出来的各种心理现象、心理本质和心理规律,因此,运用心理学的理论和方法对社会交往进行研究,就是要通过对社会交往中的心理现象的探讨,从理论上找出社会交往活动中人们的心理和行为的规律。而辩证唯物主义为社交心理学的科学化研究提供了一定的理论基础。按照辩证唯物主义的理论,社交心理学的研究应遵循以下原则。

(一)客观性原则

客观性原则要求人们在社交心理学的研究中要采取实事求是的科学态度,对客观事实不能歪曲和主观臆测。由于在社交心理学的研究中，研究者总是在某一理论指导下并从一定的假设出发的，而且自身的价值取向以及个人好恶均可能对研究产生影响，因此应尽力减少这种主观因素的负面影响，使研究客观公正。

（二）系统性原则

社交行为与社交心理现象存在于一个系统之中，其产生与变化均有其原因。系统性原则要求不仅要把研究的对象纳入系统进行考察，而且要用系统的方法来研究。因为人的心理现象虽然纷繁复杂，但它们之间相互联系、相互制约，共同构成一个有机的整体。任何一种心理现象都不可能孤立地存在。系统性原则就是要求人们在社交心理学的研究中必须具有整体的、动态的、有序的观念。

（三）理论结合实际原则

在社交心理学研究中，理论与实际的关系是辩证统一的。理论源于实践，实践是检验理论正确与否的唯一标准，而理论对事件有指导作用。在应用研究中要重视理论基础；在理论研究中更要重视密切联系社会现实。

三、社交心理学的研究方法

社交心理学的研究方法与心理学的研究方法相似，大致有以下几种。

（一）观察法

观察法是研究者通过感官对人们的正常活动所表现出来的一些语言、动作进行观察来了解他们心理活动状况的方法。从对象来看，有特定的个人和特定的群体；从时间上看，有长期观察、定期观察；从目的来看，有针对性观察和随机观察。不管采取哪一种观察，都必须仔细、综合，做好记录，并对观察的结果及时进行分析和研究。

观察法的优点在于方便易行，适用范围广泛，而且观察结果与生活现实接近。另外，被观察者不易觉察，没有防备，因而他们的活动自然。其缺陷在于只能反映表面现象，难于揭示现象背后的本质或因果关系，而且，总是处于被动地位，只能是当事人表现什么，就观察什么，观察所得到的材料不易做定量分析。因而观察法常与其他方法结合使用。

(二)调查法

调查法也称询问法。其特点是,研究者拟出一系列问题请被调查者回答,然后分析整理收集到的资料,以达到描述、解释和说明社会行为与社会心理的目的。口头调查即访谈,书面调查又称问卷法。

调查法的优点是能快速收集大量范围广泛的资料,而且能使结果数量化,便于分析。缺点在于所收集到的资料易受环境因素和个体当时心境的影响,所以难以把结论直接与被调查者的实际行为进行比较。

(三)实验法

实验法是研究者在实验条件下,即人为控制的非自然情境中进行研究的一种方法。

实验法可分为实验室实验和现场实验两种类型。

实验室实验是利用一些专门的仪器对个体或群体进行心理和行为方面的研究。这种方法须用专用的设备和仪器,在现代化的心理实验室中,通常都备有先进的电子计算机、电脑控制的录音和录像设备、各种电生理仪器等等。

现场实验是在现实生活场景中进行实验。

两者比较,各有利弊。前者的实验可获得较精确的数据,而且实验结果可再现,但实验的结果与实际生活有差距。后者实验的结果虽然具有一定的可靠性、真实性,但代价较高,而且难以控制。

(四)测量法

所谓测量法(测验法),是采用标准化的心理测验量表或精密的测量仪器进行有关的心理和行为的测定、分析的方法。两千多年前孟子曾经说过:“权,然后知轻重,度,然后知长短。物皆然,心为甚。”其中明确指出了心理测量的必要性和可能性。隋朝末年出现的科举考试被人们称为实际上最早的心理测验。在国外第一个开展心理测量工作的是英国学者高尔登,他于 1844 年的万国博览会上设立了人类学测量实验室。1905 年法国心理学家比内和医生西蒙编制了世界上第一个智力测量表。之后各种类型的测量表迅速发展,逐渐形成了今天心理与教育研究中的特有方法——测量法。

这类方法比较常用,而且量表的种类很多。如:斯坦福成就测验、卡特尔16种人格测验、韦克斯勒智力量表等等。还有其他的一般智力测验、个性测验、气质类型测验、社交能力测验等等。

思考题

1.什么是人的心理及心理构成?

2.社交心理有哪些特征?

团体训练(一):“社交大家谈”

活动的目的:

使团体所有成员认知社会交往的必要性和重要意义。

团体性质:

此团体为封闭型活动团体。

人数:

此团体活动人数一般为8~12人,也可视具体情况而定。

活动程序:

1.请每个成员遵守这个团体的契约,视团体每个成员为家庭一员。

2.每个成员畅所欲言,谈个人对这门课的理解与期望。每个人发言时间为5分钟。

第二章　社交心理基础

学习社交心理学首先应当熟悉心理学的基本知识。我们在第一章中对人的心理构成有了一个初步的认知,在此基础上,这一章将人的心理构成进行具体化和深入化。因为社交理学是心理学的一门分支学科,它以普通心理学的基本知识为基础,应用心理学的理论和方法研究社会交往中人们的心理和行为问题。所以,学习社交心理学就必须深入了解人的整个心理,即人的心理过程、个性心理和自我意识等。

第一节　社交心理过程概述

社交行为作为一种客观存在,必然会作用于人脑,也必然会引起心理活动,在交往行为的相互影响、相互作用过程中,人们的心理过程也会随之发生变化。社交心理过程就是由交往行为作用于人脑而引起的心理活动过程,这个过程包括人的认知过程、情感过程和意志过程。

一、认知过程

认知过程是心理过程中的基本过程,包括感觉、知觉、记忆、思维、想象以及伴随着这些心理现象而产生的注意等。

人的认知过程是社交心理过程的基础和前提。社交活动的最基本要求是认识交往对象,不仅要知道对象的性别、年龄、职业等方面,而且要了解其处境、交往动机、思考问题的特点、临时所做的反应等等。因此,就社交而言,尤其重要的是要了解对象的认识心理过程发生、发展及其变化的规律。

(一)感觉、知觉

感觉和知觉是感性认识过程中两个不同的心理层次，是心理发展的最低阶段。

感觉是在社交过程中最简单的心理活动方式，是人脑对当前事物直接作用于感觉器官的个别属性的反映，是人对客观事物认识的开始。从某种意义上说，没有感觉器官的充分训练和经常运用，就不会有学习和教育，不会有认识能力的发展。手指、眼睛、耳朵等外部感觉器官发展的程度，对人的智慧以及行为能力的发展有直接的影响。

加拿大麦克吉尔大学心理学家赫布和贝克斯顿等人曾在1954年做过“感觉剥夺”的实验。实验时用眼罩、手套等限制了被试的视觉、肤觉，用空气调节器的单调声音限制其听觉。实验表明，受试者在感觉被基本剥夺的条件下，注意力难以集中，思维产生跳跃，难于进行连续清晰的思考，多数人不能正常学习，其连续集中注意的能力以及思维能力等均受到了严重影响。感觉剥夺实验证明了感觉在认知等心理活动中的重要作用。在交往过程中，没有感觉这个基础和前提，我们就不可能更进一步地去认识交往对象，从而有效地开展交往活动。我们对交往对象的认知，总是首先要了解交往对象的外表、相貌和风度等；其次通过对象的谈吐、动作的观察，来掌握其交往能力，特别是表达能力；再次还要运用感觉器官了解对象的其他属性，而后根据感觉的心理规律创造其外部形象，形成第一印象。在此基础上，确定采用相应的交往方式。

知觉是直接作用于感觉器官的客观事物的整体在人脑中的反映。它是各种感觉器官协同活动的结果。如，学生在做“向后翻腾一周上双杠的动作时，通过运动的感觉系统获得身体倾斜的角度；通过触觉的感觉系统获得身体与双杠接触的情况以及手所受压力大小的信息，通过视觉的感觉系统获得身体在空间的位置。

看来，感觉只是客观事物的个别属性，形成的只是一片孤立的、彼此不相联系的印象，知觉是人脑对当前直接作用于感觉器官的客观现实进行整体及外部相互关系的反映。拿上面的例子来讲，我们既要感觉到身体的旋转角度、身体的其他部位配合程度以及身体与双杠的接触程度，又要感觉整个身体在空间的位置，使动作整体规范化等等。这就能构成运动员对整个动作的一个整体印象。因而知觉到的是对客观事物的各种属性的整体反映,那是相互关联的包括各个侧面的一个整体,是直接反映事物的一种形式,较之感觉,则是进了一层。

由此可知,感觉和知觉是人们认识客观世界的起点。人类的一切知识经验、思想观念,都是在感知客观事物的基础上形成的,它是认识心理过程中的必经阶段。在社会交往中,人们对自己以及对他人的观察和了解同样是以感觉和知觉为起点和基础,如我们通过对交往对象的相貌、风度、谈吐、动作以及表情的感觉知觉,观察和判断其对人、对事的态度。因此在交往活动中,我们就要自觉运用各种感觉器官捕捉感觉对象,从而,要通过感知心理,对交往对象形成综合性的整体印象。这对于开展交往活动,建立良好的人际关系有着十分重要的意义。

(二)记忆

有专家指出,社交能力由四个方面构成:①人际感受能力;②人际记忆力;③人际理解力;④人际想象力。其中的人际记忆力是指记忆交往对象个体特征以及交往情景、交往内容的能力。总的说来是记忆与交往对象及其交往活动相关的一切信息的能力。

那么,什么是记忆呢?记忆是过去的经验在头脑中的反映。人们不仅能感知当前的具体事物,而且可以间接地反映客观事物。比如,我们曾经吃过鲜荔枝,它的味道已经存留在我们的记忆中,在我们吃干荔枝的时候,我们也能想象鲜荔枝的味道。这就必须通过人类丰富的记忆活动。在现实生活中,人们接触各种事物,从而产生对各种事物的感知,引起言语、思想、情感和行动。这些都在人脑中留下印记,并且在一定条件下再现出来,融进现实心理活动中去。因此,简单而言,记忆就是人们过去生活实践中认识过的事物或做过的事在头脑中留下印记的过程。我们这一生要经历很多事情,无论是好事、坏事,是痛苦还是幸福,总要给我们留下深刻的记忆,为我们重新认识现实世界做准备。如果没有记忆这种能力,人就会失去认识客观世界的中转站,永远停留在低级阶段,而无法进入高级的认识活动中去。在社会交往中,如果没有记忆,双方难以沟通,甚至会带来更多的误会,以至于影响交往效果。如果我们在一面之交后便能记住对方的姓名,那么,给对方的印象会是非常好的,有可能很快达成交往。因此人的博闻强记对于交往成功是具有特殊意义的。李敖曾经称赞胡适先生的为人之道:胡适善于交往,并且记忆力非常好,它不仅善于记住别人的名字,就连每个人的兴趣特征都能略讲一二,深得大家的崇拜。周总理的记忆就非常好,他仅看过一次马三立的相声,就能记起马三立,这给马三立以极大的鼓舞,对周恩来总理更加热爱和钦佩。

(三)思维、想象

认识心理过程中最重要和最有价值的是认识达到最高层面,即要进行大胆的想象和创造性思维。

思维是人脑对客观现实的概括的、间接的反映过程。它所反映的是事物的本质特征和一般规律。思维的基本特征是概括性和间接性。

思维的概括性是指思维反映的是同一类事物的共同的、本质的特征。思维的概括性以感知所获得的关于个别事物的材料为基础,但思维又超越于感知的范围而反映同一类事物的共同特征,反映事物之间的内在联系和规律。例如,感知给我们呈现出杨树、柳树、桃树、梨树等各类树木的形象,思维则使我们概括出“树”的一般特征,抽象出“树”的概念。一切科学的概念、定义、定理、规律、法则都是思维概括的结果。

思维的间接性指思维反映事物不是直接的、现实的、具体的,而是通过已有的知识经验或其他事物的媒介作用来反映客观事物,来揭示事物内在的本质联系。例如,医生确定体温的状态,就可以间接地用温度计来测量,温度计上的符号标识就能使我们知道高温是怎样的状况,而不必直接地通过触摸身体的手上温度感觉来测量。医生据此为病人诊断病情的过程,就是一种间接的认识。一个人在思维过程中利用感觉、知觉材料的同时,也就超出了感性认识的界限,也就是说,它开始认识了那些知觉中根本没有直接提供因而也是根本不能直接观察到的外界现象及它们的属性和关系。换句话说,它们是直接感知不到的;不可能看见它们,只能思考它们。思维同感知觉一样都是人脑对客观现实的反映,但感知觉是对客观现实的感性认识,而思维是对客观现实的理性认识。也就是说,对于外部世界要做进一步更深刻的认识就要依靠思维来实现。

想象是一种富有创造性的思维活动,我们的交往是需要创造性思维的。创造是通过人的复杂心理活动，将创造力运用到科学、技术与艺术等各种不同的社会领域，创立新颖的、独特的、具有社会价值的新事物的过程。

我们在交往中常有一些预想不到的问题出现，甚至有些是不能用我们的常规思维去领会或解决的，它必须在双方的智力的聚合与竞争中促使其向预定的方向发展。这就需要大胆的想象，创造的基因既在想象这一特殊思维活动之中，又在创造性思维之中。任何发明创造，任何新的构思、新的打算，都离不开想象，离不开创造性思维。对于社交活动更是如此。如果缺乏大胆的想象和创造性思维，就会给社交活动造成极大的缺陷，甚至不可能交往。

当今社交需要创新思维的几大特点如下。

1.社会各方面都在发生飞快的变化

当代经济、政治、科技和社会生活都在急速发展，促使每个人的思想、观念、生活方式也在发生急剧的变化，真够得上"一日不见，当刮目相看"的程度，如果仍用原有的陈旧的交往关系，不误大事才怪呢！

2.社会联系增强，交往机会增多，交往手段现代化

社会越来越变成一个高度有组织的社会。和过去那种"日出而作，日落而息，三十亩地一头牛，老婆孩子热炕头"的落后的小农经济不同，现在社会性的大生产，必然使更多的人建立紧密的、多方面的联系。过去有不少人一辈子没有出过村，社会交往的范围仅限于亲属和邻居，现在接待外宾、和国外通信、出国访问、出国旅游的人日渐增多，交往的朋友遍布全世界；过去在穷乡僻壤，听到的一个所谓新闻可能已经是几年前的事情了，而现在一个信息高速公路，就可以使你极容易和世界各个角落的人进行大量的信息交流，可以立刻知道世界各地当时发生的事情。这样，当前这个时代就自然会要求我们具有超前的思维意识和现代化的交往能力，否则就一定不能适应现代社会发展。

3.世界各民族的文化互相影响，互相融合

随着世界性交往的增加，世界各民族的文化进一步互相交融将有利于互相影响、互相推动。

每个民族都应将自己民族文化中最引以自豪的精华贡献给人类大

家庭，又从别的民族吸取有益的营养发展自己民族的特色。要做好这一切，没有一个新型的交往关系是无法实现的。

4.人们的主动性增强

随着市场经济的运行，人的主体性将得到极大的发扬，人们的交往关系将变得更加主动，更加积极，更加自觉。因此，传统的“你来我往”应转变为“我往你来”的一种现代化的交往意识，不同年龄、不同性别、不同地域、不同职业、不同地位都不会成为人际交往的障碍。

总之，无论是感知觉，还是记忆、想象和思维，它们在认识心理过程中都是至关重要的，在人际交往中，随时都有一个如何认知他人的问题。对他人认知，就是通过不同的信息，通过他人的外在看其内心，从而推知他的动机、态度、思想、性格等心理特征的过程。这一切，都需要认知心理过程的参与，我们要充分发挥我们的认知心理过程的所有功能和作用，在社会交往过程中不断展现我们的交往能力。

二、情感过程

情感过程是在认识过程的基础上产生的一种伴随状态。虽然情感过程也是由客观现实引起的，但它不是对客观现实本身的认识，而是对客观现实进行价值评判时所表现出的一种态度和内心体验。

(一)情感概念

所谓情感，是人们对客观现实的一种态度和体验。我们说心理是人脑对客观现实的反映，情感也不例外，它和认知活动一样，都是脑对客观现实的一种反映，但是它们反映的对象和方式则迥然不同。从反映的对象来看，认知活动是对客观事物本身存在的反映，如感知觉反映的是客观事物的表面特征和外部联系，思维反映的是客观事物的本质特征和内在联系等，而情感反映的是客观事物与个体主观之间的某种联系。同样的客观事物会因个体主观方面的因素不同，而导致在不同人身上的不同情感反映。例如，同样是一杯茶水，对于喜欢品茶的人来说会引起愉悦感，它会借此讲起茶道以及茶文化。对于不喜欢喝茶而喜欢喝咖啡的人来说，则多少有点失望，会引起一种不愉悦的情感。

从反映的方式来看，认知活动是以认知的特有方式来反映对象的，如感知觉是以映象的方式来反映客观事物的,思维是以概念、表象和动作方式来反映客观事物的,而情感是以体验的方式来反映对象的,并常伴有明显的体内生理变化和身体外部的表情运动。例如,当客观事物满足或未满足我们的需要时,我们会产生愉快或不愉快的体验,同时还会出现相应的生理变化和表情。高兴时,我们亢奋、激动;不高兴时,内心郁闷,肝郁不畅,茶不思,饭不想。人们正是用这种体验的方式做出特有的反映,折射出人与客观世界种种简单、复杂乃至扑朔迷离的关系。在实际生活中,人们对某种事物有大体相同的需要体验。如某一类人对某种事物表现出基本相同的态度,流露出大致相似的倾向。工作顺利则感到轻松愉快,遇到挫折则烦躁苦恼。对知己好友亲密无间,对关系疏远或陌路之人则不予理睬。赞成与反对、喜爱与厌恶、温和与愤怒,这些完全相反的需要体验,可以引起同类人的共鸣,也可以激起另一类人的抵触,但这都是对客观事物的相同或相反的倾向。因为需要是人的心理活动的重要动力,尤其是社会性的需要,在人的情感中起着极为重要的作用,它是形成人的某种倾向的制约性因素。正因如此,不同的人,由于愿望与需要不同,个体的实践的目的性不同,因而有着不同的体验,产生不同的情感。自以为是、各执一端、水火不容的现象,正是情感对立的具体表现。社会中每一个人都不能离群索居,都有交往的需要,但不管用什么样的方式进行交往,相互之间都怀有自己的打算,都是出于某种需要,都用其较合理的形式来满足自己,实现交往的目标。在交往活动中,情感的作用是尤为重要的。

(二)情感与情绪的关系

实际上情绪和情感是两个既有区别又有联系的概念。情绪有较明显的外部表现,面部表情是最基本的情绪表现形式,它主要通过眼、眉、嘴以及面部肌肉的变化表现人的各种情绪状态。比如,悲伤哭泣时,嘴角下垂,忧愁时,眉头紧缩,高兴时眉飞色舞。情绪又具有冲动性,因此它缺乏稳定性,易于变化。又由于它是伴随着某种情景而产生的,因此它又随着情景的消失而顿时减弱或消失,具有暂时性特点。例如,人看到不遵守社会公德的行为,会产生厌恶、蔑视、愤恨等情绪。时过境迁,这种情绪就会消失。相对于情绪来说,情感就具有稳定性而缺少冲动性，容易受理性的支配而不表现于外。从它们的相互联系讲，情绪的各种变化一般都受情感的制约，而情感又总是在各种变化着的情绪中得到表现。可以说，情绪是情感的外部表现，情感是情绪的本质内容。

情绪和情感的区分不是绝对的，它们彼此联系，相互渗透，是同一心理现象的两个不同的方面，共同统一于人的社会性本质之中。

（三）情绪和情感的功能

1.适应功能

情绪和情感是有机体生存、发展和适应环境的重要手段。有机体通过情绪和情感所引起的生理反应能够发动其身体的能量，使机体处于适宜的活动状态，便于机体适应环境的变化。同时，情绪和情感还可以通过表情表现出来，以便得到别人的同情与帮助。例如，在危险的情况下，人的情绪反应使机体处于高度紧张的状态，身体能量的调动可以让人进行搏斗，也可以呼救，求得别人的帮助。

情绪和情感的适应功能从根本上来说，就是服务于改善人的生存和生活的条件。婴儿通过情绪反应与人交流，以便得到成人的抚爱；成人也要通过情绪表现来反映他的处境是好是坏。在社会生活中，人们用微笑表示友好，用示威表示反对；人们还可以通过察言观色了解对方的情绪状态，以利于决定自己的对策，维护正常的人际关系。这些都是为了更好地生存和发展的条件。

2.动机功能

情绪和情感构成一个基本的动机系统，它可以驱动有机体从事活动，提高人的活动效率。

一般来说，内驱力是激活有机体行动的动力，但是，情绪和情感可以对内驱力提供的信号产生放大和增强的作用，从而能更有力地激发有机体的行动。例如，缺水使血液变浓，引起了有机体对水的生理需要。但是只是这种生理需要还不足以驱动人的行为活动，如果意识到缺水会给身体带来危害，因而产生了紧迫感和生理上的恐惧，这时，情绪和情感就放大和增强内驱力提供的信号，从而驱动了人的取水行为，成为人的行为活动的动机。

情绪和情感的动机作用还表现在对认识活动的驱动上。认识的对象并不具有驱动活动的性质，但是，兴趣却可以作为认识活动的动机，起着驱动人的认识和探究活动的作用。

3.组织功能

情绪和情感对其他心理活动具有组织的作用。积极的情绪和情感对活动起着协调和促进的作用；消极的情绪和情感对活动起着瓦解和破坏的作用。这种作用的大小还和情绪情感的强度有关。一般来说，中等强度的愉快情绪有利于人的认识活动和操作的效果；痛苦、恐惧这样的负性情绪则降低操作的效果，而且强度越大，效果越差。

情绪和情感对记忆的影响表现是，在愉快的情绪状态下容易记住带有愉快色彩的材料；在某种情绪状态下记住的材料，在同样的情绪状态下也容易回忆得起来。

情绪和情感对行为的影响表现是，当人处于积极的情绪状态时，他容易注意事物美好的一面，态度变得和善，也乐于助人，勇于承担重任；在消极情绪状态下，人看问题容易悲观，懒于追求，但更容易产生攻击行为。

4.信号功能

情绪和情感具有传递信息、沟通思想的功能。情绪和情感都有外部的表现，这就是表情。情绪和情感的信号功能是通过表情来实现的，微笑表示友好，点头表示同意，等等。

5.易感性功能(社会感染)

情绪情感在交往中具有互相感染的特性。积极的情绪情感容易引起他人的愉悦；消极的情绪情感也容易引发他人的连续反应。

(四)情绪的种类

1.激情

激情是一种迅速、强烈暴发而时间短暂的情绪。它突然而生，转瞬即逝，常常出乎人们的意料之外，例如狂欢、暴怒、恐惧和极度悲痛等等。人的情绪激昂时就是处于激情状态，此时人的内心会受到强烈的震动，感情充溢于心，有强烈的感受性，易于冲动。激情通常是由一个人生活中具有重要意义的事件引起的。

激情发生时有明显的外部表现。首先，激情伴有表情、体态、言语方面的强烈的外部表现。例如愤怒时咬牙切齿，怒目圆睁；狂喜时手舞足蹈，欢呼跳跃；恐惧时面如死灰，浑身战栗等。其次，激情状态下出现意识狭窄现象，即人的认识活动的范围缩小，理智分析能力受到抑制，自我控制能力减弱，甚至发生一些冲动性的言行，意识不到自己行为的意义后果。因此激情有积极和消极的两个方面。积极的激情可以增强人的信心和勇气，坚定意志和信念，成为激励人的正确行动的巨大动力。消极的情绪会破坏肌体的正常运转，降低人的活力，消蚀信心和斗志，或者过分冲动，出现不适当的行为，特别是对人的交往活动产生极为不利的影响。正是因为激情具有这种积极与消极的两面性，所以它对人的行为有着激发和阻止作用。我们要正确运用它进行交往活动，要善于引发自己积极的激情，缓和和消除消极的激情，或者将其转化为积极的行动力量，经过意识对激情的控制，在消极激情将要暴发的时候，通过内部语言的暗示、提醒，驾驭和控制自己的情绪。激情不是天生的，它是对现实生活的深切感受。良好的激情是可以培养的，这就需要我们加强自己的品德修养和进行长期的磨炼。只有这样，才能始终保持正常健康的精神状态，做到临阵不乱。我们很多同学不能有效地进行交往，其中与不能很好地控制自己的情绪情感有很大的关系。

2.心境

心境通常也叫做心情。相对于激情来说，心境是一种微弱而平静的持续的情绪状态。心境具有持久性特点，有时能持续几个月，甚至更长时间。持续时间长短主要取决于引起心境的刺激对个人的意义大小以及人的个性差异。同一件事，有的人可能耿耿于怀，有的人则情随事迁。

心境不像激情那样强烈，而是微弱的，有时是淡淡的。它像一张背景图，衬托着其他情绪。有时被其他表现明显的情绪暂时掩盖起来，但其潜在的影响依然存在。例如，被悲伤的心境笼罩的人，即使偶尔遇到令人发笑的事，他的笑也会带有一种淡淡的哀愁的阴影。而快乐的心境则能冲淡所遇到的不快。

人的心境具有弥散性的特点。一段时期的心境，它会使人的活动和整个精神状态都涂上同样的情绪色彩。它能影响人的整个行动趋向。愉快的心境,会使人的一切活动、周围的一切事物都染上满足、快乐的情绪色彩。在这种心境下,生活中的一切都是美好的。相反,悲伤的心情则会使人感到凡事枯燥乏味,看到周围事物触景生情,引发悲戚之感。

心境对人的生活、学习、工作、健康都有很大的影响。良好的心境有助于人们以饱满的热情、紧张的情绪、顽强的创造精神去奋斗,去进取,去改造现有的环境,为达到理想的境界而不懈努力。不良的心境使人态度消沉,委靡不振,会降低以至于泯灭人的工作热情,妨碍工作和学习,有损身体健康。

在交往活动中,一个人的心境怎样,直接影响着交往活动的开展。一般而言,良好的心境不仅有助于交往的开展,而且即使双方有了矛盾,也会在一种融洽平和的状态下得到有效解决。因此,保持良好的心境是相当重要的。我们在交往时就要注意观察和体谅人的心境,善于根据对方心境的好坏、情绪的高低,做出相应的反应。比如,在对方心境好的时候,易于接纳对方,容易达成交往。当然,也要注意控制自己的情绪,注意不断调适自己,常常保持良好的心境。另一方面要了解、观察对方,想方设法改变对方的心境。只有这样,才能为交往双方创造一个符合开展交流的适宜环境。

3.应激

应激是出乎意料的紧急情况下所引起的高度紧张的情绪状态。人在突如其来或十分危急的情况下,例如可能遇到威胁、伤害或失败时,必须迅速果断地采取行动以应付这种意外情况,这时人就进入了应激的情绪状态。应激状态在日常生活中也是经常会遇到的。例如胆子小的人突然发现面前有一条可怕的蛇;汽车司机在行驶中意外地遇到险情;一个人外出归来,突然发现他用全部心血营造的家,在大火中焚毁等等。这些情况都会导致人体产生应激的情绪状态。

在应激状态下,心跳、血压、呼吸、腺体活动以及精神紧张度等,都会在短时间内发生很大的变化。适当的应激情绪可以调动肌体的能量,提高活动效能,使人往往显示出超乎寻常的力量和智慧。但如果应激状态长期持续,肌体的适应能力将会受到损害,结果会导致疾病的产生。加拿大学者谢尔希认为,应激状态的延续能够击溃一个人的生物化学保护机制,使人降低抵抗力而致病,甚至会“由于人体能量资源的枯竭而死亡”。其他学者也认为,在应激状态下人必须调动大量的储备力量。储备力量调动得越多,就越容易使人患身心疾病。

我们在进行社交活动中,经常会面临预想不到或突如其来的事情,常处于应激状态。那些性格坚强、经验丰富、意志坚韧的人就会保持临危不惧、急中生智,常常化险为夷,显示出超乎寻常的智慧和力量。相反,不具备以上品质的人,面对应激状态使活动处于一种抑制或紊乱状态,呆若木鸡或惊慌失措,甚至出现感知和记忆的错误。看来,在交往活动中,人对应激中的不同表现与其个性特征、知识经验、经历以及意志品质都有密切的关系。只要我们注重生活的磨炼,培养自己坚强的个性,积累丰富的社会经验,树立崇高的理想,就能够在一定程度上控制和克服紧张情绪的不良影响。

(五)情感的种类

1.道德感

从社会形成的道德范畴出发,用道德原则的观点感知各种现实的现象时,人所体验到的一切情感都属于道德感。这些情感的产生来自于人们行为中什么是应该的和什么是不应该的观念,而且人把这些观念在内心当做行为的准则、道德评价的标准。人们对符合道德准则的行为会产生敬佩和赞扬的情感,对不符合道德准则的行为会产生厌恶和憎恨的情感。比如一个有强烈正义感的人看到损人利己的行为时就会非常气愤,由于道德感的驱使,就会去大胆、果断地制止不道德的行为。

2.美感

人们不仅根据道德准则去感知周围现实,而且也获得了根据美的概念去感知周围现实的各种现象的能力。这种情况便成了美感产生的基础。美的体验是多种多样的、复杂的。不同民族、不同信仰、不同阶层、不同文化背景的人在审美观上是不一样的,存在着一定的差异。比如,欣赏一幅书法作品,对于书法爱好者和没有文化修养的人来说,会引起不同的美感体验。“三寸金莲”、杨柳细腰被封建社会赋予美的象征，而我们今天的美则是一种健壮、丰满之美。

在交往当中，对于美的共同体验和同样的审美标准是人与人之间达成交往的良好基础。

3.理智感

人为了获得关于现实的知识而进行的规模庞大而多样的活动同样也会产生情绪反应，这就是理智感。它在智力活动中产生，是与解决某些理论的和实践的任务的过程相联系的情感，是与获得知识并把知识运用于实际行动的过程相联系的情感。人对于某些现象、事实和科学原理的认识活动、推理、深入思考便引起一种特殊性质的体验，这就是对于复杂的和还不理解的现象表示惊讶的情感，对于新的和还未被认识到的东西的求知的情感，对于解决问题的方法的正确性表示怀疑的情感，相信结论的正确性的情感，对于做出的发现而高兴的情感等等。当然，这些都与自我期望值的高低有关。

对情感过程的分析，可以得出这样的结论：人与人之间没有情感的投入，不可能建立正常的人际关系，因此就不可能进行社会交往活动。从交往实践中，我们可以看到许多正面和反面的交往现象，有的人善解人意，得人喜欢，一拍即合；有的人冷若冰霜，不易接近，很难与人相处；还有的人巧言吝啬，貌似近人，心怀鬼胎，久之招人讨厌。这种种不同的表现和反应，绝不是一个待人处世的技巧问题，而是与人相交的态度问题、情感问题。按照前苏联社会心理学家安得列耶娃的观点，交往内容包括人际沟通，即人与人之间的信息交流；人际相互作用，即人与人之间行为的相互影响和交流；人际知觉，即人对人的社会特点和品质的认识。这三个方面的内容都受情感的影响。情感是人类活动的动力系统，在人类的发明创造活动中有着极其重要的作用。情感对于交往活动而言，其意义是极其重要的。

大学生如何培养自己的高级情感呢？大学生的高级情感是以科学世界观为基础的，它体现了一个人对祖国、对人民的热爱，对知识的渴求，对美的追求。这些美好的品格如能体现在社交活动中，就会充满对理想的追求，充满对同学、对集体的关注、爱戴与奉献，就能够设身处地地去理解别人，宽容对方。反之，利欲熏心、功利至上，处处钩心斗角、拉帮结派,不惜损人利己,在社交活动中就会为大家所不容,即使一时得逞,终将会被人识破。因此,大学生应努力培养自己的高级情感,因为它同大学生的世界观、道德信仰、观点是紧密联系的,有什么样的世界观、道德观都会体现在社交活动中,或被人接纳,或疏远,泾渭分明。培养自己的高级情感也不是靠简单地学习道德的、美学的知识就能够完成的,还必须回到交往实践中,在积极的认知活动中和不断与人交往中去提升自己的道德感、美感和理智感。

三、意志过程

(一)意志过程的概念

意志过程就是人为了达到一定的目的,自觉组织自己的行动,调节和支配行为,并通过克服困难和挫折,实现预定目的的心理过程。这个过程是极端重要的,它给人们树立了行动目标,确定行动与目标的一致性。实现目标是意志活动过程的结果,离开了这些限定性,就谈不上什么意志过程了。能够自觉地确立目的,是人的行为的特征。动物也作用于环境,有些高等动物甚至仿佛有某种带目的性的行为,但从根本上说,动物的行为不能达到自觉意识的水平,尽管它的动作可能十分精巧,它却不可能意识到自己行为的目的和后果,它们是盲目的。而人类的活动则完全不同,它是有意识、有目的、有计划地实现的。正因为如此,意志有以下几方面的特征。

1.意志具有自觉性的目的

意志的自觉性,是指对行动的目的有深刻的认识、能自觉地支配自己的行动、使之服从于活动目的的品质。具有自觉性品质的人,不随波逐流,不屈服于外界的压力,能独立地判断,独立地采取决定和执行决定。

与自觉性相反的是受暗示性和武断从事。在社会交往当中,缺乏意志自觉性的人,往往随波逐流,没有自己的主见,易受外界和他人的暗示,从众心理强,因此也就缺乏感染力,有时因此也非常苦恼,常常怀疑自己的人格魅力。

2.意志的果断性

果断性表现在一个人有能力、及时而毫不动摇地采取有充分根据的决定,然后经周密考虑后去实现这些决定。因此他在处理问题时,就能快刀斩乱麻,遇到危机时处事不惊等。这种重要意志品质的对立面是要么瞻前顾后、优柔寡断,要么缺乏思考、轻率决定,这些都是意志薄弱的表现。

3.意志的自制性

自制性指一个人善于控制和支配自己的情绪和行为的品质。人的意志活动的水平非常明显地表现在他控制自己(忍耐、自制)的技能上。例如能自觉遵守纪律、忍受疲劳和创伤、抗拒各种诱惑等。自制力薄弱的人往往不能控制自己的激情与冲动,对行为的自我约束力差,易受各种不良影响的干扰。

4.意志的坚韧性

坚韧性指一个人长时间地保持充沛的精力和顽强的毅力,为实现目的而百折不挠的品质。坚韧性要求一个人能够长时间毫不懈怠地保持精力的紧张状态;他不被达到既定目的的困难所吓倒,不屈不挠地向既定的目的前进。坚韧性不同于执拗、任性、顽固等,执拗、任性、顽固的人通常不能正视现实的情况,其行为往往带有盲目性、执迷不悟、固执己见等现象,这种人往往在实际行动中处处碰壁。

(二)意志行动的过程

意志行动过程分为两个阶段,即决定阶段和执行决定阶段。

1.决定阶段(准备阶段)

这一阶段包括在思想上要确立行动的目的,选择行动的方案并要做出决策。确立目的是意志行动的前提,但在确立目的的过程中,往往会遇到动机的冲突。

动机的冲突一般有四种形式。

①双趋式冲突:对两个具有同样吸引力的目标,两个动机同样强烈但不能同时获得时所遇到的冲突叫双趋式冲突。“鱼和熊掌不可兼得”的矛盾冲突就是双趋式冲突。

②双避式冲突:两种目标都想避开,但只能避开一个目标的时候,

人们只好选择对自己损失小的，避开损失大的目标，这种冲突叫双避式冲突。

③趋避式冲突：想获得的一个目标对自己既有利又有弊时所遇到的冲突。比如，我们想谈恋爱，又怕耽误学习，想吃糖又怕胖的心理冲突，就是趋避式冲突。

④双重趋避式冲突：人们常常会遇到多个目标，每个目标对自己都有利也都有弊，反复权衡拿不定主意，这时所遇到的冲突叫双重趋避式冲突。如两种工作，一种地位高待遇低；另一种待遇高地位低，选择哪种工作，难以拿定主意。

2.执行决定阶段

执行决定阶段，即是采取行动的阶段，它是意志行动的实现阶段。在整个意志过程中，执行是关键，是意志行动的中心环节。任何行动，首要的是靠一定的动机来推动，必须将自己的行为指向行动的对象，然后行动。当然，人的行动并不顺利，可能会遇到困难挫折，这就需要明确的目的和周密的计划做保证，需要意志活动进行引导和调节。只有这样，才能根据决定的指向予以实施，才能保证意志行动实施的对象化，才能表现出人的主观能动性。但是实现交往目标是一个非常复杂的过程，它必须是双方借以存在的可行性目标，是双方产生心心相印的动力。目标的实现还必须借助于良好关系的建立。

大学生的意志和意志品质经常表现在他的活动中，特别明显地表现在克服学习上的困难、承受生活中的挫折与磨难以及自觉调动力量和支配自己控制自己行为的能力上，同时在意志和意志品质中也表现出大学生的经验、知识、技能、个性特征、动机和世界观等等，而这些都是保持高水平的工作能力和优秀成绩以及学习生活快乐的重要心理前提之一。

因此，坚强的意志和积极稳定的个性品质是每个大学生所应必备的。但是，毋庸置疑，大学生的意志品质的发展及锻炼也是在不断的与人交往中形成的。如在学习过程中、在科研过程中以及社会工作中去磨炼。人与人之间交往对意志品质的培养有着很大的影响，因为同学以及社会成员对大学生的影响会将大学生的动机、情感、正确的交往意识、集体意识引导到努力完成任务中来。当然,意志品质的自我修养和培养是发展意志的必备条件。

以上我们详细了解了人的活动过程中的各个心理环节。从中我们看到,社交心理过程,是社交行为的心理现象,它是现实的、规律性的体现。因此,探讨认识过程、情感过程和意志过程的实质及其运转情况,将有助于我们对社交心理过程的理解和把握,使得社交活动稳定而有秩序地开展。

第二节　个性心理特征

前面我们分析了感知、记忆、思维、想象和意志过程的交往心理过程,它体现着人类心理活动的一般规律。然而,在我们的交往过程中,发现这些人类共有的心理现象及其一般规律在具体的个体身上发生时,又有着不同的表现,从而形成人们之间不同的心理特点和风貌,即标志心理的个别差异的个性心理特征。探讨人的心理活动中的个性心理特征及其形成、发展规律,是我们社交心理学研究的一个重要方面。

个性心理特征是个性结构中较稳定的成分,它表明个体的典型心理活动和行为特征,是个性差异的重要标志。它包括能力、性格、气质。

一、个体在能力上的特征

(一)能力的概念

能力是顺利有效地完成某种活动所具备的心理条件,是个体的一种心理特征。

例如,音乐能力需要具备灵敏的听觉分辨能力,音乐的想象力、记忆力和音乐的感染力等心理条件,不具备这些心理条件就难于从事音乐活动。一个人可能不具备顺利完成音乐活动的心理条件,但它可能具备从事美术或其他活动的心理条件。所以,能力是和完成某种活动相联系的个性心理特征。

能力是使活动顺利完成并直接影响活动效率的心理特征的范畴,它的一个最鲜明的特点是与活动的效果相联系。我们平时说的“这个人能力强”、“那个人能力不太强”，都是从活动的效果来评述的。能力有不同的分类和表现，有的人在这方面能力强，有的在那方面能力强，因人而异。能力在不同个体身上显示出来的差异，反映在能力的三种类别中：一般能力和特殊能力、再造能力（模仿能力）和创造能力、认知能力和实践能力。

人的能力是多方面因素的综合表现，它不仅包含着智力因素，而且非智力因素也影响着人的能力；它不仅指抽象思维能力，而且指实际应用的能力；它不仅指学习的能力，而且指应付环境、适应环境的能力。

（二）影响能力形成与发展的因素

能力的形成和发展既以先天遗传素质为基础，又是后天环境、教育以及主体实践活动等多方面因素综合作用的结果。

1.遗传素质的影响

遗传素质是有机体与生俱来的解剖生理特点，特别是神经系统、脑、感觉器官的解剖生理特点。大多数心理学家同意，虽然人的能力并非完全由遗传因素决定，但至少能力的某些方面是遗传的。如人的智力，心理学家发现，遗传关系越密切的人之间，测量的智力越相似。父母和亲子之间智商的平均相关是0.50；父母和养子之间的相关是0.25。同卵双生子之间的智力相关很高，大约0.90。同卵双生子和同胞兄弟姐妹智力相关相似，大约为0.55。近亲结婚和遗传病人生育出弱智儿，也证明遗传因素对智力形成的重要影响作用。然而，遗传素质只是能力形成和发展的自然前提和条件，而素质本身不是能力，或者说，能力本身并不能遗传。素质提供了使人具有或不具有发展某种能力的可能性，而能力的形成和发展取决于后天环境等因素的影响。

2.环境因素的影响

后天环境是促进能力发展的重要外部因素，影响能力形成和发展的后天因素，包括营养状况、健康状况、家庭影响、训练条件特别是教育。研究表明，同一家庭环境中抚育成长的儿童，智力相似性增加，甚至对那些无血缘关系的人也是如此。先天素质类似的人由于后天环境不同，会造成智能的差别。

营养状况对胎儿及新生儿脑的发育产生特别重要的影响。它影响到人的早期乃至一生的能力水平。

家庭条件对人的能力的形成与发展起着重要作用。例如,独生子女由于处在成人多、儿童少的家庭环境中,与成人的交往机会多,能够从中获得有助于认知发展的特殊经验。又由于父母给予他们唯一的孩子以分外的关心和照顾,花费更多的财力和精力去开发他的智力,创造良好的家庭智力环境,这就势必促进了独生子女语言和智力的发展,但是更多的家长却忽略了对孩子非智力因素的培养,以至于孩子在后天环境适应能力方面非常差。比如,不懂得谦让,以自我为中心,协调能力差。

3.教育通过知识、技能的传授,促进心理能力的发展

早期教育对儿童智力的发展影响最为重要。一个孩子到4岁时已发展到成年智力的50%,8岁已达到80%,8岁到17岁之间心智受影响的余地还有20%。因此,现代社会注重对儿童的早期教育,以促进大脑发育,使儿童在无意识中培养观察力、专注力、想象力、思维能力、语言表达能力、动手操作力等多种能力。

4.知识和技能对能力发展的影响

知识和技能与能力的发展密切联系。一方面,知识和技能的掌握以一定的能力为前提,能力制约着掌握知识和技能的快慢、深浅、难易和巩固程度。另一方面,能力在掌握知识、技能的过程中得到发展和表现。但是,能力与知识、技能并不是一回事。知识是人类社会历史经验的总结。技能是一种通过学习而固定下来的动作方式。能力则是有效地掌握知识、技能的一种主观条件,是在此过程中表现出来的个性心理特征。因此,教育中不能只注重知识的灌输,还应注意能力的培养。

5.主观能动性的作用

能力的发展与个人的主观努力有着十分密切的关系,一个人的能力水平与他所从事活动的积极性成正比。动机、理想、信念、兴趣以及克服困难的意志品质等主观因素,都对能力发展产生重大影响。从这个意义上说,"天才出于勤奋"。

上述各种因素对能力形成和发展的影响,都必须通过社会实践活动才能起作用。

(三)能力在个体上的差异

能力的形成和发展既服从于一定的共同规律,又由于遗传、营养、病变、环境、教育、社会实践、主观努力等方面因素的影响,表现出人与人之间能力上的个性差异。

1.能力类型的差异

从智力因素看,人们在感知、表象、记忆、想象、言语和思维等方面,都表现出个别类型差异。不同类型的人的能力表现在认识活动中的特点不同。例如艺术型的特点表现为直接印象的鲜明性、感知和记忆的形象性、想象的丰富性、语言富有形象和情绪的因素;思维型的特点倾向于比较概括抽象的思维;中间型的特点则比较平衡。

生理类型的差异也表现为能力的类型差异。巴甫洛夫根据两种信号系统(形象的信号和语言的信号)之间相互关系的特点,区分出人类三种特有的高级神经活动类型,即艺术型、思想型和中间型。脑科学研究也表明,大脑两半球在功能上是高度专门化的。左脑半球的发达,往往产生较高的与处理言语、抽象逻辑思维有关的能力;而右脑半球的发达,产生与形象思维、知觉思维相关的能力,如形象记忆能力、空间识别能力、几何识别能力、想象力等。

由于人的实践和认识活动范围的广泛,能力的类型差异有多方面的表现,其表现领域也往往是交叉的,没有严格的界定。例如,学生心理能力的差异,既在学校课堂学习中表现出知识和智力的差异,也在家庭、社会以及课外活动中表现出才能和特长。有的人做学问的能力很强,却未必在社交能力、组织管理能力、经商才能等方面有过人的才干。

2.能力发展水平的差异

同龄人的能力高低不同表现为能力发展水平上的差异。调查表明,智力分布在全国人口中基本上呈常态分布,智力高度发达者(智力超常或天才)与智力极其低下者(智力低下或弱智)均占人口的极少数,大多数人属智力中常水平。

智商在140及其以上的超常儿童被称为天才。据心理学家调查,天才儿童只占1%。智商在120~139智力优异的儿童占11%。也有的心理学家认为“天才”并非就是智商上的特优者。因为人们通常把在科学或艺术单方面有特殊才能者视为天才。况且,智商分数的微小差别不能说明成就的差别。某些杰出人物之所以能够取得重大成就,并非完全由于智商高的缘故,人格品质等非智力因素也是十分重要的。

弱智是指人的智力明显低于一般水平,并且显示出适应外界环境和生存能力的障碍。弱智儿童在智力方面一般表现为感知觉反向;在认知活动中缺乏概括力,注意力不易集中。从个性特点看,弱智儿童多沮丧情绪,缺乏自信心,思想方法片面、绝对。智商低于 70 为弱智,约占 3%。弱智视其轻重程度一般分为三个等级。智商为 50～69 为轻度弱智。这部分人能够做些简单的工作,在特殊的教育和适当的帮助下,能够学习一定的技能,以适应社会,并可获得一定的阅读、计算、辨别周围环境、与人交往的能力。智商 25～49 为中等弱智或称鲁钝。他们生活基本能够自理,但需要社会的照顾,必须在有计划和细心的指导下,才能做一些简单粗笨的工作。智商在 25 以下为严重智力落后,或称白痴。白痴者仅有 3 岁或不足 3 岁的智力。他们生活不能自理,通过耐心的教育和长期的学习、训练,能够学习捡石头、劈木头、穿衣等简单活动。

智力落后主要由于先天或后天的某些因素造成脑机能发育不全或损伤的结果。先天因素多为染色体异常或胎儿期的疾患造成,如脑水肿、脑麻痹、先天性梅毒、传染性脑炎。后天因素与脑外伤、高烧等严重疾病的影响有关。早期严重的营养不良或剥夺婴儿生活的社会环境,也可造成智力落后。后天的培养训练和特殊教育,可以改善弱智状况。研究表明,早期发现儿童智力落后,并给以早期干预和特殊教育,会使弱智儿童偏向正常发展,并且得到适当的补偿纠正。

大多数人智商在 70～119 之间,处于智力中常水平。

3.能力表现早晚的差异

人的能力表现有早晚的不同。多数人能力突出表现的年龄段在中年。有些人在童年时期即表现出某些方面的优异能力,人称“早慧”或“人才早熟”或称“神童”。例如,曹植 7 岁能诗,王勃 10 岁能赋,都被传为佳话。“早慧”儿童除了具有良好的个人素质条件外,积极有利的环境影响和个人的勤奋努力是他们成才的重要因素。

也有些人中年以后甚至晚年才表现出他们的突出才能。这种人被称为“大器晚成”。例如,齐白石40岁才显露出绘画才华,亚里士多德49岁才开始著书创作,也被人们所推崇。造成这种现象的原因是多方面的。有的人因为受其专攻学科复杂性的限制,须经长期不懈的努力才能取得突破,达到科学的巅峰;有的人因为经历坎坷,社会条件制约,早期不具有充分发挥其能力的条件和机会,晚年把握了机遇而一鸣惊人;也有的人是早期不努力,后来加倍勤奋的结果。

(四)能力与人际关系

现代社会中一个最大的特点就是人们越来越注重交往,交往活动日益频繁。人际关系的建立与发展在很大程度上依靠交往这种途径,因此,一个人的能力也越来越显示出它在人际交往中的重要地位和作用。个体能力尽管不是交往能力的等同语,但却往往成为吸引他人的第一印象,并由此影响对个体能力的综合评价。

在社会交往中,一般人都喜欢有能力的人。聪明能干的人可以给人以帮助,还可以使与之交往的人从他们身上获得启发和指点,使自身得到提高。因此,聪明能干的人在人们的眼里是一个有魅力的人,一个有吸引力的人。但是不是完全这样呢?我们认为,并不是能力越强人际关系就越好,相反,有时甚至还会影响人际交往。能力的高低影响人际关系主要呈现以下几方面的情况。

1.能力太强、恃才傲物不利于人际关系开展

从自身角度来讲,能力过强之人容易恃才傲物、目中无人、孤芳自赏、常常让人有鹤立鸡群的感觉。如《晋书·嵇绍传》里说:“或谓王戎曰:昨于稠人中始见嵇绍,昂昂然如野鹤之在鸡群。”这就是比喻他才能出众,但是恰好反映了他目中无人的一种傲气,也反映了晋代社会的讲究门第、轻视群众的意识。从他人的角度来看,能力太强会使他人产生自卑,人们会敬而远之,反而会降低吸引力,同时也常会遭人嫉妒。自己的才能无法施展是小事,更重要的是影响自己的身心健康。

2.没有能力缺乏人际亲和力

能力太强不利于人际关系的协调,但能力低甚至缺乏能力也不利于人际关系的开展。由于各方面能力差,时常害怕别人瞧不起自己,就

会引发自卑情绪,因此在社交活动中常表现为被动,即便有与人交往的想法,但常常由于害怕被别人拒绝而导致畏缩不前,因此不敢交往或不愿交往。其实越不敢交往,能力就越得不到锻炼。人的能力虽然有先天的遗传因素的影响,但更多的是经过后天不断的实践和锻炼而铸就的,这个锻炼的极好条件和机会就是不断地与人交往。加强交往实践,才能在与人的交往过程中不断提升自己的能力。

3.能力虽强但处处谦恭待人,威信则高,人际关系就好

人际关系越好就越能成就人的各方面才能。实践也证明了那些善于和各种人打交道,善于用适宜的方式表明自己的看法、意见、要求,善于倾听和理解对方的意见,就能够与人建立和谐的人际关系,不仅如此,自己的能力在与人交往的过程中,不断地得到了锻炼,才能不断地得到提升,形成一种良性循环。

二、个体在气质上的特征

(一)气质概念

生活中我们经常说起"气质",这个人气质好,那个人气质不好,那么,气质到底是什么呢?气质是人表现在心理过程的强度、速度、稳定性、指向性等方面的心理特点,也就是一个人稳定的心理活动的动力特征。例如,知觉的速度、思维的灵活性、注意力集中时间的长短、情绪的强弱、意志努力的程度以及心理活动倾向于外部事物还是倾向于内心世界的体验等等。这些心理特点很典型,也很稳定。它不受个人活动的目的、动机和内容的影响,在日常生活、工作、学习、交往活动甚至孩童时期的游戏中都是基本相同的。当然,心理活动的这些动力特征并不都属于气质特征。例如,一个人不论有什么样的气质特征,在顺利时,总是情绪比较饱满,精神振奋;不顺时,往往精神不振,情绪低落,活动的节奏也会减慢,表现出消极的情感体验和行为方式。这些都是由活动的内容、目的和动机等引起的心理活动动力特征的表现,而不是气质特征的表现。在这里,必须指出,心理学的气质概念是一个科学概念,与日常生活中的"气质"的含义截然不同。日常生活中的气质,一般是指个人的行为举止、待人接物、谈吐外貌甚至衣着打扮、文化修养。

我们所说的气质差异主要不是后天生活条件的影响，而是由于神经系统的先天特性形成的。

(二)气质分类

气质是一个古老的概念。古希腊医生希波克拉底(公元前460—前377)在《论人的本性》一书中最早提出人体内不同体液的含量决定人的气质的学说。他认为人体含有四种液体或体液，即生于心脏的血液、生于脑的黏液、生于肝的黄胆汁和生于胃的黑胆汁。这四种体液的不同组合，会影响到人的健康。四种体液调和，人体就健康，如果失调，人就会得病。由于人的不同气质是各种体液在人体内所占比例不同而形成的，据此，他把人的气质分为四种类型，即多血质、胆汁质、黏液质、抑郁质。它们代表了气质的四种典型特征。

多血质：由于体液中血液含量占优势而形成的一种乐观、充满希望的气质。多血质者活泼好动，敏捷迅速，反应灵活，喜欢与人交往，但注意力容易转移，兴趣容易变换，缺乏耐力和毅力。

胆汁质：由于黄胆汁过剩而形成的一种鲁莽、易激动的气质。这种人精力旺盛，反应强而有力，热情直率，但情绪易于冲动，心境变幻剧烈，不善忍耐。

黏液质：由于体内黏液过多而形成的一种平静、冷漠的气质。黏液质者安静、稳重、反应缓慢，沉静而不外露，注意力稳定而不易转移，善于忍耐。

抑郁质：基于黑胆汁而形成的一种沮丧、抑郁的气质。抑郁质者孤僻寡言，行动迟缓，情绪体验深刻细腻，善于体察细节，敏感多疑。

具有上述四种典型气质的人并不多，现实生活中大多数人的气质或者近似于某种气质类型，或者是两种或几种气质特点的综合型。虽然希波克拉底所做的人体内含有四种体液的假定没有充分的科学依据，但他关于四种典型气质类型分类及其特征的描述，是比较符合客观情况的，因此直到今天仍被广泛沿用。

(三)气质的稳定性和可塑性

气质与其他个性心理特征相比，又具有更大的稳定性。在不同性质的活动中，或在人生的不同时期内，一个人的气质往往表现出相对稳定的特点。这是因为人的高级神经活动类型特点是较稳定的。比如，儿童时期所表现出来的气质特点，在以后的生活中很少改变，不论活动的性质、内容、目的如何，人们在活动中表现出来的气质相同。一个急性子的人做什么都是雷厉风行，动作敏捷，急不可待；一个慢性子的人则很难在短期内变得脾气急躁。所谓“江山易改，本性难移”，恰当地概括了气质的这种稳定性特点。气质的稳定性反映了作为气质的生理基础主要来自先天遗传因素的高级神经活动类型的稳定性。

尽管气质具有天赋性和稳定性，但是不可否认，高级神经活动类型的特点有可能在一定条件下发生一定的变化。所以，人的气质在后天环境和教育条件的影响下或者随着年龄的改变而能够有所改变，存在着一定程度的可塑性。一个带有抑郁质特点的人，可以通过参加社会工作、集体活动和长期的教育影响，克服其胆怯和孤僻，养成主动的、独立的、自强的个性。一个脾气急躁的人，也可能经过生活的磨炼，随着年龄的增长和阅历的丰富，变得沉稳老成，深刻含蓄。气质的可塑性是以高级神经活动类型在外界条件影响下的可变性为其生理基础的。当然，气质的这种变化是一个长期的、渐进的过程，是十分缓慢的，有时气质本身根本就没有改变，而只是一种“掩盖”，不过，气质的掩盖现象并不普遍存在，某种气质类型的人是否发生“掩盖”现象，主要取决于该种气质类型特点在人际交往中被他人肯定或否定的程度。

（四）气质对实践活动的意义

气质对于人的实践活动有一定的影响，但是气质不能决定一个人活动的社会价值和成就的高低，据研究，俄国的四位著名作家就是四种气质的代表。如：普希金是胆汁质，赫尔岑具有多血质的特征，克雷洛夫是黏液质，而果戈理属抑郁质。类型各不相同，却并不影响他们同样在文学上的成就。气质只是属于人的各种心理品质的动力方面，并不决定一个人性格的倾向性和能力的发展水平。气质类型并无优劣之分，每一种气质类型在其极端情况下都有积极或消极的成分。然而气质不同的人对于从事特定的工作确有优势或劣势之别。气质因素对实践活动的效率有明显的影响。人的气质特征与工作性质之间的协调，有利于充分发挥人的潜力和提高实践活动的效率。例如，多血质和胆汁质的人更适合某些需要做出迅速反应的工作，而黏液质和抑郁质的人则更适合从事耐心细致和专一单调的工作，了解自己的气质可以扬长避短，更好地开展工作。研究人的气质特点，在职业选择方面有着重要的意义。在选拔和培养宇航员、飞行员、艺术家、运动员、外交家等从事特殊职业的人员时，更需重视气质问题。

掌握人的气质特点，在人际交往中也具有非常重要意义。大学时代较之中学，向社会迈进了一步，人际交往也更频繁、更重要。和谐的人际关系，使人身心愉快、精力旺盛。反之，则可能导致情绪低落、意志消沉，从而影响正常的学习和生活。学会观察、分析周围同学的气质特征，并采取适当的方式与之交往，对于协调人际关系，有着不可忽视的作用。

多血质的同学活泼好动，对周围事物态度积极，尤其喜欢接触新鲜事物，但易疏忽大意、轻率、兴趣易变，所以在与他们的交往中，要谅解他们那种忽冷忽热的“冷热病”态度，不必过分在意他们的粗心和轻率，多与之交流他们感兴趣的事物。多血质同学热情、乐于助人、和善、对他人多采取接纳的方式、很少防犯别人，所以，只要不过分挑剔他们小节上的毛病，一般较易相处。

胆汁质的同学热情、豪放、易冲动。他们有着易受诱惑的天性，常常充满激情地去实现承诺，并能克服在常人看来难以克服的困难。他们讲信用、重义气、正义感特强、路遇不平拔刀相助，但他们自制力差，不善于控制自己的情绪，偶有不快，便拍案而起。对这种气质类型的同学，要采取“以柔克刚”的方式，要保持平和的态度、轻柔的语气，不要激怒他们，尽量使双方交往在平稳、祥和的气氛中进行。

黏液质的同学做事深思熟虑、有涵养、尊重他人，他们一般喜怒不形于色，即使不高兴，外表看来依然平静，所以与他们接触，要仔细观察其内心真实感受，尊重他门的想法。同时，黏液质的人多喜静不喜动，不愿改变现状，在交往中，不要勉为其难。他们反应缓慢，但往往经过深思熟虑，因此，不应当轻视他们的观点和建议。

抑郁质的同学敏感、多疑、脆弱，与其交往应注意方式，要多用委婉的语气，避免伤害他们的自尊心。对于一个强型气质的人，适当的打击可能会使其愈挫愈勇，而对弱型气质的人，则可能使他一蹶不振。因此，对抑郁质同学要多用称赞、嘉许的方式，切不可对他们的弱点采取嘲笑、讽刺的态度。抑郁质人容易疲惫，怕受强烈刺激，所以若有抑郁质人在场，注意尽量不要大吼大叫，欣赏激烈音乐最好放小音量或带上耳机。抑郁质的人易产生自卑心理，在交往中要多关怀他们，尊重他们，使他们摆脱疑虑和孤独感。

每种气质都有其积极方面和消极方面，了解他人的气质特点就会了解他人的反应特质，对预测他人在交往中的反应采取相应的对策，达成有效交往是非常有用的。比如，在组织协同工作时气质的搭配很重要。苏联心理学家鲁萨洛夫研究发现，在两个人协同活动中，气质类型不同的两人配合要比气质相同的两人相配合取得的效果更好。婚恋也如此。保加利亚伦理学家瓦西西列夫认为爱情的气质组合简单地可归三类：不利的组合——相同气质组合；有利和不利的组合——气质相近、但仍属不同气质；最有利的组合——不同气质组合。

三、个体在性格上的特征

（一）性格的概述

1.什么是性格

性格是人对现实的稳定的态度以及与之相适应的习惯性的行为方式。每一个人在与客观现实的关系中，通过认识、情感和意志活动，会逐渐形成对现实的一定的态度体系，即对事物的好恶和评价。这种特定的、稳定的态度又表现为相应的行为方式，从而形成个人特有的心理特征。这些心理特征的总体就是性格。例如有的人在为人处世中一贯讲求原则、热情豪爽、坚毅果断、助人为乐、严于律己，等等。这些特征就构成了这个人的性格。

作为性格的态度和行为方式是稳定的、习惯性的。人在特殊情况下的反常态度和行为，不能代表人的性格特征。性格在个性中具有核心的意义。这是因为一个人对现实的稳定态度和习惯化的行为方式总是与他的价值观、人生观、世界观相联系的，体现了一个人的本质属性，具有明显的社会评价意义。

2.性格与气质

性格和气质虽然都表现人的个性心理特征,但二者是不同的。首先,性格与气质的生理基础不同。气质差异是由高级神经活动的类型差异形成的,由此决定了气质在很大程度上受遗传和先天因素的制约。性格是高级神经活动类型的特点和外界环境影响下后天获得的暂时神经联系系统共同作用的结果。在性格形成中起主要作用的是后天形成的条件反射系统。由此决定了人的性格主要受后天环境的影响。上述不同也使性格的可塑性比气质的可塑性更大。其次,气质类型没有好坏之分,无论哪种气质类型的人,都可以取得显著的成就;性格特征大都具有较明显的社会意义,有好坏之别(例如勤奋、诚实、热情比懒惰、虚伪、冷酷好)。性格和气质又是密切联系、相互制约的。一方面,气质影响某些性格特征的表现形式。性格相同而气质不同的人,其性格内容有不同的表现色彩,带有某种气质的特色。例如,两个人同样具有热爱劳动的性格特点,但在气质类型上一个属胆汁质,一个属黏液质,在工作中的表现是一个动作迅速、精力充沛,另一个则表现为踏踏实实,耐心细致。另一方面,性格可以改造气质,指导气质适应社会生活。例如一个责任感强的人,在工作中会努力控制自己气质中的消极方面,如易冲动、注意力不集中等,长期坚持就可使这些气质特征得到掩蔽或改造。

3.性格与能力

性格与能力是个性心理特征中的两个不同的侧面,它们往往是在同一实践活动中形成的。也就是说,在各种实践活动过程中,不仅发展着人的认知能力和实践能力,而且形成性格的理智特征和行为方式。因而,性格与能力之间存在着相互影响和相互制约的关系。首先,性格对能力的发展有一定的促进作用。人的事业心、责任感、坚持性、自制力、自信心等优良的性格可以促进能力的形成和发展。只有具备坚韧不拔、勤奋努力性格的人,才能在长期的学习和实践中发展自己的各方面能力。优良的性格特征甚至可以补偿某种能力的不足。俗话说,“勤能补拙”。性格的勤勉可以弥补能力之不足,取得好的成绩;相反,有的人原本具有很好的智力潜能,但由于缺乏毅力、懒散好闲等性格,则会成为能力表现和发展的障碍。其次,能力的发展也是制约性格发展的重要因素。例如,能力的发展可以促进人的自信心、进取心、意志力等性格特征的发展。

(二)性格的类型与人际交往

性格是由许多成分或特征组成的复杂的心理系统。现代心理学对性格的划分标准也不一样。下面我们就采用最具代表性的几种划分来分析说明性格的类型与人际交往的关系。

1.培因和里波的理智型、情绪型、意志型

培因(英)和里波(法)曾根据理智、情感、意志在性格结构中的不同优势,将性格划分为理智型、情绪型、意志型三种基本类型。

理智型的人以全面深刻的理性思考、严密细致的理论见长,善于用理智衡量支配一切。在人际交往中,他更看重对方的思维方法和理论水平,看重对方的思想深度、精度及现实程度。与理智型的人交往,应时时牢记"晓之以理",以认真的现实的态度,摆事实、讲道理,如果您是一个观察问题精确、记忆清晰、擅长理论推断、言辞雄辩的人,您定会赢得理智型的人的好感。

情绪型的人感情丰富,情绪体验深刻,不善思考,言行举止易为情绪左右,处理问题感情用事。与理智型相比,更注重交往对象的感情真伪和热情高低,注重对方的同情心、礼貌修养以及态度的友善等品行因素。与情绪型的人交往,应本着"动之以情"的原则,根据对方的情绪状态,进行细致入微的感情交流。和谐的感情氛围、热情主动的交谈方式,将会促成您与情绪型的人的心灵沟通。同时要注意细节,举止严谨,宽容对方的某些过失,因为仅仅感情用事的冲突,就可以断送你们的友谊。

意志型的人,以明确的目的性、良好的自制力、顽强的坚持力和果敢的决断力为特征,在交往中自由主动,乐善好施,特别注重自己在对方眼里的形象地位。与意志型的人交往您要给予对方以显示才干、表现自我的机会,并善于接纳对方的帮助。如果他发现您乐意接受他的帮助,他会更加亲近您。但意志型的人容易固执己见、强加于人。为维持交往双方的平等关系,您要表现出您的坚定、果断、豁达,保持自己对事物的独立见解，善于提出自己的方略。

2.荣格的内向型和外向型

荣格（瑞士，精神分析学家）在《心理类型论》一书中根据个体心理活动的倾向，将性格区分为内向型和外向型。

他认为，一个人的兴趣和关注可以指向内部，也可以指向外部。指向内部就叫内向，指向外部就叫外向。每个人都有内向和外向两种特征。根据一个人是内向还是外向占优势，可将人分为内向型和外向型。

内向型的人心理内倾，少言寡语，情感深沉，反应迟缓，好沉思，多虑，爱独处，不好交往，但擅长自我分析和自我评价。有人把内向看成自我封闭、冷淡孤立的代名词，其实内向的人同样具有强烈的交往需要，只是缺乏主动性，期望别人主动亲近自己，在感情上包容、接纳自己。因此，与内向的人交往，你要表现得热情、关切、亲密，以消除其疑惧心理和回避倾向。同时，也要多征求对方的看法和意见，对他的言行多做肯定评价，使对方感觉自己有一种“被重视感”，这对于你的交往的深入与巩固是至关重要的。

外向的人性格开朗而外露，反应敏锐，喜欢交往，不拘小节，具有主动沟通，参与的热情，在交往中，他期望自己是个居主导地位的“领导者”。与外向的人交往，您要表现出对等的主动、开朗和大度，表现出信任、友好、包容，既满足对方的心理需要，又不失自主和自尊。同时，外向的人大都在随和的言谈下有明确的、长远的交往目标，您要善于思考，确定其目的，从而使交往富有实效。

3.阿德勒的优越型和自卑型

阿德勒（奥）根据个体的竞争性特点，把人的性格区分为优越型和自卑型。

优越型的人喜欢竞争，不甘落后，自尊心和自信心特别强烈，独立性强，善于发现问题和解决问题。与他们交往，要注意尊重他们的意见，切忌当面指责其缺点，提出不同意见要力求委婉。同时也要“不卑不亢”，积极发表自己的观点，主动寻找机会帮助对方，防止给对方留下“顺从怯懦”的印象。

自卑型的人遇事退让，逆来顺受，缺少主见，自信心弱。有人认为与自卑的人交往,最好采取优越姿态,其实不然,自卑的人大都对优越感强盛的人存戒备心理,任何支配、骄傲、夸张、自炫的交往方式只会导致他们的不信任和疏远。与自卑的人交往,一定要把他们摆在平等的地位上,一般说来,支持、合作、协商、赞同、同情等交往态度,最能获得他们的信任与好感。

交往心理学认为,人们交往中喜欢给自己带来酬赏与满足的人,而讨厌带来处罚与不愉快的人。实际上,卡内基所谓交往要利用"人性的弱点",无非就是要充分尊重对方的情感需求。但人的情感需求的层次、内容、表达方式及需求强度,因性格不同而有很大差异,交往中必须考虑这些差异,这也是上述交往原则的理论依据。

(三)影响性格形成的因素

性格的成因是复杂的,既有生理因素的影响,又有社会环境的决定,是主、客观多方面因素共同作用的结果。一个人的性格是稳定的,但却不是不变的。人生境遇的巨大变化,环境的重大变迁,年龄的增长,都可能使人的性格特征发生变化。

1.性格的形成时期

性格的发展主要表现为四个阶段。从出生至 11 岁。是性格的形成期。这一阶段儿童在与周围社会环境的关系中逐渐形成其态度体系和行为方式。此时性格的可塑性很大。12 ~ 17 岁是性格的定型期。这一阶段正值一个人生理、心理发生剧变的时期,是性格形成的关键年龄段,性格初步定型。青年晚期至 30 岁左右是性格的成熟期。55 岁以后进人性格的更年期。这一阶段伴随生理更年期的到来以及个体生活阅历的增加、社会环境的变化等,人的性格往往会发生一定的变化。可见,性格的形成和发展贯穿于人的整个社会生活过程中。

2.生理因素对性格形成的影响

大脑的机能活动、内分泌腺的活动、机体的新陈代谢和生化反应等,对人的性格的形成都有一定的影响。但是,生理因素并不直接决定性格的形成,只起间接影响作用。

3.家庭环境的影响

对性格的形成起显著作用的早期因素是家庭。父母的教养态度、教育方式、家庭气氛、儿童在家庭中的地位等,都影响着性格的形成。因为父母的行为是孩子学习的榜样,对子女的行为起着潜移默化的作用。儿童的家庭生活、幼儿园以及学校生活对其性格都起着潜移默化的作用,但家庭环境的影响具有特殊意义。

(1)父母教育态度的影响

曾记得这样一个故事:一个年轻人,他脸上有一块巨大而丑陋的胎记。英俊的脸上由于胎记而变得狰狞吓人。但外表的缺陷掩盖不了这个年轻人友善、幽默、积极向上的性格,凡是和他打过交道的人,都会不由自主地喜欢上他。他还经常参加演讲。他的朋友非常佩服他的勇气,问他:"你是怎样应付那块胎记的呢?"他的朋友心想,那块胎记一定曾带给他深深的自卑,没想到他这样说:"我从来没有因此而感到自卑,相反,我向来以它为荣!这是因为我有一个好父亲,他告诉我:'儿子,你出生前,我向上帝祷告,请他赐给我一个与众不同的孩子,于是上帝给了你特殊的才能,还让天使给你做了一个记号。你脸上的标记是天使吻过的痕迹,上帝这样做是为了让我在人群中一下子就能找到你。当看到你和别的婴儿一起睡在婴儿室里时,我立刻知道,你是我的!'"

"小时候,父亲一有机会就给我讲这个故事,所以我对自己的好运气深信不疑。我甚至会为那些脸上没有红色的'吻痕'的孩子难过。我当时以为,陌生人的惊讶是出于羡慕。于是,我更加积极努力,生怕浪费上帝给我的特殊才能。"

年轻人的乐观、自信、积极向上的性格,正是一个伟大父亲手下的杰作。

父母对儿童态度冷漠,对子女教育无暇顾及或失去信心,往往会影响儿童性格的健康发展,易于形成孤僻、自卑、任性等消极性格。相反,父母把教养好孩子作为对孩子、对社会义不容辞的责任,倾注全部心血去培养和教育孩子,给予尽量多的关心和爱,则有利于儿童健康性格的形成。当然,过分溺爱也易于造成儿童依赖性强、忍耐力差,同时还会形成任性、霸道、蛮横等性格特点。比如,有的孩子在外面打了架,回到家父母会说要替孩子讨回公道,这就给孩子提供了一个横行霸道的好后台。

(2)父母教育方式的影响

民主的教育方式使父母与子女之间建立一种平等和谐的关系。家长既满足孩子的正当要求,又在一定程度上以社会和文化的要求限制孩子的活动。这种家庭的孩子一般具有谦逊、热情、诚恳、礼貌待人、合作而独立的性格特征。权威型的家庭教育对孩子的活动横加干涉,动辄训斥打骂,唯父母之命是从,这种家庭的孩子往往表现出恐惧、自卑、怯懦、性格不稳定。放纵的教育方式使孩子极易变得懒惰、自私、任性、执拗、无礼、傲慢、胆小怕事、独立性差。

教育心理学家在这方面的研究较多。我国学者刘金花调查了家庭教育与儿童性格的关系,研究对象是3~6岁的196名幼儿以及他们的父母。研究结果表明:家长教育的不同方式对性格影响的大小不同。家长或抚养者对孩子是否有权威,家长取得权威的方式(如通过说理引导儿童听话、经常表扬和鼓励儿童做好事,出了问题先了解后处理等等)以及家长对子女的关心和爱对子女日后的性格特点形成有着密切的关系。

(3)家庭气氛的影响

一般而言,和睦而亲情深厚、父母之间互相理解和尊重的家庭,对孩子良好性格的形成有积极的影响。相反,夫妻关系紧张,家庭气氛紧张、不祥和的家庭,对儿童性格的形成产生消极影响。特别是父母离异家庭的孩子,往往表现出孤僻、冷淡、冲动、行为乖戾等性格特点。

英国心理学家玻尔德调查了许多不同类型的家庭后发现,家庭气氛对子女人格的形成具有很大的影响。58%的不良少年来自双亲缺损的家庭(双亲离婚或死亡),25%来自经济残缺的家庭。心理学家海尔特研究发现,双亲不和比双亲不全有更坏的影响,父母长期分歧、敌对、争吵不休、紧张、冲突,会使子女的内心产生严重的焦虑与矛盾,多疑、心神不定或神经质,甚至导致心理变态以及反社会行为。而家庭和睦的孩子,则心神安宁、活泼、愉快。

(4)儿童在家庭中的地位影响

儿童在家庭子女中的排行、地位不同,对其性格形成也有一定影响。这种影响并不直接,但的确存在。家庭中的长子或长女一般容易形成优越感、支配性和谦让、大度、果敢、主动等性格特征。父母偏爱的子女,或独生子女,往往由于处在受宠爱和娇纵的特殊地位,易于形成任性、自私、不合作、孤僻、胆小、意志薄弱、情绪不稳等不良性格特征。

4.学校教育的影响

在学校教育的环境中,学生在学习知识、掌握技能以及在与老师、同学的交往中形成和发展着自己的性格。

教师不仅通过教学和各种集体活动教育学生,塑造学生的集体感、责任感、义务感、热爱学习等良好性格,而且教师本人的性格、作风、品德、言行都会潜移默化地影响着学生。因为学生把老师看做自己心目中的模范和理想人物,自觉或不自觉地在自己言语行动中加以仿效。

另外,在学校学习生活中,同辈群体对青少年的性格影响尤为显著。他们鄙视父母那种所谓不合“时俗”的思想,而对同伴的言行却视为“金玉良言”。

5.社会因素的作用

社会风气、文化潮流、大环境、大“气候”、历史背景、时代风尚,都从宏观方面影响着儿童和青年一代性格的形成和变化。这种影响通过电视、电影、报刊、文学作品等各种信息渠道发生作用。成年人的职业性质有时也会影响其性格的改变,形成某种适合其职业性质和特点的性格特征。

6.个人主观因素的影响

外部环境因素对性格的形成起主要作用。但个人在塑造自己性格的时候,却受其主观因素的影响。主观努力的结果甚至可以使人在处于极为不利的环境条件下,仍能分辨良莠,有选择地发展自己积极的性格方面,克服和改造性格中的消极方面。相反,有了好的外部环境,个人主观上不能明辨是非,也会减弱正面影响。例如,人们对自己体格、容貌等外部特征的自我意识和评价往往会影响性格的发展。但这种影响具有正面或负面意义,则很大程度上取决于人的主观因素。身体缺陷或容貌欠佳,可能使人产生自卑感、不自信,甚至形成孤僻、忧郁的性格。但也可能由于主观意志而产生相反的结果,即自强不息,在其他方面努力进取,以补偿自己的不足。

四、大学生良好个性特征的塑造

由于个性心理特征是多方面的,塑造自身良好的个性特征就需要我们去全方位地准备,这不仅需要我们确立正确的世界观、价值观、人生观,有一个正确的努力方向,使我们的才能贡献于人类的美好事业,同时我们还应特别注意发挥各自气质类型中的长处,避免气质中的不利因素,扬长避短,使自身潜能能够得以充分发展。但个性完善中最值得大学生重视的是自身的性格因素,因为,性格不仅直接影响到我们的身心健康,而且还关乎我们将来的事业。

古希腊哲学家赫拉克里特曾说过:"一个人的性格就是他的命运。"这使很多人错误地认为性格是与生俱来的、伴随终生的,永远不可能摆脱的。其实不然。

先天生理特点固然为性格发展打下了基础,但是起决定作用的还是后天,是社会环境、后天教育和主观因素相互作用的结果,特别是个体能动性的作用。一个人如果能够认清自己的性格,知道自己究竟是怎样的人,那么自己的命运将会改变。托尔斯泰年轻时曾认真分析过自己的性格。他曾在日记中写道:"我对别人暴躁、厌烦、不谦虚、不忍耐,还像小孩一样害羞;我只是抓着空儿学点东西,无节制、不果断、无恒心……我是诚实的,但有如此的虚荣心,如此的很少满足。恐怕我常会选择前者。"可见,他对自己的性格特征了如指掌,并且能深入剖析,这就是自知之明。因此,赫拉克里特的名言也常常被翻译成:"一个人的性格就是他的守护神。"的确,一个人一旦认清了自己的天性,知道自己究竟是什么人,他也就知道自己究竟要什么了,如同有神守护一样,不会在喧闹的人世间迷失方向。托尔斯泰在剖析自己的性格后,知道了自己应该怎样做,终于成为一名世界著名的伟大作家。

我们大学生应该怎样塑造自己的性格,从而有一个良好的个性特征呢?心理学家提出了很多不同的说法,现综合国内外研究成果,可将大学生良好性格的培养概括为以下几个标准。

1.和谐的人际关系

人际关系最能体现一个人个性健全的程度。个性健全的人乐于与他人交往，并与他人建立良好的关系；与人相处时，尊敬、信任等方面态度多于嫉妒、怀疑等消极态度。健康的人常常以诚恳、公平、谦虚、宽容的态度尊重他人，同时也受到他人的尊重与接纳。

2.良好的社会适应能力

社会适应能力反映了人与社会的协调程度。良好的个性特征能够和社会保持良好密切的接触，以一种开放的态度，主动关心社会，了解社会；在认识社会的同时，使自己的思想、行为跟上时代的发展，与社会的要求相符合，表现出能很快适应新的环境。

3.正确的自我意识

自我意识是个体对自己和自己与他人、与周围世界关系的认识。具有良好个性的人对自己有恰如其分的评价，充满自信，扬长避短，在日常生活中能有效地调节自己的行为，与环境保持平衡。缺乏正确自我意识的人常常表现出自我冲突、自我矛盾，或者自视清高、妄自尊大，做力所不能及的工作，或者自轻自贱、妄自菲薄，甘愿放弃一切可以努力的机遇。

4.乐观向上的生活态度

积极的人生态度是人类在社会实践活动中获得的本质力量的表现。乐观的人常常能看到生活中的阳光，对前途充满希望和信心，对自己所从事的工作或职业抱有浓厚的兴趣，并在其中发挥自身的智慧和能力，即使在遇到困难和挫折时，也能不畏艰险，勇于拼搏。大学生的主要任务是学习，因而对学习的兴趣和态度如何，可以反映出对生活的基本倾向。

5.良好的情绪调控能力

情绪标志着人格的成熟程度。人格健全的人情绪反应适度，具有调节和控制情绪的能力，经常保持愉快、满意、开朗的心境，并富有幽默感。当消极情绪出现时能合情合理地宣泄、排解、转移和升华。

良好个性的各个标准都是相关的。具有丰富的情绪并控制情绪表现的人，通常是有能力满足自身基本需要的人，是能紧紧地把握现实的人，是获得健康的自我结构的人，是拥有稳定可靠的人际关系的人。

思考题

1.什么是个性心理特征?

2.性格与气质有什么不同?

3.在社交活动中如何克服不良的性格特征?

4.影响性格形成有哪些因素?

团体训练(二):“原生家庭探讨”

活动目的:

让大家在此活动中回想家庭对自己个性等方面有怎样的影响,哪些是值得自己一生回忆而不能忘怀的。

团体性质:

此团体为封闭性活动团体。

人数:

5~8人,也可视具体情况而定。

活动程序:

1.请大家坐下。领导者给每个人发一张表。这张表的家庭成员一栏里,我们已经填上“父亲”、“母亲”,请你在其他几栏上再填上一些曾经和你一起生活过、对你有影响的家庭成员,如“祖父”、“祖母”、“外祖父”、“外祖母”,甚至是“叔叔”等。

2.请你写出你欣赏他们的三个地方和你不欣赏的三个地方。

3.他们对你的性格形成有什么影响?

4.再仔细想想,你有什么发现?把它们也写下来。

5.分小组进行分享。

第三章 社交心理的自我意识

社交心理中的自我意识在社会交往活动中至关重要,因为正确的自我认知是交往活动的基础和前提。中国有句古话:“知己知彼,百战不殆。”“知己”就是实事求是地认识自己、评价自己。做到这一点是相当不容易的。人们常讲起这样一则神话:俊美的河流之子那喀索斯在水中看见一个人的面影,他恋上了那个水中人,并为之而憔悴,最终抑郁而死。可怜的那喀索斯不知道苦恋着的水中人正是他自己,多么荒诞。然而,这不足为奇,有人说,在世间万物中,人最不了解而且最难了解的是人自己。难怪“认识你自己”苏格拉底的这句箴言堂皇地镌刻在古希腊德尔斐神庙的门前。人们把它奉为“阿波罗神谕”,因为它象征着最高的智慧。在社交活动中,只有正确地认识自己、评价自己,才能摆好自己的位置,也才能融洽自己和他人和群体的关系。

王晓海(化名)是大一的一位男生,初次见面显得格外拘谨,说话有些不自然。当他坐下了以后,咨询师问及他:“是否有困惑的地方需要老师提供帮助?”他点点了头,顺便从口袋里掏出了一个小本子,查看今天来咨询的一些问题。

王晓海家住一个偏远的小镇,母亲是医生,爸爸是职员。从小父母对自己的期望值很高,特别是爸爸对自己的要求极高。对自己所作所为近乎苛刻,即使自己做对了某事,父亲也从不轻易夸奖,甚至总能找出一些缺点。因此,自己总是害怕做错了什么引起父亲的不高兴而带来斥骂。王晓海认为正是父亲的这种教育方式使自己的性格变得很懦弱,以致后来上大学以后,感觉自己做事处处不如别人,即使做对了,也感到不满意。由于这种自卑心理使自己非常苦恼,渐渐地自己不愿意与别人交流,即使与别人在一起的时候,也总是听别人讲,自己感觉无话可说。自己知道这样对自己的学习以及交往都不好,但不知道该如何去做。

在咨询中，咨询师给他留了一个作业，让他写出“20个自我”，下次来咨询时带上这个作业。第二次他如约而至，咨询师惊奇地发现：这20个自我当中没有一条是对自我的肯定和褒扬，完全是自我否定。

像王晓海这样的同学不只他一个人，很多同学不愿意交往、不敢交往的原因很多，但大都存在着不同程度的自卑心理，当自卑心理袭来的时候，大都表现得内向、寡言，不愿意交往，不善于与人沟通。自己真的一无是处吗？真的什么都做不好吗？这就是自己怎样认识自己的问题了。

第一节　自我意识理论概述

一、自我意识的概念

自我意识，就是对自身以及对自己同周围世界关系（包括物质的、精神的和社会的）的认知和体验，是一种自测性和评判性的意识。自我意识并不是自我存在。自我存在是指人本身所具备的各种条件，包括物质的与精神的，如身体健康状况、智力发展状况、精神境界状况等等。而自我意识则进了一层，它在自我存在的基础上分化出来，成为一种独立活动的评判意识。它虽然也属于自我存在中的精神部分，但它应是独立的精神成分，是一种自主性强、具有评判能力和审视能力的最活跃的精神成分。自我存在中的精神部分是政治观点、道德意识以及一切精神文明的熔铸，而自我意识中的准精神状况则是一种独立意识，它负有专门任务，具有审视、评判机制。自我存在与自我意识虽是有机体中的含量，但二者以不同的方式而存在，有着各自的价值，是不能混为一谈的。

二、自我意识理论

有关自我意识问题，学术界对此做出过许多论述，概括起来无非是下列两种。

(一)角色理论

这一理论的创立者是美国心理学家米德(G.H Mead)。米德使用社会角色来说明在社交活动中存在着可预见的互动行为模式,这个概念有助于了解个体与社会的关系。角色是在互动过程中形成的,在自我意识的发展过程中,角色的变换起着重要的作用。一个人,从小孩到成人,扮演过许多角色,在家庭里,做过儿子或女儿,当过丈夫或妻子,还做过兄姐或弟妹;走出家庭,可能成为别人的朋友、师长或邻里。这无数个角色的更换,每扮演一个角色就增加一种行为规范,就有一番角色意识的自我体验。同许多角色的交往互动,就增强了自我意识、自我认知甚至自我评判。角色扮演能否成功,一方面取决于扮演者对自己在群体中所处的地位的认知是否准确,另一方面取决于扮演者的角色技巧运用得如何。任何一个角色扮演者所扮演的角色若符合其角色地位所规定的角色规范,即称为符合角色行为,此扮演是成功的;反之,则为不符合角色行为,此扮演是失败的。

(二)自我意识的三阶段论

这种理论把自我意识划分为逐步发展的三个阶段。

1.生理的自我意识

所谓生理的自我意识(又称物质的自我),是指个体对自己的躯体和外部世界中属于他的那一部分的反映。个体对躯体无不予以莫大的关心,并力求使其具有吸引力。除非不得已,个体决不愿意躯体受到伤害。

小孩出生8个月时,他们便开始关心自己在镜子里的形象。10个月就会主动地看镜子里的形象,并要和其玩耍,但还不知镜子里的形象就是自己。到1岁7个月左右,婴儿便能知道别人在叫他的名字,2岁左右的孩子就能用自己的名字表达自己的要求。到3岁时,儿童便有了羞耻感、嫉妒心等,能更多地使用“我”这个词。这个时期表现出来的行为是自我中心的。

青年人尤其关心自身的健壮与否、漂亮不漂亮等,并由此产生强烈的评价意识,并伴随着自尊或自卑的情绪体验。个子矮小或身体残缺会带来自卑的体验,有的甚至导致悲观厌世。其实身体的残缺并不可怕,可怕的是由身体残缺而导致的心理残缺。身残志坚,持有积极乐观人生态度的例子比比皆是,他们活出了自信,活出了一个人应有的价值。

2004年5月23日晚。青岛天泰体育场。在12 000余名听众暴风雨般的掌声中,一个“半身人”坐着滑板,“飞”行至主席台右侧,一个灵巧的急刹车,他又掉头滑了回来。还未等听众从惊讶中回过神来,他已经用双掌“一步步”走上讲台,并在演讲桌上来回“踱步”。他叫约翰·库提斯,一个天生下肢就没有发育的澳大利亚人。尽管无法安装假肢,但他却不坐轮椅,一直坚持用双手走路。他是全澳洲残疾人网球赛的冠军,是游泳好手,甚至还会开汽车。他被誉为“世界上最著名的残疾演讲大师”,曾到过世界上190多个国家演讲。

因此我们说,人生活的意义不仅在于一个小小的躯体,比人的躯体更重要的是一个人的心理,它胜过浩瀚的海洋,这就是心理的自我意识。

2.心理的自我意识

所谓心理自我(又称精神自我),是指个体对其心理活动的觉知,如对自身性格、意志、情感、能力、理想等的认识和体验。心理自我是个体自我意识的核心所在。它是个体根据主观的需要,调节控制自己的心理与行为,修正自己的经验与观念。

十三四岁以后为心理的自我意识阶段。此阶段的自我意识已臻成熟,人无论从生理还是从心理都发生了重大的变化。如性的觉醒、想象力的丰富、逻辑思维能力的发展等。这时期又称主观化时期。主要表现为:①透过自我意识去认识外部世界,即用自己的观点来认识与评价外界事物,其观点和行为带有浓厚的个人色彩。②心理的自我意识发展阶段是个人价值体系的发展时期。这一时期的青年人常常会强调自己所具有的独特人格特征的重要性,以保护自己和提高自己在社会上的地位。③自我理想的表现。自我理想就是个人对某个目标的追求。④抽象思维能力发展了。这一时期,个人的抽象能力大大提高,可以摆脱具体的情境和事物去认识一般的、规律性的东西。

3.社会的自我意识

所谓社会的自我，是个体对自己被他人或群体所关注的反映，是自我意识的中心部分。

3岁至十三四岁为社会的自我意识阶段。这段时间是个体接受社会文化影响最深的时期，这个时期的儿童先是在游戏中学习各种角色的扮演和角色之间的关系，而后来到学校接受教育，他们的自我评价的独立性、批判性获得发展。特别是进入青春期，自我意识产生质的飞跃。

一个人生活在社会中，都需要为个体所重视的他人或群体的关注和尊重。个体在社会关系、人际关系中的角色、地位、作用、权利和义务，即是个体对社会自我的认识和体验。

“自我”由生理的、心理的和社会的自我三部分构成，自我对这三部分紧密关联的认识和体验，便构成了一个人对自己的独特看法和态度。

三个阶段的划分，主要是从年龄的增长的角度考虑的。随着年龄的增长，自我意识从自然的需要的自我中心意识到社会的需要的公共行为规范意识，最后发展到带有浓厚主观色彩的个体意识。这是从发展的观点来考察自我意识。从依赖约束性到主动独立性，明确自我价值、自我理想和目标，这是自我意识逐步走向成熟的表现。

自我意识的行程要经历一个漫长的过程，是社会发展到一定阶段的产物，是社会实践的产物，要经过多个社会角色的体验。我们了解和掌握自我意识理论，就可以增强自觉性，减少盲目性，有目的、有计划地开展各种交往活动。

三、自我意识社会化的表现形式

前苏联心理学家鲁宾斯坦在强调社会关系对个性自我评价的决定作用时指出：“我们对一个人的社会评价是根据他的社会有益劳动——根据他是个怎样的人和给予了社会什么。因此，人的自我评价也是由他作为社会的人为社会做了什么决定的。这种新的对待劳动的态度是整个社会心理改造的核心，也是个性自我意识的基础和核心。”(引自高希庚主编《思想道德修养教程》，天津人民出版社，1994年8月版)个体在由自然人到社会人的社会化过程中,总会受社会制约,与社会发生千丝万缕的联系。每个人都是社会网络中的一个网结点。他不但有从社会那里获取个性发展条件的权利,而且有为社会发展所应承担的义务。自我有无能力去获取权利、承担义务以及所能达到的水平如何,是自我认知的基础和核心。同时,个体不仅仅自己评价自己,尤其需要关注其他个体或群众特别是为自己所重视的他人和群体的反应,经常借助社会和他人评价自己。因此,自我认知、自我体验、自我调节的过程无疑是自我意识的发展和完善,是自我意识社会化的过程,这个过程中,最主要的是心境交融渗透的过程。因此,我们要研究促使自我意识社会化的心理因素,主要有以下几点。

1.互动心理

自我意识不是生来就有的,个体的自我意识是在个体生理和心理能力达到一定程度的基础上,在社会互动过程中形成和发展的。生理的成熟和发展只是自我意识形成的前提,社会互动及个体与他人相互作用、积极参与社会生活才是自我意识形成和发展的必不可少的条件。例如,狼孩就没有人的自我意识。社会心理学研究表明,个体自我概念发展的核心机制,是个体在认知能力不断提高的同时存在着与他人相互作用。早在1902年,库里就指出,自我观念是在与他人交往过程中,个体根据他人对自己的反应和评价而发展的,由此产生的自我观念称为“镜中我”。库利说:“正像我们从镜中观察自己的脸、手指和衣着,因它们属于我们自己而感兴趣一样,我们也从他人的思想中认识我们的面貌、风格、目标、行动、特征、朋友等,而且从多方面受其影响。”(转引自华红琴主编《社会心理学原理和应用》,上海大学出版社,2004年12月,第81页)米德进一步发展了库里的思想,认为个体所属的社会群体也是我们观察自己的一面镜子,认为自我意识是在社会互动中通过扮演他人的角色,把自己置于互动对方的位置上而逐渐形成的。通过角色扮演,个体在社会互动中将自己视为一个被评价的客体,并在与具体他人的互动中产生了暂时的自我形象。正是在这样的社会互动过程中,个体受他人意识的侵蚀、感染和激发,自我意识也会发生不断的变化。自我意识的形成是复杂的,一方面它是对个人经验的整饬,另一方面又是对他人印象与评价的合理吸收,使人的意识不断趋于社会化的结果。

2.从众心理

从众心理是指个体在社会群体中感受到压力,从而放弃自己的意见和行为,采取与群体内大多数成员相一致的行为。因此,自我意识相应地会受到社会相符行为的影响。从众心理是导致自我意识社会化的一个重要因素。尽管当今的人们多么强调个性,相信保持个性很重要,但他们同时也感到为了受欢迎与群体保持一致是十分必要的。1953年,美国心理学家阿希设计了一个经典的从众实验,让被试对一些相当清楚的视觉刺激物进行判断,尤其是让被试清楚地意识到,别人的意见与自己看到的东西完全不一样。

实验者告诉被试,实验目的是研究知觉现象,要求大家判断线段的长短。男大学生被试围坐在一张圆桌周围,并依次指定为1号到7号。实际上,7个被试中只有一个真被试,真被试不知道实情,也不知道真正的实验目的。实验的过程是这样的,实验者向被试依次呈现18套卡片(图3-1所示),每套2张,一张画了一条标准线段 x,另一张上画了3条长度不等的线段 a、b、c,其中一条与线段 x 一样长。然后拿出一套套图片,请被试依次回答 a、b、c 中哪条线段与 x 一样长。

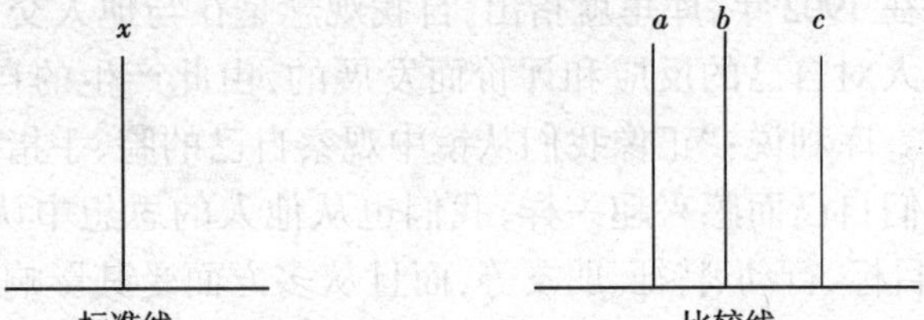

图3-1 从众试验图

其实,只要是视力正常的人,很容易判断出比较线中的 c 线与标准线一样长。但让所有假被试都故意做出一致的错误回答(都说 a 与 x 一样长)。轮到真被试回答了,他显得慌乱,不知所措,最后竟然附和了错误的回答。

当今社会问题和技术的发展都很复杂,愈来愈鼓励群体合作而不是个人主义，使人产生一种与社会同调性倾向，自我意识相应地会受到社会群体的影响。

3.竞争心理

竞争就是个体的一种求胜心理所致，希望个人超过或压倒对方，来获得心理上的满足。在人类实践活动中，正是因为这种竞争意识和激烈的竞争力促使社会在不断地向前发展，这种发展的过程也在不断地激发人们的竞争心理。因此，竞争无处不在，它来源于人的需要。我们需要学习好，就有学习方面的竞争，我们需要工作出色，就会有工作中的竞争。但竞争也有积极与消极两个方面，积极的竞争促进自我意识社会化，消极的竞争不仅不利于个体的发展，反而阻碍个体目标的实现，甚至会给个体带来极大的危害。

第二节　大学生自我意识的发展

以上我们谈到自我意识理论时，曾介绍过自我意识的三阶段论，即生理的自我意识、社会的自我意识和心理的自我意识，它科学地概括了人的自我意识的形成和发展的全过程。

大学生年龄在 18 岁～23 岁之间，一方面他们的社会自我和心理的自我都在空前地向前发展，也正是从依赖走向独立的阶段，强烈地希望可以主宰自己的命运，但另一方面他们的自我意识并没有完全发展成熟，这个阶段是青年自我意识矛盾最突出的时期，要经历分化和整合的过程。因此，大学生充分认了解自我意识发展中的特点，掌握自身的发展规律，无论是对大学的学习还是今后的工作都将起到一定的积极作用，也关系着大学生的心理健康问题。

一、大学生自我意识发展的特点

1.更加关注自我发展

大学生的自我意识发展由外部世界逐渐转入内心世界，他们更多地关注自我发展，表现在不仅仅关心自己的容貌和仪表，更注重自身的内在修养和气质及自己的社会地位，并且对自己的分析和评价逐渐趋于客观、全面，感性的基调越来越淡，理性的色彩越来越浓，自我评价越来越多地具有广泛性、概括性的特点以及理性、辩证和定型的思考。大学生所评定的自我形象中，不仅仅包括自己的仪表风度等外部表现，更多的则是重视自己的聪明才智、个性品质等。但由于大学生自我意识的不完善，并不能真正客观地评价自己，往往会出现“自我设计”、“自我奋斗”等偏离社会需要的倾向。这在一定程度上会造成适应社会的不良状态，对建立和谐的人际关系存在一定的影响。因此，在大学阶段，我们应开始从社会性方面认识评价自己，体验自己，控制调节自己，应常常思考自己怎样做人，在同学中地位如何以及如何努力才能适应未来的社会等等。

2.自我评价能力的提升

自我评价是人的自我认识和自我态度的统一，是个体对自身及其与外部世界关系的肯定或否定的判断。自我评价包括人对自己的能力、行为、品质和行为动机与目的的分析、认识和所持的态度，是自我意识的重要形式之一。

自我评价能力的提升，能够全面、客观、冷静地分析自己，使自身不断完善，健康地成长。但同时大学生自我评价的自觉性、主动性和稳定性也存在着很大的个体差异，大部分能比较自觉地从主观和客观两方面评价自己，但也不否认有些同学过高或过低地评价自己，要么高高在上，孤芳自赏，要么自轻自贱，怀疑自己。这种不恰当的自我评价特别应当引起大学生的注意。

3.自我独立意识加强

伴随着大学生生理和心理的成熟，他们的成人感和独立性有所增强。他们渴望自己主宰自己的命运，以独立的个体面对生活、学习与工作中遇到的问题。通过各种方式，利用各种机会极力展示自我，向人们证明“我能行”。独立性意识的增强使大学生充满了自信，虽说这种自信将对大学生的成才是一个良好的心理基础，但是由于长期的校园生活和受父母的溺爱，使他们还在一定程度上缺乏对社会的了解和适应，特别是当应激事件突发时，还不能摆脱对父母和老师的依赖。因此这种过分的独立和自信又常常使得他们感到失落和彷徨，这就更需要我们加以正确引导。

二、大学生自我意识发展的规律

1.自我意识的分化与迅速发展

进入大学以后，随着学习、生活方式的改变和心理意识的发展，大学生的自我意识有了明显的变化，出现了理想自我和现实自我的分化，并且迅速发展，导致矛盾冲突日益明显。大学生对自己的生活充满信心，对未来抱有幻想，而现实往往不是他们所想象的，于是就出现了理想自我和现实自我的矛盾。这种矛盾分化使得大学生发生自我意识的改变，经过自我体验和自我调控，而表现出各种激动、焦虑、喜悦与不安情绪。

自我意识分化标志着大学生自我意识在逐步迈向成熟。在这一时期，自我体验更加丰富多彩，常常思考自己应该怎样做，不应该怎样做等问题，人生观、价值观在思考过程中逐渐趋于成熟。

2.自我意识的矛盾性

由于自我意识的分化，"主体我"和"客体我"，"理想我"和"现实我"之间的种种矛盾开始出现，随着自我意识的进一步发展，这种矛盾也越来越突出。在这种矛盾心理的作用下，他们对自己的评价也常常是矛盾的，对自己的态度也是波动的，对自己的调控也常常是不自觉、不果断的。他们忽而看到自己的这一面，忽而又看到自己的另一面，时而表现得豁达宽容，时而又表现出自私苛刻，时而对自己充满信心，时而又感到前途渺茫。他们内心充满着矛盾。

请看这样一个同学的自我认知：这是我们在进行一次团体行为训练的时候，请同学们写"20个自我"时的一份作业。

我是一个非常坦诚但又十分狡猾的人；

我是一个乐于帮助人但又非常自私的人；

我是一个学习很用功但又被同学们瞧不起的人；

我是一个自感漂亮但总是得不到别人欣赏的人；

我是一个非常勤快但又被人说成是一个懒惰的人；

我是一个活泼开朗但又心事重重的人；

我是一个懂得爱情却又不知道该如何去爱的人；

我是一个胸怀宽广但又非常狭隘的人；

我是一个非常慷慨但又非常吝啬的人；

我是一个有很多朋友但又感觉没有多少朋友的人；

……

20个自我在这里仅选了10个供大家参考。其实其他同学或多或少都有这样的心理，自己明明学习很用功，但为什么成绩老是上不去？明明自己很自信但为什么做事总是做不好？等等。这样的矛盾一直在困扰着自己。面对这种情况，大学生便开始通过各种活动来重新认识自己，自觉或不自觉地在调节。但大学生的这种自我调控能力相对较弱，如果调节不好，则会导致自我分裂，甚至会带来一系列的问题。

3.自我意识的混乱性

大学生自我意识的混乱通常表现为两种类型：一种是过高的自我评价，另一种则是过低的自我评价。过高或过低的自我评价往往导致个体自我意识确立过程中的过分自负或过分自卑这两大心理缺陷。他们是妨碍良好自我意识形成的心理障碍。

过低的自我评价。处于这种意识状态的大学生，在把理想我与现实我进行比较时，对理想我期望较高，又无法达到，对现实不满意又无法改进。他们在心理上的一个特征就是自我排斥。由于在成长过程中，理想我与现实我的距离过大所导致的自我矛盾冲突，他们往往会产生否定自己、拒绝接纳自我的心理倾向。这类大学生往往降低人的社会需要水平，对自我过分怀疑，压抑自我的积极性，并且可能引发严重的情感损伤和内心冲突。他们的心理体验常伴随较多的自卑感、盲目性、自信心丧失和情绪消沉、意志薄弱、孤僻等现象，尤其是面对新的环境、挫折和重大生活事件时，常常会产生过激行为，酿成悲剧。近几年来发生的大学生自杀事件中相当一部分就是由此心理问题所导致。

过高的自我评价。这是一种与过低自我评价相对立的自我意识状态。在这种自我概念的支配下，个体往往扩大现实的自我，形成错误的不切实际的理想自我，并认为理想的我可以轻易实现。这种类型的大学生往往盲目乐观，以我为中心，自以为是，不易被周围环境和他人所接受与认可,容易引起别人的反感和不满,因此极易遭受失败和内心冲突,产生严重的情感挫伤,导致苦闷、自卑、自我放弃,有时会引发过激行为和反社会行为。

4. 自我意识趋向稳定性

大学生自我意识经过不断的分化和统一的过程渐趋稳定性。由刚进校的盲目性渐渐转为有目的性,到临毕业前就显得沉稳多了。正是由于这种矛盾转化,使得大学生自我意识发生了明显的飞跃,个体之间出现了不同的差异,自我意识也渐趋成熟。

由此可见,大学阶段是大学生自我意识的"转折"时期,也是自我意识和自我矛盾表现最突出的阶段,对个体的人生观、价值观、世界观形成有着非常重要的意义。

三、发展健全的自我意识

自我意识的培养,是引导主体按社会要求自觉地对客体进行自我意识的教育,是自我意识的最高表现,是大学生完善自己个性,实现自我价值的重要途径。

(一)健全自我认知的标准

严格说来,健全的自我意识或自我认知至今并没有一个完整的统一标准。归纳中外学者的研究成果,结合大学生的实际情况,我们认为大体有以下几条。

第一,积极意义的自我意识统一性程度较高,没有明显的"自我同一性"混乱。

第二,对自我的态度是现实的和客观公正的,没有明显的认知偏差。

第三,自我行动的方式被认为是积极的、协调一致的,有较强自制性的。

第四,自我与外部世界的关系是和谐一致的,或者是能够较快达成和谐一致的。

第五,较为明显的自我激励,自我的发展变化总是具有积极向上倾向,而极少自我挫败。

(二)培养自我意识的途径

1.全面认识自我

全面认识自我是形成自我意识的基础,如果一个人能够全面地、正确地认识自己,客观准确地评价自己,就能够量力而行,确立合适的奋斗目标,并为实现这一目标而不懈地努力。因此,大学生只有打破自我封闭,拓宽生活范围,增加生活阅历,扩展交往空间,积极参加活动,扩大社会实践,才能找到多种参考系,才能凭借参考系进行多方面、多角度的认识自我,做到不自卑也不过于自信,不骄傲也不过于谦虚,才能充分发挥自己的聪明才智,实现自己的人生价值。大学生可通过以下途径来认识自我。

(1)自我观察与自我分析

自我观察是对自己的所作所为以及自己的体验进行观察。既对现实的自我进行直接观察,又对自己的过去进行回溯观察;既注意活动前的内部感受,又注意活动过程及其结果。自我分析则以自我观察为前提,并运用从自我观察结果中所获得的材料,通过日常活动和自我思考,自觉分析能够说明自己个性特点的那些行动和自我完善中出现的心理过程的定式,以提高自我分析的系统性和针对性。需要指出的是,自我分析也有得出片面性结论的危险和主观主义地解释自己的行为、行动、成功与失败的可能性。例如狂妄自大、自卑自怜以及其他心理变态等。

(2)借助他人认识自己

他人,特别是经常与自我打交道的他人对自我的行为和活动结果的评价以及直接对他的个性素质评价,是自我认知发展的重要源泉。从"他我"中概括出那些经常的、稳固的评价,是形成较为客观的自我概念的基础。深刻地认识自我是以深刻认识和理解他人、理解周围的群体、理解社会为前提的。大学生应积极主动地投身于认识世界、改造世界的社会实践活动中去,不断丰富自己对自然、社会和他人的认识。通过认识他人、认识外界事物来进一步认识自我。

(3)学会正确分析他人的评价

正确认识和分析他人对自己的评价,是自我认识的一条正确途径。

大学生一般都非常在乎自己在别人心目当中的形象,关注别人对自己的评价,尤其是有影响力的评价者。他们对别人的评价往往引起两方面的反应,一方面积极地接受别人的看法,另一方面也许认为别人的评价不符合自己的实际。因此,评价者的特点及评价的性质将会影响到他们对评价的接受程度。开展同学之间的互评,教师给予具体而有个性的评价,都有助于自我意识的提高。但应注意评价的准确性、全面性、公开性,不切合实际、片面的、不公正的评价,可能会导致自我认识的误区。当然,大学生应正确对待他人对自己的评价,从分析他人对自己的评价中进一步认识自我,而不应该对别人指出自己的缺点而耿耿于怀,更不应对自己的优点而沾沾自喜。

(4)学会正确地与他人比较

学会与他人正确地比较,要注意三个方面的问题。一是比较要选择恰当的对象。比如说同一年龄、同一层次的人。不同年龄、不同层次是没有可比性的,因为不同年龄涉及的一个人的社会经验、阅历以及所承受的压力挫折等等是不同的。要根据自己的实际情况,选择条件相当的人进行比较,找出自己在群体中的合适位置,这样才有利于自身的进步。二是要学会用发展的眼光、辩证的方法看待自己和他人,每个人的优点与缺点、长处与短处、优势与劣势都是在一定条件下相互转化的,不是一成不变的。认识了自己的缺点就有可能变成优点,发现了自己的优点而不注意保持有可能转化为缺点。学会用发展的辩证看法看待任何事物,就不会将自己的目光只停留在缺点或是优点一个问题上。因此,比较的视野越广阔,方法越科学,自我的位置就定得越恰当。三是要采取积极、客观的态度与别人比较。积极客观的态度就是在与别人比较的同时,能够正确地认识自身与他人的差距,善待自身的不足。有些东西是客观存在的,是不以人的意志为转移的,比如我们的身高、我们的相貌等,不管我们怎样去努力都是不可能改变的。对此我们不应气馁,相反,我们更应该注重自身内在因素的挖掘。

2.积极认可自我

全面地认识自己以后,就要积极地认可自我。俗话说“金无足赤,人无完人”。每一个人都有自己的优点和缺点、长处和短处、优势和劣势。认识到自己的长处就要充分发挥,扬长避短,但对自己的短处也不能嗤之以鼻,或者痛恨自己,轻贱自己。正视自己的缺点,正确分析自己的缺点,从而改变自己的缺点,这才是一种积极的态度。但有些短处我们可能无法改变,如:其貌不扬、其身不长,甚至还有一些残缺等,对此就要以平和心态去面对这一切,并有勇气接受自己的缺憾,学会爱自己,珍惜自己,只有自己爱自己,尊重自己,才会赢得他人的喜爱和尊重。这就需要我们不断地去提高自己的内在修养,在内涵上狠下工夫,相信超凡脱俗的气质会让你在他人面前永远充满自信。

思考题

1.什么是自我意识?

2.自我意识的理论有哪些?

3.自我意识社会化的表现形式主要有哪些?

4.大学生如何培养自我意识?

团体训练(三):自画像

活动目的:

自画像团体活动设计的目的是让每个人通过画像了解心目中的自我,并不断地完善自我。

团体性质:

此团体为封闭性活动团体,也可视具体情况而定。

人数:

此团体活动人数为5~8人,也可视具体情况而定。

活动程序如下:

1.发给每人一张白纸,然后在上面画上你自己心目中的形象,可以是写实的,也可以是抽象的,还可以是象征性的。

2.自己可以用以下词汇去形容一下自己:

冷漠的、热情的、温和的、漂亮的、诚实的、狡猾的、刻板的、机智的、通情达理的、脾气暴躁的、幽默的、天真的、幼稚的、傻傻的、可爱的、无情的等等。

然后让大家分享你的画。每个人都可以对你的画进行提问，或者发表自己的看法。

3.现在你对自己有了一个大致的轮廓，你对他人的形容满意吗？有什么自己的看法？拿出来与大家共同探讨，逐渐接纳不完善的自己。

4.将自己的自画像保存起来，以待日后不断地去完善。

第四章 社交动机

人的自我意识是在人的社会化的过程中形成的,它随社会化的进程而发展。那么人们要完成社会化的过程,不可避免地要认识他人并同他人打交道,有时还要主动地对他人采取某种行动,即产生社会交往行为。这些社会交往行为究竟是怎样产生的?在社会心理学研究中,把人们的社交行为产生的动因称为社交动机。

第一节 社交动机概述

一、个体需要诱发交往动机

(一)需要的概念

人的动机来源于需要,需要激发人的动机。如果给需要下一个定义即为:需要是对有机体内部不平衡状态的反应,表现为有机体对内外环境条件的欲求。需要都有对象,没有对象的需要是不存在的。需要是不断发展的,人的需要永远不会停留在一个水平上。当旧的需要得到满足,不平衡消除之后,新的不平衡又会产生,人们又会为满足新的需要去追求新的对象,所以,需要是推动有机体活动的动力和源泉。

(二)需要的种类

由于客观事物与人的需要之间的关系不同,人对客观事物便存在着不同的情感倾向,且随之产生不同的心理变化和外部表现。能满足或者符合人的需要的事物,就会产生肯定的情感,或褒奖,或喜爱,或积极地支持;反之,则会产生否定的情感,或贬斥,或厌恶,或消极地反对。其根本的原因是看其是否符合需要。因此人的需要是多层次、多方面的,因而对人的需要可以从不同的角度进行划分。

首先根据需要的起源，分为自然需要和社会需要。自然需要是由生理的不平衡引起的需要，它与有机体的生存和种族的延续有着密切的关系，如饮食、休息、求偶等的需要，又叫生理需要或生物需要。自然需要动物和人都有，但无论就满足需要的对象，还是就满足需要的方式，人和动物都有着本质的区别。因为人不仅要吃，而且要吃美味佳肴；人不管有多饥饿，在宴席上他也不会狼吞虎咽。

社会需要是反映社会要求而产生的需要，如求知、交往等需要。社会需要是人所特有的，是通过学习得来的，所以又叫获得性需要。因为人们要适应社会的发展，必须使自己的思想行为与社会同步，就要注意捕捉信息，不断更新观念，尽可能多地掌握语言及其带有时代气息的符号标志，准确而又有普遍意义地表达自己的思想，了解别人的思想，做到因人因情景而异。另外，人类要适应社会生存就要不断地加强自我认知。人贵有自知之明，了解自己，才能更好地理解他人。也才能很好地适应外部环境的变化。

其次，就满足需要的对象而言，可把需要分为物质需要和精神需要。

物质需要是一种反映人的生存、发展和活动对于物质产品的依赖性的心理需要，它既包括对自然界物质的需要，也包括对社会物质文化的需要。如对食品的需要，对工作和生活条件的需要等。

精神需要是对各种社会精神产品的需要，即人对自身的智力、道德、审美等方面发展条件需求的反映，如对知识的渴求，对文化艺术的需要，对美的欣赏等等。精神需要是人类学习科学文化知识，探索自然和社会发展规律的动力。物质需要和精神需要之间有着密切的关系：对物质产品的要求不仅要满足人的生理的需要，而且还要满足人审美的观念；为了满足人的精神需要，还得有一定的物质条件来保证。

3.需要诱发交往动机

需要诱发社交动机，因为需要才产生社交活动。比如，在交往中人们能够从对方获得知识来扩充自己的知识领域；人们为了满足成功的愿望而又感觉自己的力量有限，希望通过交往，得到联合创造的目的；人们为了在他人面前显示自我价值希望在交流中得到他人的理解、认同、欣赏、崇拜乃至服从等，从而进一步充实自信心。就交往而言，不论哪种需求模式，人们要达到需要满足的目的，都要靠动机的中介激励出各种行为才能实现。我们通过对以上需要概念的阐释，就可以发现人们在实现某一愿望时内心状态的基本特点，它具体体现为不断追求的对象性，无间断地工作的紧张性，为实现既定目标的驱动性。如果说需要是人的活动的基本动力，那么交往动机就是需要的具体表现。需要是社交动机产生的基础，对交往动机具有强大的驱动力。

二、需要的层次性与社会交往

一切交往动机都源于需要，需要是人们进行交往活动的内部动力状态。为此，许多心理学家都试图从需要入手去探索和寻找人的行为的动因或规律，提出了一些较有价值的观点和学说，其中马斯洛的需要层次学说影响最大。

马斯洛是美国著名的心理学家，人本主义心理学的创始人。他出生于纽约，26岁时获得哲学博士学位，并留校任教，从事对健康人或自我实现者的心理问题研究。马斯洛原本是在行为主义心理学主流中从事动物行为实验研究的，但后来他改变了研究兴趣和研究视角。他反对行为主义把人等同于动物来研究，也反对精神分析学派以病态人格为研究对象，提出要把人当做人来研究，要尊重人。马斯洛认为人的一切行为都是由需要引起的，他把人类所有需要划分为五个层次，从生理的需要、安全需要、归属关系和爱的需要、尊重的需要，一直到自我实现的需要，从低级到高级依次排列为阶梯状，如图4-1。

①生理的需要，即人对食物、空气、水、性和休息等的需要。它是人类最原始、最基本的需要。

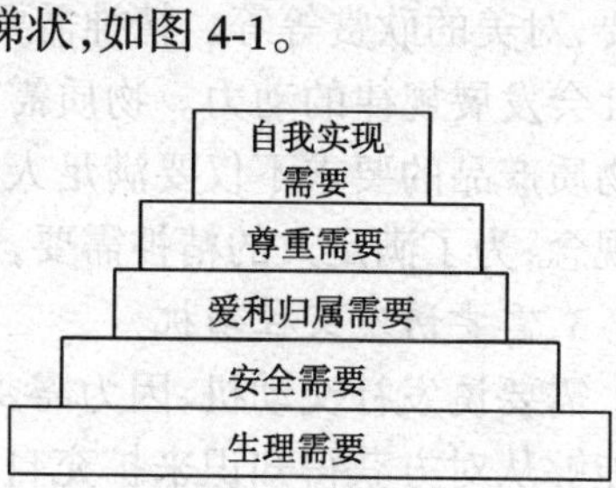

图4-1 马斯洛的需要层次理论

②安全的需要，是人对生命财产的安全、秩序、稳定免除恐惧和焦虑的需要。这是人在生理需要获得相当程度的满足之后，随之而来的新的要求。这种需要主要是

免于生命危险，避免基本的生理需要被剥夺。

③爱和归属的需要，是人要求与他人建立情感联系，如结交朋友、追求爱情的需要。在前两个层次的需要得到基本满足之后，归属关系和爱的需要遂成为强烈的动机，即希望归属或被赋予一定的社会团体，成为群体中一员。爱也是一种归属，包括爱与被爱两个方面。

④尊重的需要，包括自我尊重和被他人和社会尊重。这种需要若得到满足，就会感受到自信、价值和能力，反之，则会产生自卑和失去信心。

⑤自我实现的需要，是指人最大限度地发挥自己的潜能，不断完善自己，实现自己理想的需要。这是一种最高层次的需要，是充分发挥个人的潜能、才赋的心理需要，也是一种创造和自我价值得到实现的需要。所谓“自我实现”即追求自我理想的实现。用马斯洛的话来概括就是：音乐家必须演奏音乐，画家必须绘画，诗人必须写诗，这样才能使他们感到最大的快乐。是什么样的角色就应该干什么样的事。我们把这种需要叫做自我实现。

马斯洛在1950年出版的《激励与个性》专著中又把人的需要分为生理需要、安全需要、友爱和归属需要、认知需要、审美需要和自我价值需要。其中的认知需要是指满足好奇心，寻求了解、解释和理解的需要。人们不断地使知识理论化，通过组织分析寻求其意义。这些都受认知需要的支配。审美需要是指人都有对真善美的事物的内在需求。人们积极地热望和追求美的事物，美的事物能陶冶情操。

1970年马斯洛又把需要区分为基本需要、心理需要和自我实现需要三大层次。

人的需要虽然各有不同的追求目标和满足对象，有高低之分、文野之别，但它们并不是彼此孤立的，而是相互联系、相互依赖、相互影响、相互作用，共同构成统一的需要系统。

需要的层次性对于个体来讲不是一成不变的，它是一个动态的结构。在现实生活中，人们不可能只有一种需要，而往往是不同程度地同时存在着几种需要，但是，每一时期内总有一种需要占有支配地位。例如，婴儿的需要是生理的需要，而后才产生安全需要，归属关系和爱的需要，到了青少年就产生了自尊的需要……当一种需要占据统治地位后，其他需要虽然仍然存在，其作用却大大地降低了。

在马斯洛看来，生理需要是最强烈的，人人都要实现，据他估计为85%。而自我实现的需要由于文化环境强加在人身上的各种规范等原因使它实现的可能性变小。马斯洛自己也认为，不是每个成年人都能获得自我实现，能够充分使其自我实现需要得到满足的人是极少的，仅仅只有10%。

马斯洛的需要层次学说得到国内外专家学者的广泛关注，引起强烈社会反响。这一理论明确提出了人和动物在需要上的差别，强调人的特点和价值，其对人的需要层次的划分，在一定程度上符合人类需要发展的一般规律和人的社会历程，这些方面都具有值得借鉴的实践意义。

在社交活动中，要想达成交往，建立和谐的人际关系，必须了解不同人的不同心理需求，才能进行有效的沟通。如处在求学之中的大学生，更多地希望自己的知识得到别人的认可；处在为生存而努力工作的人们更多地关心自己的生存状态。懂得了需要层次理论，就可以根据不同的需要层次不断地变换自己的交往意识，变换不同的交往手段，以达到自己所追求的交往目标。

三、个体需要与群体规范

1.群体概述

群体是由两个或两个以上的互相交往的个体所组成，他们有共同的目标、稳定的联系，在某种程度上是互相依赖的，并知觉到自己属于该系统的一部分。这个群体并不是指数个个体碰巧在同一时间同一地点聚集在一起、彼此追求各自目标的简单集合，而是有组织的系统，即人之间的关系是有一定结构和形式的。

群体具有如下特征。

第一，共同的目标。群体的成员拥有共同的特定目标，并且彼此互相依赖各自的绩效来取得群体的成功。通常，群体的目标是单个个体无法独自达到的。

第二,存在沟通。群体成员之间存在着一定的沟通,这种沟通可以是无限的,也可以是有限的。但是,不管是面对面,还是通过其他手段,有进行沟通的能力,是数个个体构成群体的必要条件。

第三,有共同的期望。群体成员有着共同的期望,这些期望被称为规范,它们约束着成员在群体内的交往。群体规范还可协调成员的行为,把任务分配给群体内的各个成员。

第四,有一定的认同感。属于一个群体的成员发展了他们自己是该群体的成员这么一个概念。有时,这种概念成为成员个人认同中的一个中心概念。

第五,有一定的稳定性。它是指群体内人际交往关系相对来说是稳定的。之所以成为相对的,是因为一般而言群体必须存在于一个相当长的时间,例如,数个星期、数月或数年。(引自郑全全、俞国良的《人际交往心理学》)

2.群体规范

群体是众多个体以一定方式维系而组成的,群体一旦形成,为了保障其目标的实现和群体活动得以执行,就需要有一定的行为准则来统一成员的信念、价值和行为。这种约束成员的行为准则就是群体规范。简单地说,群体规范是群体成员公认并遵守的行为准则。

大多数群体都有规范。这些规范有的是明确的,有的是暗含的。所谓明确的群体规范是指群体正式规定的,例如,规章制度。所谓暗含的群体规范是非正式的、约定俗成的。群体规范的依据是群体的价值观和目标,它们典型地规定了有利于导向群体目标的行为,禁止破坏群体目标的行为。这种规范不仅约束着群体成员的行动和决策,而且有时还约束着成员的信念和态度。所以,群体规范是一种约束力量,使得其目标得以实现。

3.个体需要与群体规范

群体对于我们的生活是十分重要的。群体为我们提供了人际支持和社会支持,为我们的活动提供了文化参照框架以及各种各样的奖励。如果一个个体不属于任何群体,该个体是孤独的,缺乏归属感。马克思曾经说过:“越往远古回溯历史,我们越看得清楚:从事生产的个人,并不是孤立的，而是隶属于一个较大的整体……孤立的个人在社会以外进行生产——这是少有的事情，只有偶然流落到没有人烟地方的文明人才会有这种情形。”(马克思:《政治经济学批判大纲》1857—1858年，第一分册，第3~4页)达尔文也曾说过:“能够生存下来的既不是最强大的，也不是弱者，而是最能适应这个生存环境的物种。”

有人会问:这岂不是泯灭了人的个性？何为个性？个性何为？在这样一个风潮迭起、时尚不断、充满个性化的时代，这的确是让一个有追求的青年感到困惑的问题。当今大学生时时刻刻挂在嘴边的是“与众不同”、“讲究个性”。

什么是个性？一般的理解或许就是与众不同。当今那些铺天盖地、无孔不入的广告在喋喋不休地宣传“与众不同”、“个人至上”，为自己的产品鼓噪呐喊。打开电视机或走进繁华的都市，我们可以很轻易地看见什么“贵族”、“王都”、“皇苑”、“霸王”……与众不同就是有个性吗？或者说，追求个性就是为了显得与众不同？或许未必。我们不无遗憾地发现，在这样一个所谓的个性背后，群体的凝聚力和合作意识面临着被消解、被剿灭的危险。这种自我中心主义的文化倾向，将导致年轻人在追求事业的成功过程中，把自己定位为一个单打独斗的独行者，将个人的利益凌驾于一切之上，游离群体，闭门造车，或独行侠式地在成功之道上搏杀。结果，过分看重个人利益，反而像握着一把沙子，捏得越紧，漏失越多。因此，对于每个追求成功的大学生来说，重要的是怎样冲出自我围城，和谐地与他人或群体相交融。

人是社会的产物，人的本质是“一切社会关系的总和”。这是从人的社会属性和人的非个性化角度而言的。但在各种社会关系中，一些个体虽然承担的社会角色相同，但他们起到的社会作用是各有所异的。这种个性的差异性在社会交往的复杂过程中得到了明显的体现。表现传统的中西方人文主义的人伦有着不同的观点:中国传统的人文主义观点习惯于从社会关系中来观察和认识人的地位和作用，把社会上的每一个人都看成是社会群体中的一分子，不是个体，而是社会的角色。从而得出，人是具有群体生存需要并有伦理道德自觉的互动个体的结论。而西方人文主义的人伦则强调人是具有理智、情感和意志的独特个体。简言之,中国强调人的伦理性和社会性,而西方强调人的理性和个性。然而,中西方这两种传统的人文主义精神应该说都是既有合理的一面又同时具有片面性的一面的。按照辩证唯物主义和历史唯物主义的观点,社会上的每一个人,既是群体的分子,又是独立的个体;既是“社会角色”,又是“个性演员”。所谓“社会角色”,就是一种职能,一种对每个处在这个地位的人所期待的、符合规范的行为模式。这种行为模式是不以具体角色承担者的个体的意识倾向和行为需要为转移的。因为他们的行为时时受到社会关系的影响和制约。这样,个体不可能是一个离群索居的单个体,不可能去过一种“世外桃源”式的宁静生活,而是每时每刻周旋于群体之中。因此,正确的态度应该是面对现实,正视现实,每个人都以合乎社会群体规范要求的“社会角色”职能去积极参与社会的“交往”活动,并为建立和维护健康的社会关系而努力。同时,个体需要的真正实现,更离不开群体的交互作用和影响,将自己的聪明才智与社会的发展统一起来,个体的需要才能最大限度地得到满足。

在现实的社会生活中,常可以听到很多大学生发出这样的感叹:做人难呀,协调好人际关系更难!确实,我们的社交活动总是受各方面的影响和制约,而复杂的就是如何处理个人需要和社会群体规范之间的关系。我们说,一个群体或组织所形成的规范,既是对群体或组织内个体行为的制约,又是衡量个体是否符合要求的标准。要想使个体与群体规范的要求协调一致,显示出同一价值取向,就必须自觉地遵从群体意向,顺从多数人的行为,服从于群体或权威人士的决定,使自己的行为与公众的行为相一致,表现出相符行为。在需要从众、顺从和服从的情况下,如果个体不表示出相符行为,而依然我行我素,或越轨行动,表现出不合群倾向,那就会偏离群体规范,那么群体就会对偏离者做出相应的反应。这种反应有三种可能:第一,群体的大多数人会试图影响偏离者,例如,用说服、威胁等方法使偏离者回到正确的轨道上来,使之在容许的范围内行动。第二,或者把偏离者从群体中驱逐出去,如开除,或者从心理上予以冷落、排斥。第三,群体也可以改变自己的观点和立场,转到偏离者的观点和立场上去。这种情况很少。若个体成员做出独立的行为，这种行为也并非绝对为了自己的私利、达到自己的目的，有时是试图在追求有利于群体目标的过程中而改变已有的规则或办事程序。这种行为也称之为革新。主张革新可能一开始就受到群体多数人的赞成，但在现实中我们可以看到，它往往会被群体多数人认为是对群体的一种不符行为而遭排斥。

那么，什么时候违犯群体规范的行为被群体认为是对群体的一种革新而不会遭到多数人的反对呢？在这里，我们先应该从群体的规范和作为规范基础的目标之间的关系来分析。如果个体的行为只是偏离了规范，但指出了一些达到目标的新的方法和途径，那么，这类改变会被群体所接受。这里要注意的是，这种追求并不是刻意违背群体规范，而是对一种惯常状态的新突破。那种积极上扬的生活态度，时常富于创新思维，“与众不同”，终将有益于社会和群体，因而也终将会得到社会和他人的承认。

在社交活动中，我们的行为必须坚持共同的道德标准和群体规范。才能有一个和谐的人际关系，自身才可能得到发展。

四、大学生如何看待个体意识与群体规范

著名成功学专家卡耐基认为：一个人事业上的成功，只有15%来自于他的专业技术，另外的85%要靠人际关系即与人相处和合作的品德与能力。仔细想来，卡氏的话不无道理。因为每个人都是社会的人，每个人都与他人有着挣扎不脱的联系。任何一种事业的成功都不纯粹是自我的，它必定要与他人产生关系。大学生作为社会群体的一部分，在发挥个人能力时还一定要顾及这个生存的群体。特别是在今天这种文明高度发达、分工极其细密、知识极其丰富的年代，每个人的每项成功都是不能够奢望绝对的单枪匹马而能一蹴而就的，为他人承担义务，你将获得他人为你承担义务的回报。如果把成功的希望框定在自我域限内，成功之树永远不会枝繁叶茂，茁壮成长。

有一位令人可敬而又使人倍感同情的大学生，单就才学来说，他无疑是出众的。他博士毕业，被一家相当不错的机关单位聘用。可就是这样一位大学生，在走上工作岗位以后，自我感觉非常不顺：不仅晋级

晋职从没有他的份，而且在单位紧缩编制的时候，还被无情地逐出了群体之外，成为一个挂编人员。

这位大学生的确有几分才学，曾经在各大报刊发表过学术论文，受到学术界的好评，但更有几分孤行和孤傲，他曾说，他看单位的同事，就像是在参观一群低智商的乌合之众，在做种种滑稽可笑的表演。他常对前辈嗤之以鼻，斥其“倚老卖老”；对同事不屑一顾，讥其为“酒囊饭袋”……终于，群体被激怒了。他一拍屁股：“三十六计走为上”。“此处不留爷，自有留爷处”。他很快被另一个大学聘用了，但不久他发现，自己的才华不能够尽情施展，他埋怨道：“中国人不行，歧视有才华的人才。”

这种结局可以说是这位年轻人自酿的一杯苦酒。他错误地认为成功是个体完全可以把握的事。

那种囿于自我的人，实际上是剥离了自我的社会意义，是对自我的一种歪曲和背叛。仅仅极度地注意自己，忘记或轻视群体的存在，在个人与群体之间竖起一道人为的屏障，追求成功的激情又能燃烧多久？

美国社会心理学家布罗尼克认为，一个人走向成功，必须通过六道关口。在20岁至30岁期间是第二道关口——脱颖而出。这期间，多数人投入可观的时间，动脑筋钻研业务，和别人比高下，希望能够得到好声誉。然而，有些人为了使自己凸现出来，便会经常地批评别人，贬低别人，对别人不信任，称赞自己，把功劳归于自己。这样，他们就很难得到别人的合作，甚至不得不与其他人对抗，渐渐失去了在群体中的地位。这些人往往得不到别人的信任和好感，难于与他人合作，因此，得不到上司的赏识、同事的悦纳和合作，事业常感到不顺。

《自我论》作者科恩说：“即使最极端的、怨气冲天的、钻牛角尖的个人主义者，也是属于某个群体和共同体的。”所以，每个人一踏入社会，你就承诺了自己是某一群体的成员，你就与自己必须遵循的起码群体规范“签订了合同”。你的一言一行必定会与他人之间构成作用和反作用的关系。你若是“违约”，便有遭群体排挤和“放逐”的危险。聪明者总是善于营造和谐的群体氛围，融入群体，诚心合作，借助群体的力量。

许多人的成功证明了个体的努力加上群体的力量才是成功的保

障。但有人认为成功者,特别是文化科学方面的成功者大多是性格孤独、性情乖戾、独来独往、不谙世事的人,其实这是片面的。许多文坛或科坛泰斗不仅合群,提倡合作精神,而且性格爽朗、幽默,生活富有情调,如爱因斯坦、袁隆平、卓别林、林语堂等等。

有些大学毕业生到了新的工作岗位,自认为是什么硕士、博士就高人一等,自认为在某一方面强就处处咄咄逼人,瞧不起比自己学历低的伙伴,看不惯别人比自己强,更有甚者,嫉妒同行,排挤同行,报复同行,不择手段地损人利己,行为极为不道德。

大学生应当明白:合群能使自我的知识、阅历和能力快速增长。由此类推,人与人的交流结果,各自的思想将以几何级数增长。

毛泽东和周恩来等一代伟人,无一不是善于与他人合作共事的楷模。就他们各自的智慧来说,无疑是上乘的。但倘若他们当初是单打独斗,那么,可以肯定地说,便没有日后万众拥戴的凝聚力。

美国著名的国际时事分析专栏作家李普曼先生在利用群体的力量方面非常聪明。今天,全世界几乎没有一个新闻工作者不知道李普曼的。李普曼老了,少有时间和精力去“周游列国”。这对时事分析专栏的写作来说是致命的,因为没有第一手资料。但他有高招。比如,专栏即将要分析非洲某个国家的局势,李普曼先生掏出“备忘录”,了解清楚哪位年轻力壮的记者到过这个国家并进行过详细采访,然后庄重地向这个记者发出请柬,共进晚餐。当然,晚餐的主要内容是谈论那个国家的局势。在这种情形下,没有哪个记者不会兴奋地和盘托出。晚餐毕,李普曼先生便开始运用其深厚的理论素养,结合刚刚从记者那里“得”来的实际,潇洒地写起时事分析来。

也许,有人会指责李普曼先生的行为是“智力剥削”,但不少记者宁远拼命地创造机会受到这样的“剥削”。因为在受到“剥削”的同时,你也获得了特别珍贵的报偿——知名度大增。他们之所以能愉快地和李普曼在一起,大抵基于相互需要。

其实,类似李普曼式的“借脑袋法”,小到日常生活,大到科学研究,是非常普遍的。如举世闻名的哥本哈根学派,信奉的就是“头脑风暴”——同一群体的每个人无拘无束地抛出自己的观点,以产生撞击,互补交融，迸发新的灵感。

当然，合群并不是媚俗，不是压抑自己的个性，更不是无所选择、随波逐流、人云亦云地完全受制于从众心理。在现实中，有些大学生把不从众的心理固着为一种个性，甚至演化为清高、孤傲等一种自我中心主义倾向，无形中给自己设置了一道成功路上的鸿沟。

独处是追求事业成功过程中的必然精神状态，它能使你潜心塑造你个人所必需的专业素质，但也不是自我为中心的个人主义。如何把独处与合群两者结合起来，做到既能独处又能合群，是我们当今大学生应当考虑的一个问题。

李敖是一个很会交往的人，但他从不因为结交朋友而忘记了自己的大事，他常常会一个人独处一室，潜心做学问。他认为，成就大事，就要甘于寂寞。他曾经说过：胡适的为人可说八面玲珑，人缘极好，但他不会像自己一样能够潜心专注于某事，因为他认为胡适的精力都在这种交往中消耗掉了。他不可能像自己一样会腾出更多的时间搞学问。

一个人如果要追求社会意义上的成功，不仅要习惯于孤独，亦要学会走出孤独。独处或是合群也是交往策略的体现，两者可以促进交往活动的发展。独处是个人整理、修补交往心理的需要，合群是吸收智慧、扩展思维的有利方式，在交往活动中，二者都能发挥积极的作用。

大学生无论是身处当今的学习生活，还是日后的工作岗位，应该始终将自我的个体同社会大的群体协调一致。不要忘了，个体的发展永远不可能脱离社会群体的约束。

第二节　交往的社会动机类型

在实际交往活动过程中，由于每个人都有不同的需求，这就决定了人的不同类型的交往动机。

一、亲和动机

（一）亲和动机的概念

亲和动机就是指人们往往有一种喜欢与他人在一起相处的意愿或

倾向。人类发展史和人们的社会生活实践证明，人类是群集的动物，人是害怕孤独的，世界上几乎所有的人都是在与其他人密切接触和往来中度过一生的，而对那种自愿孤立，离群索居的人，人们都会认为他是一个极端"孤僻"的人，或者干脆认为他精神失常，患了精神分裂症。正是人们害怕孤独，视孤独为困境，所以很多国家对一般罪犯的最普通的处罚办法就是将他们关进监狱，与世隔绝。而对重罪犯和不守监规的罪犯，甚至单独关禁闭，使他们处于完全隔离而受孤立的境地。由于人们具有比较强烈的亲和动机和意愿，才使社会上的每一个人都生活在各种群体之中。依靠人们的友好相处以及相互作用和相互影响，人类才优越于其他动物而在地球上取得巨大进步，并获得了支配地位。

(二)亲和动机的主要理论

对于人的亲和动机有以下几种理论解释。

1.本能论

本能论主要以古希腊哲学家亚历士多德和近代英国心理学家麦独孤为主要代表。亚里士多德认为，人是天生的"政治动物"，本能地和他人接近，正是以这种本能为基础，人们组成了家庭和各种社会组织。到了 20 世纪初期，麦独孤把人的行为动因设定起源于人的"本能"。麦独孤认为，人的先天的固定的行为模式可以解释人类的一切社会行为，其中包括结群性本能。结群性的本能驱使人们相互接近。他设想并提出了人类的一系列的本能活动，如：

①逃避本能(惧怕)；

②好斗本能(愤怒)；

③拒绝本能(厌恶)；

④结群本能(怕孤独)；

⑤好奇本能(求新)；

⑥生殖本能(求偶、哺育)；

⑦自炫本能(自负、支配)；

⑧自卑本能(服从)；

⑨获得本能(所有欲)；

⑩建造本能(创造欲)等。

在他提出的人类这一系列本能中，还包括情绪动力作用的成分。麦独孤的本能学说显然带着浓厚主观唯心主义色彩。但他的本能论在西方曾经风靡一时，既影响了心理学，又支配了初期的社会心理学的理论体系。后来遭到了心理学界的批判，并逐步为大多数心理学家所抛弃。

2.生存论

生存论最早由古希腊哲学家柏拉图提出。柏拉图认为，人们的相互亲近主要是为了生存。生存论从人类的需要解释人类的亲和行为现象，但是，人类的亲和显然并不是生存的唯一条件。实际上，当人的生存问题基本解决以后，人们仍然有亲和的需要。

3.社会交换理论

社会交换理论的创始人是美国社会学家霍曼斯。霍曼斯认为趋利避害是人类行为的基本原则，由于每个人都企图在交换中获得最大收益，减少代价，使交换行为本身变成得与失的对照。

人们在互动中倾向于扩大受益、缩小代价或倾向于扩大满意度。如果收益(产出)与代价(投入)平衡，互动得以维持；相反，如二者不平衡则互动难以长期维持。

后来布劳发展了社会交换论，认为社会交换关系是建立在互惠的基础上的人们自愿的一种亲和活动。

对亲和动机还有一种叫做“适宜唤起层次理论”的解释。“适宜唤起层次理论”是心理学家赫伯提出的一种理论。这个理论的基本观点是，人们的亲和动机是由每个人所需要的最适宜刺激量所唤起的。由于每个人所需要的最适宜的刺激量不同，即存在着层次的区别，因此个人的亲和动机就有差异。例如，当一个人所接受的外来刺激超过了他所需要的最适宜程度的刺激量时，他便会引发追求冷静的动机。反之，若外来的刺激低于最适宜程度的刺激量时，则产生相反的动机——希望活跃一些。在现实社会生活中，有的人喜欢交往，好热闹，与他人亲和动机强烈；有的人却愿意独处，不喜欢热闹，与他人亲和动机较弱。这些现象从赫伯的“适宜唤起层次理论”中似乎可以找到答案，来进行解释。

赫伯的"适宜唤起层次理论"对亲和动机所做的解释只是一种理论上的假定,还缺乏实证性的检验。尽管如此,这种理论对人的社会行为产生的动因的解释,比起本能论还是有很大进步意义的。

无论哪种理论,都可说明人类的亲和动机实际上是一种十分重要而又复杂的衍生性动机。人们每取得巨大进步,无不在很大程度上是与他人友好相处,并进行各种异常复杂的互相影响的结果。亲和动机是人际吸引最低的层次。

(三)影响亲和动机的主要因素

1.情境因素

群体在外界压力的情境中,压力越大,群体成员的亲和动机越强。悲惨情景也能刺激人们的亲和动机。对社会隔离(剥夺)者(如单独关押的犯人、遇难船只的幸存者、探险家)的研究表明,他们由于较长时间的独处,缺乏亲和,往往产生某些心理障碍和精神症状。

2.情绪因素

从亲和产生的心理背景看,亲和与人的情绪状态有密切关系。如恐惧是现实危险引起的情绪体验,恐惧情绪越强烈,亲和倾向越明显。另外,焦虑情绪也容易使人们产生亲和行为。但由于焦虑是非现实危险引起的情绪体验,因此高焦虑者亲和倾向反而较低,这是因为在焦虑状态下,与他人在一起不但不能减少焦虑,反而可能增加焦虑。

3.出生顺序

心理学家认为出生顺序是影响亲和的一个重要因素。长子、长女恐惧时的合群倾向要比他们的弟妹更明显,而且是按出生顺序递减。这可能是因为在多子女家庭中,双亲对第一个孩子关心照料更多,其对父母的依赖性较大的缘故。目前我国多为独生子女,其对父母的依赖性相对会更为明显。

(四)亲和动机与社会交往

人类在整个社会活动中都不同程度上表现出亲和动机倾向,因为人类社会发展都离不开人与人之间团结友爱、相互扶持和帮助。亲和动机强烈的人,对朋友、对家庭、对团体充满向往,并渴望同人们建立一种充满友情的关系,渴望成为一个群体中的一员,渴望友谊,被别人关爱,不受排斥。

孔子曰:“独学无友,则孤陋寡闻。”当代大学生越来越重视人与人之间的交往,他们希望在广泛交友中,开拓出发展自己的一片空间。据有资料统计,中国当代大学生中59%的人主张广交朋友,具有一般交友意识的也占有较大的比例,只有3.3%的大学生对交不交友抱着无所谓的态度。这说明大部分学生都有亲近他人、渴望友情的意识。

实践也证明,我们从事任何工作,或者实现个人的某种目的,都离不开他人的支持,需要与他人的亲和。历史上有许多伟大人物的成功与广泛的交友是分不开的。鲁迅事业上的卓越成就,就得力于他的善于交往、广结良友。周恩来总理在纪念鲁迅逝世9周年的讲话中,称赞鲁迅“交友厚”,的确如此。鲁迅早年在日本,师从于资产阶级革命家章太炎,树立了民主和科学的观念;回国后,鲁迅又与资产阶级革命家、进步的教育家蔡元培先生友谊深厚,同时还与当时的革命知识分子、党的重要代表瞿秋白始终保持深厚的友谊;再后来鲁迅又与左联的革命青年和进步作家频繁交往。鲁迅的成功是与他的良师益友的支持和帮助分不开的。

当今大学生由于大部分为独生子女,这一代在家庭中具有“小皇帝”、“小公主”的地位,常常表现出唯我独尊,不会关心别人、帮助别人,当他们意识到需要朋友、渴望友谊的时候,倍感孤独,无所适从。

有这样一个案例:

一天,大一学生小梅急切地找到我,一定要跟我谈谈。

“老师,我想退学!”

我感到非常惊讶:“为什么?!”

“因为……我不想上了,我现在就想回家呆在床上看电视。”一脸闷闷不乐的样子。我跟她谈了一个小时,了解到情况是这样的:

父母在石家庄,小梅以优异的成绩考上大学,对大学充满了各种各样的幻想,想象那里的同学们一定是温和的,教室一定是明亮舒适的,老师也一定是慈祥的……充满幻想的小梅来到大学以后,没想到的是自己无法适应这里的环境,她抱怨道:“同宿舍的同学极不好相处,我尝试着跟她们交往,但非常困难,原因是:我说出的话她们认为我头脑简单。我不敢再轻易与他们交流,生怕自己哪句话又暴露出自己的简单幼稚。每天除了学习就是学习,很单调、枯燥。看着她们说说笑笑,我感到自己很寂寞。”

小梅生活在一个非常娇宠的家庭,她设想来到宿舍同学们也一定羡慕她,尊崇她,没想到,并没有人“看重”她,相反,每个人都在孤芳自赏,人和人很难相处。

小梅渴望与同学们交流,但又害怕与同学们交流的心理,让她感到非常苦闷,渐渐地,她开始埋怨自己无知、简单、幼稚,心情烦躁不安,成绩没有以前那么好了,萌生了退学的念头。

小梅的案例很具有代表性,当今大学生中有不少像小梅这样渴望与人交往但又苦于无法交往的情况存在。学校应针对这种人际交流情况进行社会交往方面的普及教育,通过各种途径让学生深刻理解人的群体性、社会性,深刻体验人不是孤立的,完全孤立的人是无法生存的。学会与人沟通和交流,建立和谐的人际关系是当今社会每一个人获取成功的重要素质,也是自我生存必不可少的一种能力。

二、成就动机

(一)成就动机的概念

所谓成就动机,是指个体追求自认为是重要的有价值的工作,并使之达到完善状态的动机,即个体在广泛背景下,追求成功与成就的动机。美国哈佛大学心理学教授迈克莱兰认为,成就动机强的人,对工作和学习非常积极,对事业富有冒险精神;他们喜欢选择一种环境,在那里能解决问题并敢于承担个人责任;他们不仅达成目标,而且喜欢对其表现给予具体的反馈,以表明自己成就的出色过程。

麦克莱兰为了测量人的成就欲望高低,运用了主题统觉检查法,即TAT法。如将3~6张图画逐一拿给被试者看,然后让被试者根据画面展开联想,编成故事。他要求被试者讲述如下内容,画中的人物是谁,他在干什么,在此之前发生过什么事情;画中人物考虑过什么,有何愿望;今后将会发生什么事情。通过分析被试者编造的故事,看其是否包含着麦氏所需要了解的问题,如是否有为了实现目标而进行奋斗的愿望,并以此来判断被试者成就动机的强弱。

(二)成就动机与社交活动

麦氏实验结果表明,成就动机强的人,在学习中能够不断进步,而成就动机弱的人,就没有取得明显的进步。因此,成就动机对于人们的交往也有明显的影响。成就动机强的人,为了取得事业的成功,乐意与人合作,特别乐于与学有所成、富有才识的人交往;遇事想做、想做好、想超过他人,喜欢长时间地工作,出现失败也不沮丧,竞争意识强,敢于下决心战胜对手。具有强烈成就动机的人,在与人交往中首先会明确告诉对方与之交往的目的,毫不隐讳地向对方提出自己的希望和要求,从而达到追求成功的愿望,满足自我发展。但是成就动机强的人在与人交往的过程中,由于过分看重自我价值的实现,不免有个人至上的思想意识,表现在与人交往时过于以自我为中心,甚至有损人利己的不道德行为,这种行为不仅不利于成就个人的事业,而且更不利于人际关系的发展。

小L是某名牌大学的博士毕业生,被某大学看中进入到教学单位任教,并担任学科带头人。同事们也都认为,在他的带领下,整体学术水平一定会得到提高。但事与愿违,小L来到单位以后,处处表现得极为傲慢。由于自己的学术能力强,从不把别人放在眼里,教研室的人在他看来一无是处,谁都不如他。有科研项目,总是要把自己摆在首位,其他同志只能配合他。如果谁在某些方面要超过他,他极力反对和加以排斥,并声称要改革,将某些“不中用”的老教师要全部换一下,年轻的老师如果要发展,决不能超过他,并处处为之设障。由于他的行为使得很多老师看不惯,因此,他的工作也处处得不到同事们的配合。不久,他要求调走,但哪里又能容下他这个“高人”呢?他只好暂时留在了教研室,但同事们敬而远之,他感到非常孤独,感叹到,我这样一颗珍珠,也注定要被埋没下去了。他不知道,要想让珍珠发光,首先要把自己当成一粒沙子。

因此,我们在追求成功目标时还应特别注意以下几个方面的问题。

1.应追求崇高的理想和高尚的情操

苏联心理学家彼得罗夫斯基的“动力圈理论”认为,个性结构的中心组织十分复杂,它包括许多动机,这些动机是分等级的,其最高形式的动机是信念和理想,具有一定信念和理想的人,可以支配自己的行动。因此,在人际交往中,冲破自身狭隘自私的意识和观念,应该以民族的兴旺、世界的进步和其他高尚情感的追求为交往目标。只有这样,才能使自己不断取得更大的进步。

2.谦下为人,广交朋友

成就动机强的人,好胜心强,为了成就自己的事业,总是愿意和那些能够对自己有所提升和帮助的人交往,或是愿意结交一些有名望的人,而不愿意和那些自认为学识短浅、不能够给自己带来任何效益和收益的人来往。这是一个错误。俗话说,尺有所短,寸有所长。每个人身上都有自己可学之处。孔夫子说过,三人行必有吾师焉。关键是如何把握自己的位置和方向,向更高目标发展。只有在与他人广泛交往中,才能捕捉对自己有价值的信息,不断更新自己的知识,改进思维方式,变革陈旧的观念,开阔视野,向着有利于自己的方向发展。

3.正确对待竞争与合作,激励自己奋发向上

“别人进步我高兴”。同学同事进步了,超过了自己,对自己形成了压力,但这压力可以变成前进的动力。理智的做法是:接受挑战、积极迎战,在竞争中赶超对方,在较量中相互促进。《三国演义》中,东吴大都督周瑜文韬武略,运筹帷幄。然而他心胸狭窄,对才能超过自己的诸葛亮耿耿于怀,发出“既生瑜何生亮”的叹息。周瑜英年早逝,很重要的内因就是他的强烈的嫉妒心。

竞争中的嫉妒心人皆有之,但如果完全被嫉妒控制了,那就会严重阻碍自己进步,最终受伤害的是自己。有竞争就有合作,竞争与合作相伴而行。在学校、在集体当中,竞争每天都在进行着,但这些竞争都离不开合作。在当今社会,任何一个人离开他人的协作都不可能成功。因此,要善于与有共同研究目标、兴趣和知识技能的人搞好协作,在良好的交往环境中取人之长,补己之短,不断强化成就动机,塑造崇高睿智的美好人格。

三、赞许动机

(一)赞许动机概念

赞许动机,是指交往的目的要得到对方的鼓励和称赞,获得心理上的满足。人的赞许动机有强弱之分。美国心理学家克劳斯和马斯洛创造了一种测验人的赞许动机的方法。他们通过实验证明了得分高低不同的人,赞许高低也不一样。在一次试验中,他们让被试用 25 分钟时间去做一件奇怪的事情,即把 12 个卷轴机一个一个地、机械地放进小盒子,然后再把小盒子倒空,重新再放。事后,被试说,他们喜欢这个工作,至少比赞许动机低的人要喜欢,而且从这个工作中学到了许多东西。试验结果表明,赞许动机强的人,常常为了取得他人或集体的欢乐、赞赏而努力工作或顺从他人。

(二)赞许动机与社会交往活动

赞许动机对于社会交往活动的成效是有直接影响的。赞许动机实质上是一种取得同伴、组织及社会承认、尊重、赞扬的需要,是一种激励机制。美国心理学家赫洛克的实验有力地证明了这个问题。他把 106 名被试者分成 4 组,给予不同的激励条件,都做难度相等的练习题,每天做 15 分钟,共做 5 天。结果成绩好坏的顺序依次为受表扬鼓励的,其次是受批评刺激的,再次是被忽视的,最差的是被控制的。这有力地证明了赞许动机的作用。因此赞许动机对于社会交往活动来说也会收到很好的成效。我们在工作和生活中,也常常可体会到这一点,那些经常受表扬和鼓励的人,赞许动机则强,相对潜能发挥就大,劲头足,工作就会不断地取得成就;受到恰当和善意的批评的人也会迎头赶上,转败为胜,获得次之于受表扬的效果;如果一个人不为他人所了解,被组织忽视、冷遇,那么他就会产生严重的自卑感,对集体漠不关心,做一天和尚撞一天钟,工作的情况又会次之;最差的还是被控制的人,他们无自主意识,于是随大流,无论干什么都由别人来支配。

在社会交往活动中,人人都喜欢被别人赞美,赢得别人的重视和恰到好处的赞许,因为它可以满足人们得到理解、信任的心理需求,使交往双方产生好感、喜爱和吸引,使人接近和合作,并取得一致行动。赞美得当，能够增强人的上进心和责任感，激发人们热情向上的积极情绪和情感。赞美不得当，不仅不能起到应有的作用，反而使人生厌，不利于人际关系的开展。

近代画家张大千先生留了一把漂亮的胡子，人称“美髯公”。由于大家平日只知赞美它的胡子，反而不提他在艺术上的造诣，为此他甚感不悦。有一次，一群慕名者又在大加赞美他的胡子，他终于忍不住说了一个故事：

三国时期，孔明六出祁山，希望找一位主帅。张飞的儿子张苞与关公的儿子关兴争相为帅。孔明难以决定，便要他们二人各自称赞父亲的功劳，以为标准。张苞说：“我父亲大呵长坂坡，能斥退曹操的兵将，能义释严颜；在百万大军中取上将首级，更如探囊取物。”关兴因为口吃，一直想说父亲关公的事迹，但又说不出来，只有结结巴巴地说：“我父亲的胡子很长。”这时关公在云端显灵，生气地大骂：“小子，你父亲过五关斩六将，诛文丑，斩颜良，一时的英名，你不知道赞美，只说胡子很长。”

看来赞美还真的是一门学问，因为赞美不当，因此就有此笑话。所以赞美要适时适地，合乎时宜，否则不免令人生厌，甚至还会如上所述，予人笑柄，反为不美。

(三)有效激发赞许动机应注意的问题

1.赞扬态度要真诚

交往双方的态度是很重要的。态度真诚往往能够影响人的认知、情感和意志活动。只有以真诚的态度赞扬，才能唤起对方的真挚感、亲切感、信任感。

《红日》作家讲过这样一个故事：美国著名小说家赫尔科恩原来是一个铁匠之子。他一生上学不足 8 年，然而他死时已是世界上最富有的文人。为什么呢？源于他对别人真诚的赞美。科恩最爱读十四行诗及短歌，因此它对英国诗人罗塞蒂的诗全部读熟，甚至还写了一篇讲演词——颂扬罗塞蒂的艺术成就，并且寄了一份给罗塞蒂。罗塞蒂很高兴，他对自已说：“有一个青年对我的才能有这么高的评价，那么他一定是很聪明的。”因此，他便函电那个铁匠的儿子到伦敦当他的私人秘书。

这是科恩一生的转折点，科恩遂致力于他所喜爱的文学事业，后来，他的名字为世人所知。科恩的故里格端巴堡成为世界上一些旅游者爱去瞻仰的圣地。他的遗产总值250万美元。然而假如它不会写那一片称赞大名人的文章，到死也许还只是一个默默无闻的穷人。

这便是真诚与出自衷心的称赞的力量，伟大的力量。它告诉人们一条最最明显的真理，就是凡是你所遇着的人，几乎每个人都觉得自己有比你优秀的地方，只有一个法子能打动他的心坎，就是让他觉得你承认他在自己的小天地中是高贵而重要的，并且真诚地承认他。

这种真诚的态度，就是要有一种为别人的成功而高兴，为别人的喜事而高兴的心理。只有试着去欣赏别人的成功，去欣赏别人的快乐，你才会由衷地、发自内心地去赞美别人。反之，看到别人的成功就嫉妒，带着嫉妒的心理去赞扬一个人，可以想象其表达的态度是怎样的。这种虚伪的赞扬，往往表情会很不自然，给人一种矫揉造作、皮笑肉不笑的感觉，这种态度会使对方产生冷漠、厌恶、疑虑不安等消极的情绪和情感，不利于人际关系的开展。

2.赞扬的时机要恰当

时机往往是事物发展的联结点和转化的关键点，抓住时机就是抓住关键。只有赞扬时机恰当，才能取得良好效果。朋友把事情搞砸了，你却“不失时机”地赞美道：你做得真好，我还做不到那个样子呢。这个时候，你的朋友会有被赞美的“美妙感觉”吗？

3.赞扬的语言要确切

任何夸大或缩小的言辞，都显示出一种对人的虚伪、不真实，对于严肃的创造意识的激励都是无效的，反而会引起对方的厌恶和反感。因此，我们在交往过程中要把握分寸，赞美得恰如其分，切忌“吹捧”、“夸张”。恰当使用赞语，就会收到意想不到的实际效果。赞许动机是增强人的上进心和责任感的强大动力。实践证明，对人们取得的进步适时适地给予恰当赞许，就会增强其上进心。否则，会挫伤人的自尊心和自信心。

第三节 社交动机的预测

交往动机的预测对于人的交往活动有着非常重要的作用,但是每个人的交往动机都具有潜伏性的特点,不容易被人识别。如何在社交活动中把握人的社交动机确实是值得我们探讨的一个问题。一些专家认为:尽管交往动机具有潜伏性的特点,但不是神秘莫测的,可通过一些方法和途径测得。下面我们就来探讨这个问题。

一、从交往动机产生的主观内在因素来分析

(一)观察人的社交需要来预测社交动机

在上面我们讲过,社交需要诱发社交动机。一切的交往动机都源于需要,需要是人们进行交往活动的内部动力状态。不同的社交需要引发不同的社交动机,交往需要和交往动机是紧密联系的。因此,了解了人的需要结构,就在一定程度上掌握了人们一般的交往动机体系。但个体的需要不是一成不变的,它是一个动态的结构。在现实生活中,人们不可能只有一种需要,而往往是不同程度地同时存在着几种需要,但是,每一时期内总有一种需要占有支配地位,因此,我们还应特别注意掌握当前最重要的和最迫切的社交需要信息,观察人的兴趣爱好来预测社交动机。比如,一个即将高考的学生,他更关注的是如何在高考中取得更好的成绩,因此,他更愿意结交与之同类的朋友,或是能够给他提供高考信息的同学而不是其他。

每个人都有自己最感兴趣或喜欢的事情。而感兴趣的事情最能激发人的动机。因为兴趣是推动人们积极寻求知识和从事某种活动的巨大精神动力。因此,在社交活动中善于发现人的兴趣以及爱好是很好预测交往动机的一个重要因素,但是人的兴趣爱好是常常富于变化的,我们就要学会用动态变化的眼光捕捉人们不断变化着的兴趣和爱好,同时,人在很多兴趣当中总有处于中心地位更浓厚、更强烈的兴趣,因此又具有持久稳定的特点,我们预测人的社交动机其实并不难。

(二)观察人的竞争意识来预测社交动机

一个人的竞争意识来源于他的“好胜心”,“好胜心”即是获得赞许的天真愿望。

“好胜心”强的人其竞争意识就相对强。爱因斯坦认为:“人的第二项动机就是好胜心。这种好胜心是期望得到赞许和尊重,它根深蒂固存在于人的本性中。”人在竞争中获胜必然要得到他人的认可与赞赏,没有他人的认可竞争便失去了动力。预测人的社交动机就要善于观察人的竞争意识,利用一切机会去创造竞争环境,发觉人的好胜心,从而有针对性地去激发人的社交动机。

二、从社交动机产生的客观外在因素分析预测社交动机

(一)观察交往动机的刺激诱因预测交往动机

诱因是指引起有机体的定向活动并能满足某种需要的外部条件。有了这种条件,机体内部并没有失去平衡,也会引起活动的动机。因此,应该认真分析引起交往对象周围客观事物的刺激物,找出哪些事物对交往对象是较适宜的刺激,哪些事物对其是新奇的,哪些更有利于其发展,就能预测其社交动机。在我们的现实生活中,我们也不难观察,有的人认为金钱能刺激起一切欲望与动机,为了金钱想方设法与人交往以达到自己的目的,但有的人在所有的物质基础都已满足的情况下,为了充分显示自我价值,不惜去冒更大的危险和刺激,充满危险和刺激的事物对其来说具有更大的诱惑力,当他们成功的时候往往表现出主动与人交往的动机,期待在社交活动中得到对方的理解、认同、尊重和崇拜等。

(二)观察交往动机的情绪情感因素去预测交往动机

情绪和情感是有机体生存、发展和适应环境的重要手段。因为情绪和情感可以通过表情表现出来,因此,交往动机虽然是人的心理活动,难以直接观察到,但是,它是通过人的言语表情等去传达人的情绪情感,只要我们通过人的言语表情去了解人的情绪情感就可预测人的交往动机。一般说来,动机是激活有机体行动的动力,但是,情绪和情感可以对内驱力提供的信号产生放大和增强的作用,从而能更有力地

激发有机体的行动。例如,在危险的情况下,人的情绪反应使机体处于高度紧张的状态,其表情就会显现出求得别人的帮助的信号。当遇到令人激动的事情,就会从外在表情上显现出兴奋而急于让所有人分享他快乐的情绪,就会表现出主动与人交往的动机。当然,言不由衷,表里不一亦有之,此时会出现与内部动机不一致的表情。但人的动机是有规律的,即使变化多端,只要注意观察其情绪情感的外在表现,并进行全面、客观的有效分析,就能透过现象看本质,就可以预测交往动机。

(三)观察交往动机的情境因素去预测交往动机

每一个人不论处在何种情境都不可避免地和他人发生这样或那样的联系。特别是群体在外界压力的情境中,更容易表现出交往的动机。

美国心理学家 S.沙赫特曾做过一系列实验,证实了人们亲和动机的产生原因及其过程。他研究了像囚徒及修道士那样长期处于和他人隔绝往来的孤立情境下的人遗留下来的日记,发现其中记载着许多难以忍受的精神痛苦和不安的心境。由此他提出"经历不安的人具有更强烈的亲和行为倾向"。为了证实这一假说,沙赫特做了这样的实验:他以每小时 15 美元的酬金聘人到一个小房间去。这小房间是与外界完全隔绝的,里面没有报纸、电话和信件,也不让其他人进去,甚至连被试身上的钱包也不让带。最后有 5 个人应征参加试验。其中 1 人在小房间里只待了 2 小时就出来了,3 个人只待了 2 天,1 个待了 8 天的人出来后说:"如果让我再在里面待一分钟,我就要发疯了。"实验证明,没有一个人愿意同其他人隔绝。这就表明,人们在一种孤立无援的情境中,渴求与他人在一起,从而满足自身的心理及生理的需求。

三、从交往行为直接预测交往动机

交往行为都受一定的交往动机支配,动机是产生交往行为的原因,而交往行为是交往动机的表现,而这种交往动机的表现是能够通过人的言谈举止表现出来的。因此,我们完全可以从交往行为中去预测人的交往动机。另外,由于交往行为在一般情况下同交往动机是相一致的,所以,我们观察到人的交往行为就可以预测人的交往动机。例如,一个男生喜欢一个女生,必然会表现出亲密的举动;一个女生厌恶一个男生的亲密举动必然表现出冷漠的表情。一个在心理上寻求帮助的人就表现出急于向对方倾诉的举动。由此我们都可判断出一个人的交往动机。

当然,动机和行为在某种情况下并不是恒等关系,一种动机可产生多种行为,多种动机也可以只产生一种行为,多种行为有时出于一种动机,它们之间的关系是相当复杂的,甚至可表现出与内部动机不一致的行为来。但由于人的交往动机是有规律的,即使是复杂的动机,只要注意观察,掌握实际行为表现,并通过科学分析,善于透过现象看本质,是可以从人的交往行为来预测交往动机的。

大学生渴望与人交往,就要学会善于观察人的社交动机。但是,由于每个人的交往动机具有一定的内隐性,并不显露于外,这就给预测人的交往动机带来一定的困难。然而,由于每个人的生存都有不同的需求心理,就会呈现出不同的动机,善于从不同的需求层次揣摩不同人的不同心理,去有效地预测其交往动机,并不是一件难事,只要你是一个善于观察的有心人。

思考题

1.什么是交往动机?社交动机是怎样产生的?
2.社交动机有哪些基本类型?
3.举例说明交往动机与人的交往活动有什么关系?
4.如何正确地预测、控制人的交往动机与行为?

团体训练(四):“红色轰炸”

活动目的:

“红色轰炸”活动目的使学生懂得,赞美在人际交往中有着不可忽视的重要作用。并使学生懂得如何赞美别人才能得到别人的认可。

团体性质:

此团体为封闭性活动团体。

人数：

此团体活动人数为 8～12 人，也可视具体情况而定。

活动程序：

1. 指导教师导入：在很多影视片中，我们常常可以看到人们在交往中是通过赞美来表达对对方的尊重，那么在现实生活中，我们是否习惯别人的赞美并大胆地去赞美别人呢？请大家围坐一圈，相互真诚地赞美对方。

2. 请每个人谈一谈别人的赞美是否恰当？有如何感受？大家畅所欲言。

3. 主持人进行总结：通过这次活动，我们已经感受到：赞美别人给别人带来快乐心情的感受以及被别人赞美而得到的无比自信感觉，社交活动中的确需要真诚的赞许。

第五章　社交知觉

在前面我们谈到,社会交往的过程既是心理沟通的过程,又是相互作用和相互影响的过程。然而,在大千世界中,为什么人们之间能够实现心理沟通并发生相互作用和相互影响?这种心理上的沟通和相互作用的前提和条件是什么?要回答这个问题,就需要进一步探讨社交行为的起点和基础——社交知觉。因为它直接影响着交往主体在社交活动中所持有的态度和所采取的行为。

第一节　社交知觉概述

一、社交知觉的概念

在社会心理学中,研究对他人的了解及其规律的过程,成为社会知觉。社会知觉也称社会认知。这里所讲的知觉同普通心理学中所讲的知觉在含义上是不同的。普通心理学所讲的知觉,是指人如何感知外界的所有客体,即感知人们所处的整个丰富多彩的世界。这个世界既包括自然客体的人,又包括其他一切自然物。而社会心理学中所讲的社会知觉则是对人的认知,而且不是把人当做自然客体来认识,而是当做社会实体来认识。所以,又把社会认知称为社交知觉。

社交知觉是指人与人在进行交往接触时的印象、了解和认识的过程。这种印象、了解和认识是相互进行的。因此,社交知觉的过程是知觉的主、客体和直觉情境交互作用的复杂过程。因为,人与人的接触过程中,相互知觉的内容,既包括对外显成分的直观感觉,如身高、体形、长相、性别、年龄等,又包括对内在心理状态、心理意向和个性心理特征的推测和判断。然而,人们之间相互接触的情境不同,知觉的动机和内容往往会有所不同。例如,两个人初次见面,开始相互间往往只注意对方的衣着、相貌、动作、语言等,通过一段交谈之后,相互比较熟悉的时候,就会注意了解对方的兴趣、爱好等其他的一些情况。但是如果这两个青年在不同的场合下相遇,比如,在行走的路上或是在火车上,那么他们彼此注意的动机和内容是会有区别的。一般说,人们之间有目的地进行交往并且接触次数越多,相互知觉就越深刻。反之,相互知觉就比较肤浅。

二、社交知觉与交往行为

在前面的章节我们讲过,知觉是人的一种高层次的心理活动,这种心理活动是对外界客观世界存在的一个整体反映,人只有感知到了某种客观的存在物,才能对客体的刺激做出反应。因此,人们的知觉是人的行为活动的基础,而社交知觉自然也是社会交往行为的基础。

在现实社会生活中,人们之间的交往接触有多种性质、类型和状态。有朋友、同事、邻居之间的频繁接触和来往,有老同学、老朋友之间的久别重逢,有陌生人之间的偶然相遇,还会有与敌对分子的狭路相逢等等。不管是哪种形式的交往和接触,其参加者之间的相互了解和认识都是必不可少的,只是随着交往的动机和情境不同,相互了解和认知的内容、程度有所不同罢了。如,陌生青年在公共场所的邂逅相遇,彼此之间的知觉往往是既无目的又很肤浅,但如果是男女恋爱双方的第一次约会,那么相互间的观察和体验肯定是既认真又深刻。一般说来,亲密朋友之间的交往,不仅能够轻易地感知到各自的交往目的和动机,而且还会很容易地接受和赞同交往伙伴的行动意向,从而协调相互的行为和活动,促进彼此之间的友好、合作的关系。反之,如果交往双方的关系不融洽,在一些利益问题上有分歧,那么相互交往的动机和意向是不大容易被感知的。而且彼此的行动也不容易取得一致,甚至可能发生冲突。这说明,在人际交往过程中,不论是相互间心理沟通的程度,还是相互作用和相互影响的性质和类型,都是以交往伙伴相互知觉的动机和情境为基础和前提的。因为社交知觉的动机和情境决定着社交知觉的内容、程度和性质,而社交知觉的内容、程度和性质必然影响人际交往的心理沟通,相互作用和相互影响人际交往的实质是人与人之间的一种心理关系,这种心理关系的主要成分是人们的相互知觉和情感的相互体验。只有相互认同并且感情相容,才能产生人际吸引并导致相互行为的和谐一致,进而形成和促进良好的人际关系。

在人际交往关系中,相互认同是通过知觉、表象、想象、注意、记忆和思维等由表及里、由浅入深的认识活动而实现的。人们在交往中,通过信息的交流和心理的沟通,在取得相互理解,各自满足交往的需要以后,才能实现情感心理上的相容和行动的一致。因此可以说,相互认同是良好人际关系结构中最基本的和首要的心理成分。在现实生活中,人与人之间的关系往往是首先随着彼此相互认识的变化而变化的。由于客观条件的不断变化,人们的认知水平也必然随之发生变化。所以,人与人之间的关系不可能永恒不变,始终如一。即使是志同道合、感情融洽的朋友,恋人或夫妻之间,相互的心理作用和影响也并非是绝对等同的。在人际交往关系的发展变化中,一般呈现这样几个特点和趋势:①除了相互认知的因素以外,人际关系还不断地随着交往情境的变化而变化。交往的情境包括交往的空间距离、交往次数、利益需求以及相互的个性心理特征等。②在社会群体中,富有吸引力的个体不会始终只是固定的哪一个人,而常常是交替变化和相互取代的。③在大型的社会群体内部,人与人之间的认知程度是分为层次的,因此,相互之间的关系常常以小群体的存在形式发生相互作用和相互影响。这些相互作用和相互影响在不断地排除和减少个性的多样性。④社会群体中的"离群"者,由于认知和个性心理上的某种差异,不愿主动参与任何小群体,自然也不会轻易被任何小群体所容纳及结合,这就导致了人际交往的层次化和人际关系的多极化。

三、社交知觉的机制

在社交过程中,人们对现实世界中客观存在的认识是一个完整的过程,对人的认识和了解也同样如此。社会知觉由表及里,通过一个人的外在特征来推测和判断它的内在属性,而其本质属性和特征往往容易为表象所掩盖。这就使得社会知觉具有复杂性并需要经历一个过程。另一方面,人们的认知活动客观上就要经历一个过程。从感官的认识开始逐步深化到大脑的思维分析和判断,是一种从简单到复杂、从对表象的认识到对本质的分析和判断的过程。我们一般可以把社会知觉分为三个过程:信息输入、信息储存和信息利用。

1.信息输入(知觉信息)

他人一般都以某种穿着打扮、容貌和行为出现在我们面前,我们也总是首先运用感觉器官接收他人的形态、色彩、动作、声音等感性特征。因此,对他人的知觉总是先从感知觉开始的,这是知觉人的第一步。

2.信息储存(印象形成)

通过感知觉过程,我们可以收集到有关他人的基本资料,并根据这些资料依照以往经验(你头脑中内在的价值标准)对他人做出判断和评价,这种关于他人的社会判断和社会评价是社交知觉的第二步。

3.信息利用(社交归因)

人们在进行社交知觉时除了会对他人进行判断和评价外,还会对他人的行为表现及存在状态做出推论和解释,即对他人的行为进行归因。行为的归因在社交知觉过程中占有重要的地位,个体对他人及事件的理解和解释将影响到其进一步的行为。对同样事件和行为的不同解释将产生完全不同的后继行为。另外,行为的归因也往往意味着社交知觉活动过程的完成,标志着人们对某人的某种行为有了一个基本和完整的认识。

社交知觉活动的这三个步骤是互相联系也是首尾相连的。对他人的感知和形成印象是我们认识和了解他人的开始,在此基础上才能对他人做进一步的判断评价和解释。而判断评价和社会行为归因这两种认知过程是相互渗透、相互依赖的,并没有截然的先后之别。对他人的判断往往依据对他人行为的归因,而对他人行为的归因本身就包含对他人的判断,并且总是要受到对他人评价的影响。社交知觉的这三个过程有机结合在一起,构成了完整的社会认知活动。

四、社交知觉的途径

从动态上看,社交知觉是一个由表及里的过程。知觉者首先感知到的是有关对象的外部特征，通过对其言谈举止、仪表神情以及行为习惯等的知觉、观察来推断他的内在变化，随着交往的增多，人们才有可能对认知对象做更深入的了解，通过其性格特征、行为习惯、人际关系等方面来获得更全面和深入的信息资料，作为推测评价的依据。一般来说，社会知觉主要有以下几个途径。

（一）外表观察

人们在最初的交往中，最先引起注意的往往是人的外表是否吸引人。一个气度潇洒、相貌英俊的人比一个面孔丑陋、身体肥胖的人更能打动人，一个衣着得体适宜总比衣衫褴褛、不修边幅的人给人们的第一印象好。因为一般人觉得仪表端庄、穿戴整齐者比不修边幅的人更有教养，更懂得尊敬别人。个人的外表是生理特征与后天修饰有机结合的结果，外貌长相是先天生就的，而服饰、发型等修饰因是出于个人的选择则能够在某种程度上体现个体的喜好、性情、审美与素养。对服装起源的研究表明，人们最初穿衣服并非为了御寒，而是为了炫耀和装饰。服饰与色彩、款式和质地，构成了一种造型语言和表达某种文化意义的符号，人们也往往以不同服饰表达自己在特定环境中的特定身份和感情。

著名影星索菲亚·罗兰说："你的服饰往往表明你是哪一类人物。它们代表你的个性。一个与你会面的人往往自觉不自觉地根据你的衣着判断你的为人。"行为学家迈克尔·阿盖尔做过实验，他本人以不同的打扮出现在同一地点。当他身穿西服以绅士模样出现时，无论是向他问路或问时间的人大多彬彬有礼，而且看来基本上是绅士阶层的人；当他打扮成无业游民时，接近他的多半是流浪汉，或是来对火抽烟，或是借钱、借烟。总之，人的服饰、发型等仪表特征为知觉一个人的年龄、职业、角色与身份提供了信息，并部分地反映出一个人的动机、性格等特征，在初次接触时，给人以鲜明的印象。

（二）面部表情观察

表情，是一个人内心情感的外在表现形式。人是有感情的社会人，表情是人内心状态的客观指标。比如，"喜气洋洋"、"气势汹汹"、"眉来眼去"、"愁眉苦脸"等等，都标志着人们喜、怒、哀、乐的心理状态。面部表情是一种可完成精细信息沟通的体语形式。人的面部有数十块肌肉,可产生极其丰富的表情,准确传达出各种不同的心态。来自面部的信息更容易为人们所接受。个体经过训练能较为自如地控制自己的表情肌,因而,面部表情表达的情绪状态有可能与实际情况不一致。所以人们在特定情况下会表里不一。如"言不由衷"、"笑里藏刀"等,这是人的自我意识的自控结果。面部表情中的眼睛是最有效的显露个体内心世界的途径,人的情绪、态度和情感变化都可以从眼睛中显示出来,人对目光很难做到随意控制。观察力敏锐的人,能从目光中看到一个人真实的心态。个体的情绪变化首先反映在瞳孔的变化上。人们常说"眼睛是心灵的窗户",眼睛之所以成为传递心灵信息的窗户,其奥妙之处就在于瞳孔的变化。研究表明,人的情绪由中性向愉悦变化,瞳孔会不自觉变大;对使人厌恶的刺激物,瞳孔反应是明显缩小。可以说,眼睛是内心情感的灵敏指示器。希腊神话有这样一个故事:谁要是被妖女美杜沙看上一眼,立刻就会变成石头。可见,眼睛的威力有多大。因此目光接触是最重要的体语沟通方式。上古时候的珠宝商人特别注意买主的眼睛,若发现买主的眼睛对某件珠宝突然明亮,就知道对此珠宝感兴趣,从而决定要与他讨价还价。我们在交往中,要善于观察人的眼睛来认识一个人:

他若眼神横射,仿佛有刺,便可明白他异常冷淡,如有请求,暂且不必向他陈说,应该借机从速退出,即使多逗留几分钟也是不合适的,退而研究他对你冷淡的原因,再谋求恢复感情的途径。

倘若他眼神恬静,面有笑意,你可明白他对于某事非常满意。你要讨他的喜欢,不妨多说几句恭维话,你要是有所求,这时可是好机会,相信一定比平时更容易满足你的希望。

若见他眼光四射,神不守舍,便可明白他对于你的话已经感到厌倦,再说下去必无效果,你还是赶紧告一段落,或趁机告退,或者寻找新话题,谈谈他所愿听的事。

若见脉脉凝视,便是一往情深。

人的表情具有跨文化性,不论哪个民族,哪个历史时期,在不同的社会文化环境中的人都有某些相同的表情。正因为表情具有跨文化性,卓别林的无声表演才能使各种文化的观众都为之捧腹大笑。

对于面部表情的研究具有悠久的历史,最早可以追溯到达尔文的经典名著《人和动物的情绪表现》(1872)。达尔文认为,在世界范围内,一种特定的面部表情基本上反映了相同的情绪,人的表情动作具有适应意义。在人类发展史上,表情最初是为了适应机体生存而产生的,以后逐渐变成为一种先天的、固定的行为模式、表情动作与其情绪、情感状态之间形成了机能上的表里关系,成为认知他人情绪、情感的一种重要线索。美国心理学家艾克曼研究了不同民族、不同文化下,人们对不同的面部表情的辨认,发现人们的判断具有相当的一致性。有人说,面部表情是一种"世界语",确实有一定的道理。F.奥尔伯特也曾专门研究人的各种表情与肌肉关系,哪一种表情发生时,受哪些肌肉活动的控制,人有许多面部肌肉,各司其职。艾克曼发现,不同部位肌肉在表达不同情绪时各有千秋,例如眼睛对表示哀伤最重要,口部对表达快乐与厌恶最重要,前额提供惊奇的信号。当然,要表达比较强烈的情绪往往需要这些部位的协调努力。

(三)言语与动作的观察

言语是说出来的话,动作是肢体或面部的活动。人的外部特征是静态的,而言语和动作是动态的。因而言语和动作更能够反映交往个体当时的心理状态。这样说当然并不含有外部特征,只反映一般心理状态,言语和动作只反映当时心理状态的意思,人的某些个体心理特征例如能力恰恰在言语和动作中才能更充分地显示,人的气质、性格在言语和动作中也能对外部特征做进一步的补充。另一方面,人的外部特征能够用眼睛来观察,而人的言语和动作需要眼、耳并用,需要"听其言而观其行"。正是从这个意义上说,人的言语和动作为我们认知公众的个体心理提供更可靠的凭据。

一般说来"言为心声",在无须掩饰的情况下人们说的大多是真话。这无须赘述。但有时候人们并不直抒己见,而采用一种迂回战术小心翼翼地进行试探,这种情况特别是在彼此不熟悉、还未建立信任感或人员较多的场合更为多见。在言语交谈中认知交往个体的心理的困难之处就在这里。说得更严重一点,有些人在有些时候根本就不愿意让别人知道自己是怎样一个人、自己希望得到什么和不希望发生什么，他们用沉默、用模棱两可的言语来进行遮掩。所以听话也是一种艺术。听话不仅意味着听懂说出来的言语，而且意味着听懂没有说出来的言语，意味着认知说话者的心理。

听话首先要有积极倾听的态度。心不在焉的态度既会引起对方的反感，阻止对方说出想说的话，或引起不必要的冲突，又会使自己注意力涣散，听不懂对方说话的意思。积极的听包括内在精神和外在形式两个方面。内在精神指排除各种杂念，取一种专注倾听、积极思考的姿态；外在形式指给对方以“注意听”的感觉。内在精神和外在形式应该一致。有的人能够一边做其他事一边注意听，这往往只能听懂表面的含义而听不懂言语蕴涵的或背后的含义，并且这是不尊重对方的表现；有的人虽然摆出一副“认真听”的架势，但心里还在想其他事，这同样也不是积极的倾听。内在精神和外在形式不仅应该一致，而且也必须一致，因为内心没有积极听的愿望必然表现出心猿意马，而表面上的认真或自以为能够一心二用其实只是自欺欺人。

交往个体的言语一般以三种方式表达自己的看法和意愿：第一种，直陈式，有什么想法就说什么想法，这是最直接地表现自己的兴趣、需要、价值观等心理倾向性的方式；第二种，婉言式，由于某种原因而不愿开诚布公，不愿直说，而采取含混的、委婉的言辞这是间接地表现自己的心理倾向性的方式；第三种，反话式，明明同意说不同意，明明反对说不反对，这是从反面表现自己心理倾向性的方式。另外，这三种方式又在一定程度上反映交往者的能力、气质和性格。例如，胆汁质类型的人不善于用婉言的方式，抑郁质类型的人最习惯于用反语的方式；温和的性格使人说话委婉，好斗的性格话中带刺；能言善辩本身是一种能力，同时又反映其他方面的能力。所以，“言为心声”的正确含义不仅包括言语正确地反映心声，而且包括言语表达的方式。从人的言语中了解人的心理，就要注意对人的言语表达方式进行辨别，使之真正弄懂人们想要说的是什么，他具有怎样的心理特征和心理倾向性，他是怎样一个人。

言语无疑是知觉人的心理的最重要的途径之一，但是言语本身具有真伪性，言语的真伪性又可以通过动作、行为来鉴别。在社交过程中，人的表情、手势、体态等动作是无声的言语，它们和有声的言语具有同等重要的地位和作用。

在社交知觉中，无论是对他人的外表形象的观察，抑或是其语言动作的观察，归根结底，只有通过与他人的交往接触才能实现对一个人的了解。但是由于人际沟通的方式是多种多样的，人们所感受到的社会刺激是非常广泛的，因此知觉的内容也非常复杂。由于社交知觉的内容和效果带有很大的主观性盲目性和片面性，因此，大学生常常感叹与人交往难。的确，由于社会的复杂多变，对于人的认知不是简单的平面体，而是一个折射出社会不同方面的一个多棱镜的立体，因此对他人的知觉是很难达到非常准确的客观程度的。但这并不能影响我们的交往，我们要做的就是在交往接触中去更多地了解对方，从而达成交往的目的，如果我们因为知觉对象难而不去交往，徜徉在自我的天地中，我们永远不可能实现交往的目的。

第二节　影响社交知觉的因素

按照辩证唯物主义认识论的观点，人们对外界客观事物的认识，不论是对于自然界方面，还是对于社会方面，都是一步又一步地由低级向高级发展，即由浅入深，由片面到更多方面。正如毛泽东在《实践论》中所讲：人们的认识“要完全地反映整个的事物，反映事物的本质，反映事物的内部规律性，就必须经过思考作用，将丰富的感觉材料加以去粗取精、去伪存真、由此及彼、由表及里的改造制作，造成概念和理论的系统，就必须从感性认识跃进到理性认识”。理性认识依赖于感性认识，感性认识有待于发展到理性认识，这就是辩证唯物论的认识论。心理学的研究认为，人的知觉只是感觉和思维之间的一个环节，知觉仍属于认识的感性阶段特征，这种特征是由于受到主客观多种因素影响的结果。

一、知觉者的因素

知觉者本人的知识、经验、价值取向、人格特征等都会影响到认知的结果。

1.价值观念

社交知觉的效果是受人们各自的价值观念的影响和制约的。不同的价值观念的人知觉社会和知觉他人的标准和结果是有差异的。价值观念是人们关于客观事物价值的观点与信念,个人对社会事物在自己心目中的意义或重要性的评判,直接受其价值观念的影响。某一事物有没有价值,有什么价值,有多大价值,不同的人会有不同的评价。而价值标准就是人们衡量事物价值的基本依据。研究表明,人们内在的价值标准能影响其对该事件的敏感性。同时,人们在形成印象时,常受到其人生观的影响。如果一个人持有利己的观点,相信“人不为己,天诛地灭”,认为人生来就是自私的,那么,他在与其他人的交往中,会把他人做出的利他行为解释为别有用心;如果他内心存有性善论观念,就会倾向于对他人形成人性善良的印象。尽管大多数人没有很明确地意识到自己的人生观,但却会不知不觉地表现在其行为中。

2.原有经验

经验为人们提供了一种内在的参照比较标准。如果你内心没有关于热情的原型,怎能判断一个人是否热情。我们得出对一个人的评价如热情、漂亮、聪明等等,都是基于一定的比较标准的,这种标准是人们根据自己以往与他人接触的经历和经验逐渐形成的,用以概括认知对象的特征。例如大方、有修养,正是由于人们内心具有关于什么是大方、有修养的条件或标准,人们才能在遇见一个人时,迅速地对认知对象做出判断,形成大方、有修养,或不大方、没有修养的印象。

经历则会影响人们对信息的知觉。著名社会心理学家凯利认为,每个人头脑中都构成一定的心理组织结构,如同一个“有色镜头”。这个有色镜头对人们的知觉起到过滤作用,即对知觉对象的有关信息加以分类和辨别。一个人的经历、生活方式、文化背景以及个人的需要等等都是“有色镜头”的构成要素。心理学家巴克白曾做过这样一个实验。他以一些墨西哥人和美国人为被试,对被试者的年龄、性别和受教育程度等做了相应的控制,实验中让被试者看双眼视觉的幻灯片,其中一张是墨西哥人所熟悉的斗牛场面,另一张是美国人所熟悉的打棒球场面。实验者把两张幻灯片同时放在双眼视觉仪器上,打棒球和斗牛幻灯片交叉出现。按通常解释,被试者应当同时看到两种场面,但结果却出人意料,74%的墨西哥人只看到斗牛场面,84%的美国人只看到打棒球的场面。

3.情绪情感

社交过程当中,相互知觉的内容和效果时常受到各自的情绪与情感状态的影响。个体的情绪直接影响认知者的知觉范围和积极性。一个情绪饱满的人,活动领域也比较开阔,容易看到事物的积极面;当一个人心烦意乱、情绪低落时,往往更容易把周围看得灰暗一片。同时,认知者在观察他人的行为时会产生同感,有意无意地运用“设身处地”的情绪感受,并以此为参照点来推断他人的言行。如果认知对象引起了认知者愤怒或讨厌的情感,认知者便会在不友好的范围内去判定对方;如果认知对象引起了认知者喜欢、愉悦的情感,就易于产生好感。

二、知觉情境因素

社交活动发生在一定的社会情境中,这里的情境是指特定的时间、人群和场合。人们处于不同的社会情境,会表现出相应的言行举止,或者说,地点场合会诱导出人们的不同属性。例如,在办公室、宴会等公事场合,人们的行为举止也是公事化的,甚至是一本正经的、刻板化的,人们也只能了解到认知对象公事化的、社会性的一般特征;而在一些娱乐场所或比较随意的场所,人们的行为举止会比较轻松、欢快,易于表现出认知对象个性化的一面,有时甚至会让人的知觉有焕然一新的感觉。可以说,人们的言行举止是与场合、情境相适应的,不同的社会情境促使人们表现出不同的“我”。

另一方面,认知对象所处的场合背景也常常成为判断的参考线索.特定的环境场合会引起我们对认知对象某些属性的联想,从而影响知觉的结果。人们往往认为,出现于某种特定环境中的人必定是从事某种行为或具备某些特征的。例如,我们发现一个人经常出现在健身房,会认为他爱好运动,经常健身;如果一个人入住高级宾馆、饭店,开着名车,那么他必定是个有钱的人。这也是一些骗子屡屡得手的原因之一。因为高级宾馆、名车会让我们联想到金钱和地位。也正是这样的联想,使我们经常发生知觉上的偏差和错误。

三、知觉者的个性心理特征

个性心理特征决定着一个人的知觉方式和知觉特征。不同性格类型的人,知觉方式和特征存在着很大的差别。例如,多血质气质类型的人,知觉敏捷、速度快,知觉的范围广泛,但知觉不细致。而黏液质气质的人,知觉速度较慢,知觉范围较窄,但知觉细致深刻。又如,待人忠厚诚实的人,在与他人打交道的时候,往往能够坦诚相见,从不隐瞒自己对他人的看法和印象。相反,一个虚伪狡猾的人,在人际交往中往往谎话连篇,文过饰非。另外,自我意识的强弱也影响着社交知觉的内容和效果。一般来说,自我意识愈强的人,对他人的直觉偏差愈大。

第三节 社交印象

我们常说:“我对×××印象不错”,“对×××印象不佳”,其实任何一个人在与某人接触以后,不管怎样都会或多或少留下一点印象,如果是有好感或是极其重要的事件,就会留下深刻的印象,一些令人不愉快的事情也常常会使人久久不能忘记。当然,也有一些事情根本就不会产生什么印象,如过眼烟云。一个人在社会交往过程中,只要对社会、对群体、对他人、对自己有了一定的知觉,都会表现出相应的印象。

其实,印象是在很短的时间内形成的,在这么短的时间内,我们不可能注意到各方面的信息,而只能注意到其中一部分信息,而正是这一部分信息决定了印象的好坏。尽管这一过程人们一般不觉知,也不会去分析其中的规则、特性,但对于社交心理学来说,什么是印象,印象是怎样形成的,有什么规律,人们所形成的印象会出现哪些偏差等等,这些都是非常重要的课题。

一、社交印象的概念

所谓印象就是我们最初在遇到某一个人的时候，根据自己的主观理解而形成的对别人的评价。简单地说就是留在人们记忆中的认知客体的形象。社交印象是人们在社会交往过程中形成的对人、对由人构成的群体和社会的印象。对群体和社会的印象，实质上也是对人的印象。在我们的交往生活中，对物的印象，也常常成为社交印象。例如，被美化了的城市给人们留下的好印象，人们心中由此升起对生活的热爱，对大自然和人的赞美。社交印象在本质上是对人的面貌和特点即人格的反映，它比社交知觉更接近人的内在的东西。

二、印象形成的过程

社交印象的形成过程，是一个动态的多种因素交互作用的复杂过程。社交印象的形成，一方面是以社交知觉为基础，对知觉材料进行加工处理；另一方面又是认知客体不在眼前，在离开客体的情况下，浮现出来的客体形象，是间接的心理成像的过程。因此，印象本身是一种抽象，是观念的组合。

社交印象虽然以知觉形象为基础，但印象不是知觉形象的简单撮合，而是有机的综合。心理学家研究发现，在印象形成的过程中，人们会注意三方面的信息。

1.人的自然特征

人的自然特征包括性别、种族、外貌等等。在遇到陌生人的时候，我们一般首先按这三方面将人们分类。一般来说，人们会认为女性比较温柔善良，而男性则是强壮有力的代表。而外貌对印象的影响很大，对于相貌漂亮英俊的人人们很容易产生好感，而那些长相较丑的人在别人心目中形成良好的印象则要困难得多。

2.人的社会特征

人的社会特征包括职业、身份、居住地区和社会地位等等。日常生活经验告诉我们，生活在同一地区，或者从事同一行业的人具有某些共同点，因而，在与别人接触时，一旦知道对方的职业身份，我们就会借助我们所知道的这个职业的人所具有的特点来评价他，从而形成对他的印象。例如，如果我们知道某人是医生，我们就可能认为它比较冷静、认真、讲卫生，甚至可能有一点洁癖。

3.人的性格特征

虽然初次接触，不可能聊得很深入，但人们还是喜欢根据别人当时的表现来推测其性格特征。我们通常会根据个人的服饰、打扮、说话做事的风格、说话的多寡来判断这个人是有品位的还是比较俗气的，是沉默寡言的还是活泼开朗的，是好交际的还是不合群的等等。

实际上，在社交印象的形成过程中，有联想和想象两种心理过程参与活动，这就使社交印象带有综合性的特点。

首先，社交印象的形成有联想参与它的活动，是以联想为契机的心理改造过程。所谓联想是指在记忆的基础上把识记的对象和其他相关的对象联系起来的过程，联想就是在观念中建立事物之间的联系。记忆和联想是密切联系的心理过程。没有记忆，联想不会开始。而没有联想，已经出现的记忆过程就会中断。因此，联想随同记忆一起，成为社交印象形成的心理机制。有了记忆，知觉形象才能存贮在大脑的信息库中；有了联想，才能在记忆中把知觉形象联系起来。

其次，社交印象的形成是以想象为中介的知觉改造过程。想象比联想更带有主体性，它不像联想那样，以唤起过去的经验，建立联系为主，而是在已有的经验总体中建立主体需要的有意义的符号群，对社会知觉进行改造，重新组合知觉材料。在这个过程中，可能受偏见、虚幻等因素干扰。因此，社交印象可能是接近真实的，这是主流；但也可能含有偏见、荒谬的成分。

三、印象形成的方式

人们在社交知觉过程中获得有关他人的各种不同的信息，而怎样把这些零散的信息整理成一个统一的印象呢？社会心理学家提出了印象形成的三种加工模式。

(一)平均模式

平均模式指人们以特性的平均价值来形成对他人的印象。如果我们知觉到认知对象具有5个特性，就会分别对这5个特性打分，然后把这5个特性的分数相加并除以5，就形成对该认知对象的整体印象。假如这5个特性是聪明、真诚、开放、随便、健忘，由于聪明、真诚是很好的特性，它们的价值都是5分，开放是4分，随便和健忘就不太好，为2分和1分。那么，运用平均模式，其印象为$(5+5+4+2+1)\div 5=3.4$。如果只认知到前三个特性，那么，其整体印象为$(5+5+4)\div 3=4.7$，比前者好。

(二)累加模式

累加模式指人们在根据部分信息形成对他人的整体印象时，并非以特性的平均价值为依据，而是以特性价值的总和来形成对他人的印象的。如上例，运用累加模式，第一种情况，其印象总分为$5+5+4+2+1=17$；第二种情况，其印象总分为$5+5+4=14$；第一种情况的印象比第二种要好，正好与平均模式相反。累加模式认为，我们对一个人的判断依据全部特性的价值总和而定，如果只认知到对方较少的特性，其印象也不会很好。

上述哪种模式更符合实际呢？社会心理学家安德森经过研究发现，尽管在某些时候，能用累加模式解释一些印象的形成，可在大多数情况下，还是平均模式起作用。为了更好地说明和解释印象的形成过程，安德森将两种模式结合起来，提出了一种新的模式，从而能更有效地说明印象形成过程中的复杂情况，这种模式被称为加权平均模式。

(三)加权平均模式

加权平均模式是指人们在对个体进行评价时，对较重要的特性会给予较大的权数，然后将所有的特性加以平均。

1.最初信息的加重作用

在印象形成过程中，被认知到的信息特性并不是平均起作用的，那些最初被人们发现、知觉到的信息会影响到人们如何看待以后被认知到的特性。曾有心理学家以同样的6种性格特征，只是以不同的顺序排列，然后让同样一群被试评定这两个人的性格特征。

A性格序列是：	B性格序列是：
精明的	嫉妒的
勤勉的	倔强的

冲动的	善辩的
善辩的	冲动的
倔强的	勤勉的
嫉妒的	精明的

评定结果是,尽管罗列的6种性格特征A、B两人完全相同,只是排列的先后顺序有差异,却影响了被试者对其印象的评定。被试者对A有更多的正面印象,而且凡是对A有正面印象的人,不但把前两项性格视为形成印象的主要根据,而且把后面"善辩的"性格做正面的解释(精明的人才善辩)。同理,凡是对B有负面印象的人,不但把前两项性格做了他印象形成的主要根据,而且对后面"善辩"的性格做负面解释(倔强的人才会善辩)。

可见,首先被知觉到的信息被加重了,并对整体印象发生重要的影响。

2.负面信息的加重作用

在人们收集到的关于认知对象的特性中,有正面特性,也有负面特性,但它们所起的作用是不同的。负面特性的影响往往大于正面特性,正面印象比负面印象容易改变。同时,一个极端的负面特性会造成极不好的印象,不论一个人其他特性如何,或他已具有很多正面特性,一个极端负面的特性足以毁坏人们对他的整个印象。

四、印象形成的特点

(一)协调一致性

人们对他人的印象和特征判断往往是在有限的信息资料的基础上形成的。对于一些零散的信息资料,人们往往力图得出一个统一的印象。这与对物体的知觉不一样。当人们看到一所房子、一辆汽车等东西时,可能得到一种混杂的印象。如房子很大、外观漂亮,但内部需要装饰;汽车的马力大、外形好,但耗油量大。认知者不会在意房子、汽车的各种特性是否协调一致。但对人的特性要做出判断时,人们就会趋向于把他的各种特性协调一致起来。也就是说,我们不会认为一个人既好又坏,既善良又邪恶,既真诚又虚伪,而是对他形成统一的、协调一致的印象。尽管我们收集到的有关认知对象的特征有时可能是冲突、矛盾、不一致的，但当人们得到有关认知对象不一致的特征时，会暂缓一下判断，并重新审视认知对象，经过协调组织，在认知加工时，对所收集到的特征进行筛选、重组，最终进行取舍，形成一个一致性的整体印象。

(二)核心特性

在形成印象的时候，我们所收集到的有关认知对象的特征并不是平均起作用的，有些特性常常更有分量，它们在整个印象形成过程中起到更重要的作用。如果这些特征改变，则整个印象也会改变。这些特征称为核心特性。心理学家阿希(S.E.Asch)在一项实验中给被试有关某个人的描述所用的形容词包括聪明、灵巧、勤奋、热情、果断、注重实绩和谨慎。给另一组被试关于某人的形容词中只把“热情”改成了“冷淡”，其他词汇都不变，结果得出的印象完全不同。前一组有90%的人认为该人是慷慨大方的，有77%的被试把他描述成风趣的；而后一组被试中，只有10%的人认为这个人斤斤计较、无同情心、势力。阿希指出，“热情”和“冷淡”这两种特性是核心特性，这两个词的互相替换导致被试得出截然不同的印象。

近年来的研究表明，核心特性作用要比阿希所说的复杂得多。某一特性是否能成为核心特性，还取决于与此特性同时呈现的其他特性。例如，一个人被形容为服从、软弱、肤浅、轻薄时，“热情”和“冷淡”的特性就不会有多大的意义，“热情”和“冷淡”的特性就不是核心特性了。然而，在很多时候，核心特性仍然在印象形成过程中发挥重要的作用。

(三)评价特性

研究者发现，人们所形成的印象总是带有一定的评定性。社交印象的形成过程是对归于同一对象的各种有意义特性的评价、综合、概括的过程。奥斯古得(C、E、Osgood)等人(1957)采用语义差别法对好恶评价做了最早的研究。结果表明，好恶评价是印象形成的主要依据，人们对一个人的评价及印象的描述主要围绕三个方面：评价(好—坏)、力量(强—弱)、活动(积极—消极)。其中评价是主要的、能够影响有关力量和活动特性的描述。一旦人们能够判断出一个人的好与坏，那么对这个人的印象也就基本上确定了。

此后,罗森伯格(1968)(S. Rosenberg)等人使用多维测量程序进行研究,发现个体是根据社会和智能的特性来评价他人的(表5-1)。表中所列的是人们常用的评价他人的好的或差的社会特性和智能特性。

表5-1 好坏评价的社会和智能特性

评 价	社会特性	智能特性
好的评价	助人的 真诚的 宽容的 幽默的 亲和的	科学的 果断的 聪明的 不懈的 熟练的
差的评价	不幸福的 自负的 易怒的 令人厌烦的 不受欢迎的	愚蠢的 轻浮的 动摇的 不可靠的 笨拙的

在后来的一项研究中,D.L.汉密尔顿等人(1974)发现,让被试看到更具有社会属性的品质,一般会影响他对刺激者"喜欢与否"做出判断;若提供较多的智慧属性的品质,则将影响他对刺激者"是否尊敬"以及尊敬程度的评价。上述研究结果表明,人们对他人的评价是复杂的,至少他们有时较偏重于社会特质,而有时则较偏重于智慧特质。然而对他人的基本判断主要还是依据社会特质。印象评定是以评价为主要向度的现象,提出了构成印象的信息资料的比重是不相同的,有些信息资料的比重大于其他的信息资料,从而影响到整个印象的形成和组织。这个具有重大影响力的特质,阿希称之为中心特质。

由于文化背景的不同,中国人的印象形成有其特点。台湾学者杨国枢发现,中国人比较重视伦理道德方面的评价。他提出的第一个纬度就是"善良诚朴—阴险浮夸"。而西方学者的研究结果却与此无关,这可能与中国传统文化中强调道德评价有关。另外,中国人在形成对他人的印象时容易受人际关系情境的影响。如实验过程中经常听到被试这样的评价:我不喜欢这样的人,但这样的人并不坏;这样的人并不好,但我可以跟他们合得来,等等。

五、大学生如何打造自身的社交形象

美国夏威夷医科大学精神病学院教授达尼鲁·潘斯认为:"引人注目不仅仅是让别人注意你,而且意味着让别人记住你。"他认为,只要遵循下列方法去做,你就可以给别人留下深刻而且良好的印象。

(一)注重自己的外在形象

第一,精神饱满,神情自然。在社会交往中始终保持旺盛的精力、饱满的热情、大方自然的神情,是优化个人形象的首要因素。与人交往,神采奕奕、精力充沛,显得富有自信,就能激发对方的交往热情,活跃交往气氛。如若萎靡不振、无精打采,显得敷衍冷漠,使对方感到兴味索然乃至不快。一个精神饱满、神情自然的人往往也会给人留下自信、乐观、进取和对生活充满热情的印象;神情倦怠、精神涣散或者表现出紧张局促、手足无措,都会给人留下缺乏社交经验、不成熟、不专注、看不起人的印象。因此,在社会交往中始终要以极大的热情关注对方,对他所感兴趣的东西感兴趣,并随对方的言谈举止做出自然得体的反应。要别人喜欢自己,自己要先喜欢别人,要吸引对方的注意,先要注意对方。

第二,仪表整洁,衣着得体。根据人际吸引的原则,一个人风度翩翩,俊逸潇洒,能产生使人乐于交往的魅力。不修边幅、肮脏、邋遢的人是不会吸引他人太多注意的。英国哲人约翰·洛克所说:"礼仪的目的与作用使得本来的顽梗变柔顺,使人们的气质变温和,使他敬重别人,和别人合得来。"衣着服饰能反映一个人的审美情趣和修养,如果一个人的服饰能与自己的气质、职业一致,与自己的形体、年龄协调,与当时的气氛和场合相符,那将使得他显得更潇洒,更讨人喜欢。

第三,谈吐幽默,言语高雅。谈吐能直接反映出一个人是博学多识还是孤陋寡闻,是接受过良好教育还是浅薄无知。一个不善言谈、沉默寡言的人很难引起他人注意。在社交中能侃侃而谈,用词高雅恰当,言之有物,对问题见解深刻,反应敏捷,应答自如,能够简洁、准确、鲜明、生动地表达自己的思想与情感,就表现出其不同凡响的气质和风度。作家于伶回忆与鲁迅先生谈话时说:“鲁迅先生谈吐深刻、严密、有力而又生动活泼,句句吸住我们。渐渐谈下去,愈来愈强烈地发射出真挚的热情,又有一种严峻的强大的威力,从他瘦削的脸上透射出来,使人听得入迷,产生‘听君一席话,胜读十年书’之感。”然而,高雅的谈吐是无法伪装出来的。卖弄华丽的辞藻,只会显得浅薄浮夸;过于咬文嚼字,又会使人觉得酸味十足。我们应该不背后议论人,讲话注意分寸。背后表扬人,多讲其优点;当面批评人,指正其缺点。尤其不要油嘴滑舌,不要讲粗话。

第四,举止大方。朴素大方,温文尔雅的行为习惯,举止稳重,文明得体,坐、立、行的姿态正确雅观,能正确地表现出一个人良好的教养,给人留下成熟信赖之感,粗俗不雅的举动则令人生厌。分寸得当的交往距离使彼此心理上都感到舒适坦然,过度亲热和冷淡则容易引起对方误会。一个人的行为举止能够做到自然、洒脱、不拘不束,除了与其社交经验的多少有关之外,主要以其自信心为基础。只有对自己充满信心,相信自己和自己能力的人,才能在社交中做到自然大方,挥洒自如。一个人的潇洒举止还来自其平时的修养,该行则行,该止则止,该坐而坐,该说而说,做事稳重而有分量,待人热情而又有分寸,礼貌而又不拘小节。打造个人形象,严格说来,是一种非规范、非格式的社交艺术,它需要我们每个人认真去揣摩和体会,不断地总结经验,形成自己独特的风格和魅力。

(二)保持自己的本色

在人际交往中,我们总希望能给别人留下良好的印象,使别人喜欢自己,信任自己。要做到这一点,我们常常要改变一下自己的行为举止、言谈习惯、兴趣爱好等等,以便适应社交的需要,使对方对自己产生好感。然而,这种自觉的自我改变并不意味着要使你变成另外一个人、变成一个模仿或迎合别人口味的“演员”,甚至故意掩饰自己的真情实感,或把自己的本来面目掩盖起来,完全放弃自我的内在气质,把自己变成社交场上的面具。这种做法不仅使你失去了自己的本来面目，而且一旦别人识破你的做法后，会使你适得其反。有的人强迫自己走在人群中要昂首阔步，气势逼人，在跟别人握手时过分用力，跟别人谈话时要死死盯住对方，为了表示自己有幽默感而夸张地哈哈大笑……如果你真的这样故作姿态的话，那就会产生滑稽感，让别人觉得讨厌，甚至自己也感到别扭。其实，最好的办法是保持你原有的个性和特质中好的一面，塑造一个真我。

(三)自信的人格

要学会以自信的人格力量鼓舞他人。自信是人生的一大美德，是克敌制胜的法宝。在社交中，和一个充满自信心的人在一起，您会倍感轻松愉快，即使遇到困难挫折，也会以乐观自信的态度去克服。这种人格力量本身对别人也是一种鼓舞。

第四节　印象偏差

社会交往过程是人对人的知觉，知觉者本身的主观性会产生某些偏差，影响到知觉的准确性。所谓印象偏差，即是指在对人知觉时出现的一些带有规律性的认知误差。

一、印象偏差的心理效应

(一)晕轮效应

在社交知觉中，人们常从对方所具有的某个特性而泛化到其他有关的一系列特性上，也就是从所知觉到的特征推及未知觉到的特征，从局部信息而形成一个完整的印象。这种现象叫晕轮效应或光环效应。刮风天之前的晚间月亮周围的大圆环是月亮光扩大化或泛化的结果，即原来不发光的部位看起来也是亮的，以此来比喻一个人原来不具有的优点，在人的知觉形成对一个人某种人格特征的好印象后，就倾向于据此推论他还具有其他优点。中国有句俗话："情人眼里出西施"，就是一种晕轮效应。

晕轮效应可以说是社交知觉中一种常见的现象，如果我们对某个人的勤奋产生了好印象，就很可能会认为他还具有聪明、有礼、有道德、心地善良等其他很多优点；如果我们认定一个人不诚实，可能就会认为他粗鲁、不体谅人，甚至将他看得一无是处。其实，这只是把各种相互独立、而又无必然联系的特性予以叠加，统统赋予所知觉到的认知对象的结果。

（二）首因效应

首因效应也称第一印象效应。是指最初的信息印象深刻，在记忆试验中指列表中最前面几个字词比中间的字词易于记住的倾向。社会心理学界对首因效应进行经典实验研究的是美国社会心理学家 A.S. 卢钦斯(1957)。卢钦斯写了两段文字作为实验材料，内容主要是描述一个叫吉姆的男孩的生活片断，这两段文字的描述反映了吉姆相反的性格。

一段文字把吉姆描述为一个外向性格的男孩："吉姆走出家门去买文具，他和他的两个朋友一起走在充满阳光的马路上，他们一边走一边晒太阳。吉姆走进一家文具店，在商店里和一个熟人聊天，问候一个他新近结识的姑娘。"(E)另一段文字则暗示吉姆是一个内向性格的男孩："独自一人从学校走回家，在树荫下歇凉，在商店里默默地排队购物，没有去问候那个新结识的姑娘。"(I)卢钦斯把这两段文字加以不同的组合，即以 EI 和 IE 的顺序呈现给被试，请被试阅读后对吉姆的性格做出评价。结果，前者(以 EI 顺序呈现)有 78%的被试认为吉姆是一个性格外向、热情的人，后者(以 IE 顺序呈现)只有 18%的被试认为吉姆热情、性格外向。尽管文字内容完全相同，但由于内容呈现顺序差异，造成阅读者对吉姆完全不同的印象。可见，尽管我们能够知觉到认知对象许多特征，但最初获得的信息对于整个印象具有重要的决定作用，其余信息则被忽略或轻视。也就是说，在社交过程中，存在第一印象，并且难以改变。

第一印象效应在交往活动中往往是至关重要的，从一定意义上讲，它可以起到使交往活动继续下去还是停止的作用。第一印象效应最佳，对后来所感知到的内容往往会不大注意，有时甚至会被忽略。即使后来的心理效应与第一印象效应存在着某种距离，也会自然地服从于第一印象。比如说交往双方一见面就感到谈得投机、感情融洽，那么，在交往过程中即使有时发生一些不尽如人意的事，也会毫不计较，一如既往地交往下去。

第一印象总的来说是可靠的，对交往心理活动始终都会发生良好的作用。但毕竟是第一印象，往往由于感情用事或“先入为主”而形成偏差，潜伏着不正确因素。我们只有重视第一印象效应，并且付诸实践，从实践中得到验证，这样第一印象效应才是准确可靠的。

（三）近因效应

与首因效应相反的一种现象。在记忆实验中，指列表中最后面几个字词比其他字词易于记住的倾向；在印象形成中指的是新近得到信息比以前得到的信息对于事物的整个印象产生更强的作用。如果说首因效应在陌生人的社会认知中起较大的作用，那么，近因效应则往往在熟人的印象改变中发挥作用。在卢钦斯的实验研究中，在 E 和 I 之间加上一段无关的文字 O，那么，当文字材料以 EOI 顺序呈现时，近因效应起作用，被试认为吉姆是一个性格内向的人；以 IOE 顺序呈现时，吉姆被认知为一个性格外向的人。也就是说，人们可能注意对方的“现在”表现，而忘了他在过去给自己留下的印象。也就是说，在两种信息之间插入无关的信息，则后来的信息有较大的影响力。因为影响力较大的信息是新近才出现的，故称为近因效应。卢钦斯发现，第一信息与第二信息间的时间间隔愈大，则近因效应愈强。

首因效应与近因效应不是根本对立的，它是一个问题的两个方面。人们在相互交往和认识过程中第一印象很重要，而最后的或最近的印象也很重要。一般来说，在对陌生人的知觉中，首因效应比较明显；在对熟人或分别很久的人的认知中，近因效应所起的作用更为明显。这主要告诉我们，在与他人交往时，既要注意平时给他人留下的印象，也要注意给他人留下的第一印象和最后的印象。

（四）社会刻板印象

社会刻板印象是指人们对不同社会群体的人所持的固定划一的看法。在对外界事物或对人的认知中，人们往往力图找出同一类对象的共同特征，倾向于把人按一定的标准分类，这种分类的标准往往是地域、职业、年龄、性别等。例如,我们会认为法国人浪漫,日本人重礼节,上海人精打细算,东北人豪爽,女性软弱,商人精明等等。

社会心理学研究刻板印象最多的是关于国民性的刻板印象。吉尔巴特调查了美国普林斯顿大学学生对于各个国家、各个民族的成员所具有的刻板印象,发现这些大学生对各国国民及民族的看法颇为一致。他们认为:

英国人有绅士风度、聪明、因循守旧、爱传统、保守;

黑人爱好音乐、无忧无虑、迷信、懒惰;

日本人聪明、勤劳、有进取心、机灵、狡猾。

中国台湾学者李本华等人(1970)用类似的方法调查了台湾大学学生对其他国家国民的印象,包括美国、印度、阿拉伯、前苏联、法国、日本等国国民,发现其看法也比较一致。例如,他们认为:

美国人民主、天真、乐观、友善、热情;

日本人善于模仿、进取、尚武、有野心;

法国人爱好艺术、轻率、热情、开朗。

可以说,刻板印象普遍存在于人们的意识之中,它往往是基于间接经验基础而产生的。人认为生活在同样条件下的人倾向于具有某种共同的特征,这是产生社会刻板印象的原因之一。社会刻板印象能够简化人们的认知,尤其是在缺乏直接进行社会认知途径的情况下,社会刻板印象能为我们提供一定的信息,具有一定的意义。但我们每个人都具有个性化特征,以刻板印象来判断一个人,未免显得僵化,具有主观性和偏执性,易造成认知的偏差。

二、大学生如何克服认知偏差

由于我们最初获得的信息及由此信息形成的第一印象在总的印象形成过程中的作用更大,在大学生入学的开始对一个同学形成的不好印象往往在以后很久也不会改善,这样就会影响我们的正常交往。其实说不定这个同学是一个很优秀的学生,只是由于开始的某一点和你很不合,故而形成了不好的印象,大学生必须克服这样的想法。有人还习惯通过外表来判断一个人。当一个人的外表充满魅力时,其与外表无关的特征也会得到更好的评价；当一个人看起来很邋遢，即使他有很好的表现，往往也会被忽视。这样的习惯也会给大学生的交往带来障碍，也要克服，改变，否则会影响正常的交往。有的大学生机械地将所交往的对象归于某一类人，不管他是否表现出该类人的特征，都认为他有这类人的特征，总是把对这类人的评价加到他身上。比如，通常大学生都会认为家庭社会地位高的学生傲气、不好相处；贫困大学生自卑、内向也不好相处等等。这种先入为主的想法常常妨碍大学生的正常人际交往。还有的大学生往往会"以小人之心，度君子之腹"，与人交往时把自己具有的某些不讨人喜欢、不为人接受的观念、性格、态度或欲望转移到别人身上，认为别人也是如此，使交往中往往会很容易产生误解，造成交友障碍，不利于大学生学习和生活。要克服社交活动中的认知偏差，应参考以下几方面的交友原则。

（一）不以貌取人

人的外貌是指一个人的长相、穿衣打扮、面部表情、语调表情等。仪表堂堂、风度翩翩、衣着整洁，会给人们留下好的印象，而相貌丑陋、蓬头垢面、衣衫不整，会给人们留下不好的印象。但在现今社会，漂亮的外表下有可能掩藏着丑陋的心灵，口蜜腹剑的人有之，笑里藏刀者亦有之，人的双重性格往往使你不辨真假。

《荀子》中有一篇叫《非相》，说的是交往中不要以貌取人，晕轮作用会使判断错误。《非相》中说：舜和周公旦都是矮个子，孔子相貌凶神恶煞，舜时掌握刑法的皋陶面色青绿，商汤宰相伊尹脸上没有胡须和眉毛，大禹是瘸腿，商汤是跛足，但他们的人品很高；夏桀和商纣长相英俊魁梧，但他们都是残害天下的暴君。因此，荀子认为，观看一个人在容貌体态上，不如研究他的思想，研究他的思想不如看他选择的思想方法。人的品德高下与人的身材高矮、胖瘦、容貌、体态无关。所以，"形（体态）相（容貌）虽恶而心术善，无害为君子也；形象虽善而心术恶，无害为小人也"。

然而现实社会中，人们确实存在着以貌取人的直觉倾向。有这样一个试验：尔沙德等人曾经让被试者充任法官，让他们依据三组"罪犯"的材料判断是否有罪。三组"罪犯"的罪行程度相等，其中两组附有"罪犯”的照片，一组照片眉清目秀，另一组照片相貌狰狞，还有一组不附照片。结果第一组多半被判为无罪，第二组多半被判为有罪，第三组介于前两组之间。人们喜欢外表漂亮这是一个共同的心理，也正是因此，有许多人不辨好坏，上当受骗。这样的教训值得人们深思。

正确的认知他人应当观察一个人的品位。“品位”反映出一个人的思想修养和精神境界。和这样的人交往就是一种享受，就像是在品味一杯陈年的老酒，回味无穷。那么怎样才能识别一个人是有品位的呢？首先是他的真诚，真诚是一个人的人格魅力基础。其次，是他的学识，知识渊博，思想开阔，是你终身受益的良师益友。再次，热爱生活，热爱生活的人，永远积极乐观，宽以待人，和这样的人交往如沐浴春天的阳光。

有的人认为一个人的外表能看出一个人的品位，有道理，但不是绝对的。一个人的品位除了他的外表，更多的是他的学识和修养。

（二）不以个人好恶取人

每个人有每个人的喜恶。有的人喜欢沉静、寡居，有的人喜欢热闹、合群；有的人喜欢将自己打扮得入时超前，有的人喜欢穿着朴素大方。你有你自己的喜恶，但要记住，在社交活动中，不能把自己的意志强加于他人，因为每个人都有自己的个性，有自己的审美意识，有自己的喜好，你不能因为它不符合你的意愿而采取疏远或不礼貌的交往方式，更不能以此为界划分同类或异己。

（三）学会运用辩证法的原理看待周围的人和事

由于大学生的生活经历和社会阅历的限制，看一个人往往会出现偏激的交友倾向，这就不利于大学生的社交活动的开展。

知人难，由于大学生的生活经历和社会阅历所限，知人就更难。古代圣贤都犯这方面的毛病，何况我们大学生呢？赵武大喊大叫而为晋代贤臣，绛侯朴实不善言辞而为汉代的开国元勋，公孙弘上书论事，皇帝出十道难题，公孙弘一题不答而为宰相，终能成名。

用人不可求全，知人也不可求全。千万不可以偏概全，因为一点小小的错误就失去一个难得的朋友。曾国藩看人有自己的一番道理，他认为：天下没有一成不变的君子，也没有一成不变的小人。实际上就是讲要用全面、发展的眼光来看待周围的人和事。

总之,社交知觉是一个非常复杂的心理过程,它需要根据三个主要的信息来源:第一,知觉者与被知觉者互动的情景,被认知者所具有的角色;第二,被知觉者的外貌、仪表、言行、姿态等;第三,观察者本身的成见以及概念系统的简单与复杂程度也对直觉产生巨大影响,因此,要正确地了解、判断一个人,不能只凭一时一事或表面现象,需要经过长时期的观察分析,特别要把握他在失去他人监督及道德舆论约束时的言行表现;注意他对那些身处逆境和地位低下之人的态度。古人讲得好:“路遥知马力,日就见人心”,“时乱识忠良,世乱见臣心”,“逆境见真情”,这都是讲认识一个人的好方法。

第五节　印象整饰

一、印象整饰概述

人们在社交活动中难免出现认知偏差,但重要的是如何减少对方的认知偏差,这就涉及印象整饰的问题。为了能给对方一个上佳的形象,我们一般都会尽量做得得体到位。例如,赴约时,人们会想方设法把自己打扮得漂亮些;在公共场合会注意文明礼貌;去参加宴会或婚礼,也会穿上比较正式的服装……总之,人们在社会交往中会根据时间、地点、场合表现出适当的言行,即选择一定的服饰、言语、表情和动作,以给他人留下一个独特的印象。这种有意地控制别人对自己形成各种印象的过程,就叫做印象整饰。那么,人们之所以会这样是怎样的心理呢?

社会心理学家曾提出各种理论来加以解释。考夫曼认为,社会交往和互动好像是一种戏剧演出,每个人都在表演自己的节目。所谓节目就是一套经过选择的用来表现自我的言语与非言语的活动。由于交往情境不同,使节目各有差异。在社会交往中,每个人都极力让自己的言行适合于角色情境,就像一个演员努力演好所扮演的角色,以赢得别人的正面评价和表扬。考夫曼还指出,在人际交往与互动过程中,还存在着交往者之间的相互帮助与谅解。交往者必须不断进行印象整饰，设法保持彼此不丢面子。实际上中国人的面子功夫，其实就是一种"印象整饰"的行为，是为了让别人对自己产生某些特定印象，而故意做给别人看的行为。如当发现对方有失言之处或不体面的举动时，装作没听到或没看见，以解除对方的尴尬与难堪；当发现自己的言行不当时，常会向对方道歉，说声"对不起"。这种面子功夫就像在舞台上演戏一样，他会刻意地安排他和别人交往时的情景，修饰他在别人面前的服装仪表和举动，期望在别人心目中塑造出某种特定的形象。

美国社会心理学家库利认为，在人际交往互动中，由于人的抽象认知能力的发展，人们渐渐能够想到自己的外观以及别人的评价。这样，人就能够自觉地调节自己的言行，以期给别人一个良好的印象。如果主体知道自己的言行会给人留下不好的印象，他将及时加以整饰。一个人的个性发展越成熟，他整饰印象的能力就越强。与库利相似，心理学家米德特别重视信息沟通与角色扮演。他认为，经由言语、姿势等抽象符号的沟通，个体知道了别人对他如何反应，继而就模仿别人的反应与感觉。在人际交往与互动中，一个人学会扮演别人的角色，从而也学会站在别人的角度看自己，这就使他不仅能预知别人对他的感觉与反应，而且还能据此来调整自己的言论和行为，使之产生希望得到的结果。心理学家认为，个人希望在别人心目中将自己塑造成何种形象，则取决于他个人的价值观念以及他对于关系网内其他人价值观念的判断。

适当的印象整饰并非虚伪、不当，而是必需的。但是，印象整饰是有分寸的，如果过度的话，就会把自己隐藏得太深，没有在社会交往中表现出真我，使人们无从认识他，还容易形成不准确的印象。因此，认知对象过分的印象整饰强调了自己某些属性，隐瞒了另一些属性，使得认知者对认知对象无法获得充分的、全面的特性认知，形成错觉，从而发生认知偏差。

二、印象整饰在社会交往中的作用

印象整饰是个体适应社会生活的一种方式。在现实生活中的不同情境中，每一个体都承担着许多不同的社会角色。而在每一种情境中，个体要为他人、公众与社会所接受，其行为必须符合社会期待。为了更好地适应，个体就要实施有效的印象整饰。成功的印象整饰其基础是正确理解情景，正确理解自己承担角色的社会期待。理解并不一定表示个体就会按社会要求行事。

印象整饰在社会交往中确有其积极的作用，主要表现在以下两方面。

（一）有利于人际关系的调节

印象整饰是人们在社会交往中为了达到一定的目的而采用的一种手段或方式。有人或许认为，人与人相处，要以诚相待，为什么要把自己包裹起来，而不把真实的一面袒露给别人看呢？那样岂不是太虚伪了吗？其实不是，印象整饰作为交往的一种手段在人与人交往的过程中是必不可少的。例如，一个在熟人和老朋友面前很随便的人，到陌生人家里做客时，就会掩饰起自己的不拘小节，而代之以彬彬有礼，无论从装束、言辞到表情、姿势或动作，都会刻意去追求尽善尽美，以期给对方留下一个独特的好印象。这不是虚伪，在某种意义上它标志着人类文明的发展。当今，社会在不断发展，人类的文明程度愈来愈高，人们在交往当中，为了显示自己的修养和一定的文化水平，会将直露的表达方式变得越来越含蓄和曲折，因此，那些不懂得印象整饰的人常常给人以无教养的感觉，甚至有可能对你的直露丝毫不加掩饰的言辞反感，会不利于人际关系的协调。因此，印象整饰作为交往的一种手段可以用来调节与润滑人际关系，使人们的交往能够顺利地维持下去。

（二）增强彼此的认同感，实现交往目标

人们之所以在交往中注重印象整饰，一个重要的方面，是在相互交往中，尽量使自己的态度、言论、行为表现出与他人和群体相一致的态度，以期得到他人和群体的认同和赞赏。青年人更加注重自己在同伴中的形象。自我形象会根据个人认为别人怎么看他或她而改变。印象整饰就是以适当的外表、行为等去有意地控制别人对自己形成各种印象的过程，从而不断调整自身在他人和群体中的形象，不断扮演着适合自己的角色。有心理学家认为，在社会交往与互动中，一个人学会扮演别人的角色,从而也学会站在别人的角度看自己。印象形成使他不仅能预知别人对他的感觉与反应,而且还能据此来调整自己的言论和行为,增强彼此的认同感,使之产生希望得到的结果,实现交往的目标。

(三)维护真实面目

印象整饰有助于维护我们的真实面目,使他人了解我们的真实意图、心理特点和个性。当别人对我们有误解时,我们凭借印象整饰可以纠正这些误解,使他人能了解我们实际上是怎样一个人。生活中人与人难免发生一些误会,如果我们不进行印象整饰,依然我行我素,那么,就会"验证"别人对你的错误印象,不利于建立良好的人际关系,不利于良好人际关系的持续和发展。正确的做法应是在"恰当"的时间内做出一种"恰当"的印象整饰,让人了解自己的真实面目。对自己来说,就是维持真实面目。

但是,我们需要指出的是,印象整饰作为一种社交手段,本身无所谓好坏,但如果用来谋取私利达到个人某一种不可告人的目的,那就起到了危害他人的利益,恶化人际关系的消极作用。

三、印象整饰的策略

在社会交往中,互动的双方都知道对方不断评价、判断自己,从而产生各种印象,他会影响对方的反应。所以个体往往选择恰当的言词、表情,以期给对方留下一个好的印象。印象整饰是一种社交技巧,其策略大致如下。

1.以对方的好恶整饰自己

由于人的外表最容易为他人所知觉,因而个体往往留意修饰外表,尤其在异姓面前更是如此。虽然有"人不可貌相"这句老话一直在告诫人们:看人不能只看外表,外表不一定代表一个人的真相,更无法反映一个人的全部内涵,但是,谁也不能否认,对一个人外表的观感,在对他所形成的整体印象中起着极为特殊的作用。尤其是当人们初次相见,或接触不多的时候,外表给别人造成的第一印象,往往具有一种格外强烈、持久的影响力,使别人今后对你的整体评价难以摆脱第一印象的倾向性。因此,在人际交往当中,外表好更容易被别人喜欢、接纳和信任,并且容易因为外表的关系而在其他方面得到别人较高的评价。也正因为如此,人们非常注重整饰自己的外表形象,并且,会以对方的好恶整饰自己,尤其是在异性面前,更是不能含糊。

2.讨好他人

在今天,人们为了实现自己的交往目的,越来越注重取悦于别人,喜欢说别人爱听的话,做别人喜欢的事,有时尽管是违心的。但是否达到了预期的效果,却不尽然。讨好虽然是一种使别人喜欢自己的策略,但运用不得当,或动机不纯,反而会适得其反。那么如何讨好才能让别人喜欢自己呢?卡耐基(D.Carnegie)在其《如何赢得朋友并影响人们》一书中提出了六条让别人喜欢的方法:①真诚地对别人感兴趣;②微笑;③要记住名字是一个人所有语言中最美、最重要的声音;④做一个好的聆听者,鼓励别人谈论他们自己;⑤谈论别人感兴趣的事;⑥真诚地使别人觉得他是重要的。卡耐基告诉人们,只有真诚才是赢得别人喜欢的法宝。这种印象整饰的策略效果也最好。

3.隐藏自我

社会交往中,个体的真实自我也许不受他人和公众欢迎,为使他人对自己产生良好印象,形成良好人际关系,个体常常把真实自我隐藏起来,好比戴上一幅"面具"而极力将自己最好的一面展示给别人。心理学家认为现实中的自我分为"公开自我"和"私下自我"两部分。前者是人们在工作或在一般社会情境中表现出的形象,而后者则是个人的真实形象,两者往往不易一致。依照戈夫曼的理论,在人际交往中,每个人都希望维持一种和当前社会情景相适应的形象,并确保从他人那里获得使彼此都感到愉快和维护自我的评价。一个人能成功地受到社会赞同的形象,被认为是"有了面子";反之,受到损害,便成为"失了面子"。戈夫曼认为,人际交往的一条基本规则是互相承诺、互相谅解。这意味着,每个参与者将通过印象整饰,努力使其他参与者保住面子。为了这一点,每个参与者就有一套维护面子的技巧,因此,印象整饰的目的是要给人一种符合社会情景的"公开自我",不让别人看到自己的"私下自我"。

四、大学生如何看待人际交往中的印象整饰

人的成长是社会化过程的反映，而印象整饰则是此过程中的必然产物，任何人随时随地都需要它，且生活中无处不充斥着它，它是社会交往不可或缺的一种交流技巧。比如说，在家里是一个母亲的角色，在学生面前是一个严肃的老师，你绝不可以用一个教师的身份和自己的孩子相处。但假如一个人总是隐藏自己的真实形象和思想，永远将自己装在套子里也不行。研究表明，允许别人了解自己的真实自我对于个人保持心理健康都是必要的。

大学生在交往中，大都自尊心很强，很要面子，因此非常注重自己在别人眼里的形象。如果稍有不慎让别人看出了自己的不足和破绽，就觉得无地自容，曾经有一个大学生就因为自己在大家面前唱歌跑了调，认为掉了自己的面子，无法见人，最后竟然结束了自己的生命。自尊心人皆有之，而要面子则是自尊心的最具体表现。一个人不可能不要面子，但又不能死要面子。死要面子的人往往会真正丢了面子，甚至丢了自己的性命。

曹雪芹在小说《红楼梦》、曹禺在话剧《北京人》中，都以生动的笔触，真实地描写了虽已败落，但仍不肯放下架子的诸多"世家子弟"的形象。在他们看来，如果这些架子一旦全不存在了，活着还有什么意思！鲁迅笔下的"孔乙己"不肯丢下"知识分子"的臭架子，最后得到是可悲的下场。在这里，架子实际也就是一种过分的自尊心、虚荣心，也即所谓的面子问题。可见有些人是把面子看得比生命还重要的。要了面子，就丢了里子。面子是表面的，是虚浮的，要面子是虚荣心的表现。里子是深层的，是实在的，是谦退心的表现。面子华而不实，里子表里如一。外看一朵花，内心一团糟，这是徒有外表美的绣花枕头。一个人虽然没有外表美，但是却有内心美，最终会得到人们理解和尊重。

据说有些大学生明明生活非常困难，但碍于面子问题不愿意申请特困享受特困待遇。这其中不乏大学生自强自立的精神所在，但也不能否认大学生的虚荣心、自尊心在作怪。

面子既不能不要，也不能都要。有智慧的人必须辩证地分析这个

问题。否则,自以为要了面子,而实际上丢了脸还不知道呢!

大学生当中有相当一部分人为了保持着自己所谓的自尊而不愿意主动去和同学们交往,害怕自己主动的结果会招致对方的拒绝。怕拒绝实际上还是一种“面子问题”在作怪。为了面子而失去了很多交往的机会,但心里又很愿意去交往,就是放不下“架子”。

大学生一方面要重视自己的形象整饰,给别人留下一个良好的印象,以促成交往活动的顺利进行。另一方面,还要勇于展现真实自我,做真正的自己,只有内心真正的自我才是印象整饰的最高指导原则。也只有这样,才能使自己活得潇洒,赢得朋友的友谊。

思考题

1.什么是社交知觉?

2.如何理解社交知觉与交往活动的关系?

3.影响社交知觉的因素有哪些?

4.如何认知他人?

团体训练(五):“面具的后面”

活动目的:

“面具的后面”活动目的是激发每个人对他人的兴趣,并通过外表认识真实的本人,让团体成员间相互了解,建立更亲密的关系。

团体性质:

此团体为封闭性活动团体。

人数:

此团体活动人数为8~12人,也可视具体情况而定。

活动程序:

1.图形设计:请成员用图纸、橡皮筋制作自己的面具,此面具可大胆设计,画出自己想象中理想的面具。

2.面具画好以后,请成员戴上面具自我介绍,介绍时可以设计理想中的自我。

3.戴着面具围坐一圈,相互分享快乐时光。

4.摘掉面具后,谈谈你对“理想中的他和现实中的他”、“理想中的我与现实中的我”有什么不同?

第六章　社会交往中的人际吸引

印象整饰无非是得到别人的喜欢。在社会交往中,对人的喜欢和厌恶是一个核心问题,喜欢则亲近,厌恶则排斥。人人都愿意被人喜欢,也希望有自己喜欢的人。然而,怎样才能被人喜欢?怎样才能增强自己的人际吸引力呢?这不仅是印象整饰的问题,应把它看做是一个既古老而又充满生命力的问题。

第一节　社交吸引概念及理论

一、社交吸引的概念

关于社交吸引有很多不同的定义,有人说,社交吸引是比亲近更深一层的亲和行为,也有人说社交吸引是社交活动中人与人相互接纳和喜欢。英国心理学家惟恩·维顿认为,"喜欢"这个词可以和友谊换用,它指的是一个人愿意接受的那种感情和趣味,包括任一性别之间的亲密关系。总之,一般认为,社交吸引是指在社会交往过程中形成的、以感情因素为主的对他人的一种特殊形式的社会态度,是个体对他人给予的积极和正面评价的倾向。

社交吸引根据其性质和程度不同,可分为友谊和爱情两种类型。友谊是世上最真挚最纯洁的感情。爱情不仅具有友谊,还包含了情爱与性爱,因而男女之间爱慕之情所产生的吸引力比友谊的吸引力更强烈、更丰富。人们渴望友谊,更向往爱情,人人都希望被人喜爱。那么,有什么因素使一个人吸引着另一个人?存在什么规律?在社会交往过程中我们要注意哪些方面,使得我们能够为他人所喜欢,从而建立良好的人际关系呢?要知晓这些问题,我们首先须了解一下关于社交吸引方面的理论。

二、社交吸引理论

(一)互动理论

人类的历史和人们的日常生活实践已经证明,人的一生时刻都离不开与他人的交往和相互作用,即离不开通常所说的与他人打交道。但交往或与人打交道的技巧并非是自然形成的,而是需要通过长期的甚至正反两个方面的社会生活实践的学习和锻炼才能获得。因为,交往归根结底是一种相互作用的过程,或者说是一种互动的过程。它是由两个或两个以上的人在同一种社会情境中相遇而产生的行为关系。在这种行为关系中,不但依赖于每一个交往者的主观意识和行为,而且又同时依赖于他人的反应和制约的程度。例如,在交往行为活动中,一位参加者的反应和态度是否要随着其他参加者行动的变化而变化呢?是每一个参加者都有相同的能力去影响交往互动的方向呢,还是由一个人控制着交往的情境?如果双方都互相掩饰交往的真实动机而形成一种耍把戏的局面,这种交往又属于哪种类型?应该怎样处理?所有这些,无疑说明,人际交往活动是一个复杂的活动,人们在交往中的相互作用既有类型之分,又有方式上的差别。

根据美国社会心理学的研究,人际交往中相互作用的行为规律和行为模式大体上可以分为假相倚、非对称性相倚、反应性相倚和彼此相倚等几种情况。

1.假相倚

“假相倚”的情境特征是在同一活动中,每个参加者主要是对自己的行为动机和计划做出反应,而很少取决于他人的反应。例如,无中心议题的漫谈会,虽有中心议题但各执己见的学术讨论会,毫无诚意、毫无灵活性的交易会等等,都属于假相倚的活动。假相倚活动实际上只是一种“形式”上的相互作用和社会互动。在假相倚的互动中,参加者的言行往往是“刻板的和机械的”,或只是一种扮演自己某种角色的演员,而与自发的互动相区别。在自发的互动中,人们对他们的言语行为要以有利的方式做出反应。

假相倚的相互行为所形成和建立的只是一种形式上的人际关系。因为在假相倚的互动中,参加者之间还没有形成真正的心理沟通,还谈不上有什么感情基础。假相倚的行为方式在人们的日常社会活动中是很常见的。首先是各种社会仪式和礼仪活动。例如,婚礼仪式就是一种假相倚的互动。在婚礼仪式上,新郎和新娘在公众场合,除了在预定的时间程序表示“我愿意”、“我爱她(他)”等态度外,还要应付来自众人的各种“挑逗”甚至“戏弄”。参加仪式的其他人也随之扮演各自的不同角色。其他的社会仪式也大体如此。虽然各自以不同的社会角色身份参加仪式活动,但大都属于例行公事性质,没有形成真正的心理沟通和感情上的交流。除了这些正式的仪式外,在许多情境中还有些非正式的仪式因素。这种非正式的仪式具有重要的作用,它们能使社会互动顺地进行下去。例如,两个素不相识的旅伴在旅途中海阔天空地闲谈,他们之间所进行的也是一种假相倚互动。这种互动能使双方建立起良好的关系以便后来进入真正的相隔性互动,特别是在青年的交往中,很多人通过这种方式结交了朋友,有的还发展成了亲密的关系。此外,节假日等各种迎来送往的情境和场面也都充满了许多有益而无害的礼仪因素,这种礼仪因素有助于处理这些情境场合所产生的某些互动问题,有利于沟通人们之间的情感心理,形成和发展良好的人际关系。

其次,假相倚性互动还涉及角色行为的某些方面。所谓“角色”是指担任某一特定的社会职务的人应该如何行动的某种规范或期待。角色规范可以分为三类。“必须的”行为、“允许的”行为和“禁止的”行为。在一般的角色规范中,必须的行为部分很小,禁止的行为部分也相对较少,而允许的行为则相对较多。因此,就保证了角色有更多的机会和可能以不同的方式行事。这样,许多连接角色的相互行动在反应中就具有主要的相关因素。然而,只要参加互动的人所从事的活动是他们的角色所要求的,这种互动仍是假相倚性的。如在普通的案件审理中法官和辩护律师之间、电影和各种戏剧演员之间的互动就属于这一类。

2.非对称性相倚

所谓“非对称性”相倚是指参加交往活动的双方相互作用的程度是不平衡的和不对称的。一方的行为是以对方或他方的反应作为自己的行为根据，换句话说，一方的行为是受对方或他方的行为所制约，而对方或他方却主要以非相倚方式按照自己的角色计划行事。例如，在生活中，常常有这样的情形：年轻的父母在家里一边工作一边漫不经心地与自己的孩子对话。对于年轻的父母来说，主要考虑的是工作和生活的问题。对于孩子无休止的各种天真地提问和干扰有时虽也感到厌烦，但出于对孩子的疼爱又不得不应答。由于精力和心思不够集中，所以有些问题的回答可能纯属是应付性的，以致所答非所问，而孩子对父母的每一个回答却很认真，甚至如获至宝。他们对父母的回答和解释往往会做出迅速的反应和举动。这种互动方式就属非对称性相倚。此外，教师给学生按事先准备好的教案讲课，技术人员为工厂的干部和工人进行技术培训和咨询等，也都属于非对称性相倚。

3.反应性相倚

"反应性相倚"与非对称性相倚相反。从某种意义上说，它是纯粹的相倚形式。在这种相倚中，人们带入交往情境的原计划受到了忽视，只对他人正在说的或正在做的事情做出反应。也就是说，参加互动的人所从事的活动并不是他们的角色所要求的，而是他们每一个人的个性所驱使的行为。这种个性行为是对他人的某种行为的反应，并且可以自我调节和持续进行。如，观看足球比赛的观众之间对裁判的判罚和运动员技术水平所展开的争论，以至于发展到你推我挤的混战。后来，他们不知不觉发现自己已经陷入了与他人的无益争斗，违反了赛场的规定，干扰了比赛的正常秩序，观看比赛的目的却落了空。反应性相倚行为在青年的社会交往中表现是很突出的。这与青年的个性特点和心理品质往往是密切相联的。

4.彼此相倚

这是正式的社会互动情境。在这种情境中，参加者以有利的方式对别人做出反应，但却是根据他们自己的计划做出的。这种反应是彼此往返进行的，每个人的反应都构成了对另一个人的刺激。彼此相倚在人们的交往中是最为常见的，因为人们之间的作用和联系大都是相互的。由于人们的彼此相传，即彼此相互作用和相互联系，才保证了人与人之间相互关系的连续性和持久性。如正式社会群体（工厂、学校、部队、家庭等)中的人际交往都属于彼此相倚性的。

(二)平衡理论

平衡理论主要用于解释态度改变的问题,而人际吸引是属于态度的一种,所以平衡理论也称人际吸引理论。平衡理论是由海德(F.Heider,1958)提出的有关人际关系和态度变化的一种社会认知理论。海德认为,人的心理活动是人与社会因素(社会事件、他人、文化、观念等)相互作用中实现动态平衡的过程。个人(person)社会生活中与他人(other)建立的关系是通过某些事形成的。如甲(P)喜欢音乐(X),乙(O)也喜爱音乐(X),于是甲对乙会产生积极的情感评价,并有可能相互建立友好的关系。

这里就存在一种P-O-X封闭的三角关系模式(参见图6-1a)。由于三者之间都是正向关系,即P对X、P对O以及P认为O对X都具有肯定的态度倾向或积极的情感评价,所以就P来说心理上是平衡的。如果事情有了变化,比如甲(P)和乙(O)两人已成为朋友,甲支持和主张参加一个社团,而乙则否定和反对参加这个社团。这时P-O-X的三角关系就出现了两正一负的模式(如图6-1e),P就会感到心理上的不平衡,产生紧张、焦虑,不舒服或不愉快。其所引起的应力将驱使人将不平衡态转化成平衡态。一般可采取两种办法中的一种:一是对O进行劝说,希望它改变对这一社团的看法,由负变为正(即恢复到图6-1a)的平衡态;另一种方法是改变自己对O(或对X)的态度,即疏淡或断绝和O的关系,态度上有肯定转为否定,关系上由正转为负(如图6-1c);或改变自己对X的态度,即由赞成这个社团改为反对这个社团(如图6-1b)这时就会使整个系统恢复平衡。(章志光:《社会心理学》第205页)

但是,人际关系的形成是一种很复杂的过程和体系,绝不会只是个孤立的三角模式。两个人对一件事持有不同意见可能发生不快或影响关系并不感觉到有什么不平衡,更不会影响到双方友谊。因为友谊关系和爱慕态度是和双方对许多事,特别是对重大事件的共同看法有关联,他绝不会因为一个小分歧、小争执而产生动摇。因此,P-O-X模式作为一种“细胞”模型是有意义的,而作为一种整体模型则还有待于发展。

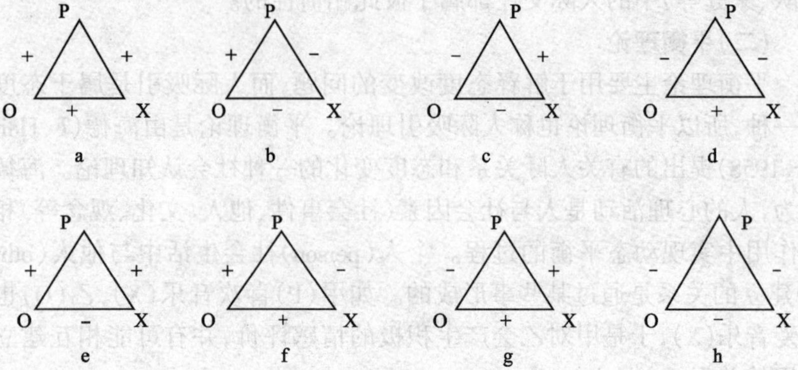

图 6-1 海德的三角关系模式

(三)强化理论

人际吸引的强化理论是西方社会心理学家提出来的,最为著名的代表人物是美国社会心理学家拜恩和克洛利。拜恩和克洛利认为,评价任何事物(包括交往对象)乃是基于其所引起的肯定或否定、满意或不满意的情感评价以及由此激发的对交往者喜欢或厌恶的程度,产生好感或恶感的情绪,这是进行第二次交往的基础。如果处于肯定阶段,一般就会产生对对方的好感或喜欢;如果处于否定阶段,就会产生对对方的反感或厌恶,而且这种印象一旦形成定式后,构成一种心理准备状态,很难一下子改变。因此,人际关系中会发生首因效应,第一印象的作用影响很大,持续的时间也较长,比以后得到的信息对于事物整个印象产生的作用更强。这是因为人对事物的整个印象,一般是以第一印象为中心而形成的,对人的评价也往往是以第一印象开始的。这个理论还认为,人际吸引的大小和奖罚有相应的关系。如果交往对象的接触背后紧跟着奖励,如表扬、称赞、报答等,就会引起对方喜爱,产生愉悦的情绪体验,与对方形成良好的人际关系,而他的这个行为在一定程度上得到了强化,就会形成稳固的心理特征而积淀下来,从而在人际关系中处处表现得得心应手,游刃有余。相反,如果和交往对象的接触背后紧跟着惩罚,如批评、讽刺、嘲笑、谩骂等,则会产生对对方的厌恶与反感,减弱或失去与对方交往的热情。这种情感上的挫折,会丧失对下一次交往的欲望和积极性，因此，也就无所谓“人际吸引”了。

拜恩和克洛利主要是采用行为主义的强化原则来解释人际吸引，人际吸引的强化模式可以理解为：人们都喜欢带给自己酬赏的人，而讨厌带给自己惩罚的人。酬赏性的刺激使人产生积极愉快的感觉，进而产生吸引；惩罚性的刺激则使人产生消极不良的感受，因而，导致对他的厌恶和分离。

第二节　影响社交吸引的因素

1961年，奥尔伯特首先对一群素不相识的陌生人的集会进行了人际吸引力的研究，发现人际吸引力是受诸多因素影响而形成的一种动力。例如，个体内在的涵养、恬静、礼貌，身体的高矮，服饰、仪表，行为的新奇、动作令人喜爱，地位角色为人爱慕、尊敬等因素。这些因素在我们青年大学生交往的日常生活中是司空见惯的，也许你并不会感到有什么奇特，但是每一种因素的差异以及交往个体是否能巧妙地、灵活地运用这些因素的影响，会直接导致交往程度和效果的差异。如果我们在交往中注意扬长避短，优胜劣汰，既体现个性，又把握分寸，则会收到悦纳自己和悦纳他人的意想不到的好处。

一、外貌吸引

外貌对于人际吸引所产生的影响是毋庸置疑的，尤其是和陌生人初次打交道更是如此。虽然有些人对此颇感不平，认为外貌几乎是无法经过个人努力而改变的特征，以它作为人际吸引的因素不公道；虽然也有人不断地提醒自己：“人不可貌相，海水不可斗量，以貌取人，贻误大事”，然而，待你冷静下来仔细一想，谁能否认外貌所起的微妙作用是难以排除的呢？比如，青年人总是要找恋爱对象的，尽管大多数人的择偶标准重在人品上，注重在志同道合上，但总希望选择一位外貌漂亮的异性。如果其貌不扬，甚或有些丑陋，不是深交的十有八九就会一见就吹。人们都希望自己、自己的家人和朋友有美的仪表风度，与相貌丑陋的人打交道，心里总感到有点不舒服，这是人之常情。

国外有人研究电脑约会中异性外貌吸引的情况,布瑞斯林和李维斯发现,对方外貌吸引力与第二次是否与之约会的相关系数为89%,泰塞和布洛蒂发现的相关数为69%。需要指出的事,这个相关系数高于约会伙伴的其他特征,如性格、兴趣是否相仿等等。

为什么外貌能产生吸引力呢?追求美是人的一种精神需要。美国心理学家马斯洛关于人的需要层次理论中,有一个层次就是美的需要。外貌美能使人感到轻松愉快,构成一种精神酬赏。另外,外貌可以产生晕轮效应,即较佳的外貌容易使人联想到这人还可能有其他一系列较佳品质,尽管实际上未必如此。

关于外貌晕轮效应方面,社会心理学家曾做过许多研究。例如,一位心理学家在实验中要求一群女大学生读一篇描述一个七岁小女孩的不良行为的文章,比如,说她把一只小猫的尾巴砸断了。接着让这群大学生看这个小女孩的照片。结果,有的认为照片上的小女孩是很漂亮的,有的认为不漂亮。然后再让他们描述对这个小女孩的印象。结果认为漂亮的人说小女孩的不良行为是偶然的,比如,有一个人想象,这个小女孩可能很有礼貌,公正、无私,能和别的小孩友好相处,至于冷酷无情,可以不必在意;认为不漂亮的人则说小女孩的不良行为是本性所致,比如说,我想这个小孩颇狡猾,使老师头痛、常打架,是一个问题学童等。

有的心理学家让一个实验组的被试阅读附有作者照片的文章,文章中有的水平高,有的水平低;作者有的漂亮,有的不漂亮。让另一实验组的人只看没有附照片的文章。看完后让两组的被试评价文章水平的高低。结果不出所料,对漂亮作者的文章评价分数要高于对不漂亮作者的文章评价。

西方学者的研究指出,法官在"执法如山"的法庭上给犯人判刑时,也难逃脱外貌晕轮效应的影响,有时判决的结果令人震惊不安:对于罪行相同的盗窃犯,外貌漂亮的平均被判刑2.8年,不漂亮的平均被判刑5.2年。不过,对于诈骗犯判刑的情况却不是如此。似乎"法官"们认为,越漂亮的诈骗犯越危险,越应该重判。

外貌之影响人际吸引力的例子是不胜枚举的。漂亮机灵的战士容易得到指挥员的青睐，风度不凡的领导最易受到下属的爱戴与尊重；翩翩少年，容易赢得姑娘的爱慕，“窈窕淑女，君子好逑”；美貌的老师的讲演容易感染同学，同学的美貌又容易引起老师的好感……

亚里士多德曾经指出：美丽比一封介绍信更具有推荐力。古往今来，确实有些人并没有超人的品德和学识，仅凭漂亮的外貌，轻而易举地办到了别人很难办到的事，这的确令人不平。当然，外貌美不仅指长相，还包括了衣着和风度等。

当今社会，人们对于美的追求是随着生活水平的不断提高而加强的。对待生活态度的观念也在不断更新。美容事业的发展，化妆费用的日益增多，服装款式的迅速更新，都是这种追求的反映。俗话说：“人凭衣裳马凭鞍”。同样一个人，服装打扮粗俗不堪，是不会给人以美感的。根据自己的身材、年龄、性别等特点精心进行适度的装扮，则会平添几分风采。

在社会交往中，有些人极会利用这一点来巧饰自己，不同的场合有不同的装扮，结果收效甚佳；有些人则固执地认为装扮只不过是虚伪的代名词，很不讲究衣着打扮，因而出现消极的晕轮效应，不待深交，就把本可能成为朋友的人“吓”跑了，结果是悔恨不已；有的人则过于粉饰，浓妆艳抹，令人作呕、生厌，影响社会交往，是不可取的。

二、能力吸引

在其他条件都相同的情况下，比较有能力的人容易受到人们的喜欢。一个人越有才华就越会得到别人的认可，因此，人们的外貌有时就被忽略，尽管外貌吸引力是一个显著而稳定的信息，但才华和能力最终很可能更重要。这是为什么呢？这是因为，聪明能干的人在某些问题上可以给人以帮助，可以较少地带来不必要的麻烦。另一方面，聪明人的言谈举止令人“赏心悦目”，这就构成了一种酬赏。谁都喜欢那些给别人带来愉快和酬赏的人，而不喜欢给自己带来麻烦的人。但是，能力强的人有时也不一定受人喜欢。我们常常看到这种情景：一位基层领导者在选用下属时，往往还要考虑其是否具备了和自己竞争的能力，是否能对自己遵从，是否容易跳槽等等。如果此人虽有能力但处处毫不示弱，不仅不能遵从于己反而会给自己制造很多麻烦，即便重用，委以重任，也难免有失望之感。所谓“任人唯贤”，其实在有些人眼里，是常常带有很多附加条件的，尽管这其中含有消极的意义，但目前状况下，这还是一种事实。也有这样的现象：一个极其聪明能干的人，比如具有开拓进取、锐意改革精神的人，往往容易成为“有争议”的人。有时候，能力极强的人，会使其他人产生自卑感，令人敬而远之，从而降低了吸引力；如果一个英雄或伟人偶尔暴露出一些小缺点，或遭受一些小挫折，反倒会更招人喜欢。据美国民意测验表明，拳王阿里在最后卫冕战中被击败，声望不仅没有降低，反而更高了。这是因为，人们感觉到阿里并不是不可战胜的神，而是有血有肉的人，因此，更亲近、喜欢他了。

因此，一个人如果具备了一定的能力，同时具备了其他一些招人喜爱的特性和品质，才更有吸引力。大学生思想敏锐，开拓进取精神很强，有些人确实在这个变革的时代显露出非凡的才能，但是如果有恃无恐，目空一切，唯我独尊，如果把过去的一切都视为落后，把中老年人都视为守旧，对同辈人不放在眼里，如果不承认自身还存在许多盲目性、片面性，那么，在交往中就不能正常发展人际吸引力，也就不能发挥能力强的优势。人们崇拜的并非完美无缺的偶像，其实这种人是没有的，但也并不喜欢有很多毛病、玩世不恭的人。因此不论是谁都要注意克服缺点，不断完善自己。

三、个性品质的吸引

个性品质是体现一个人的人格魅力的一个重要方面，它对人在交往活动中确实产生一定的影响。如果拿一个外表漂亮但内心自私、乖戾、不近人情、唯我独尊的人和一个虽然其貌不扬但却为人真诚而善良、宽容大度、善解人意的人相比较，你喜欢哪一个？我想你会毫不犹豫地回答：后者！一个人的外貌、才华固然在社会交往中有一定优势，但一个人的个性品质往往在社会交往中更显出其独特的魅力。

诺尔曼·安德森(1968 年)曾进行了一次研究，他共列出 555 个描写人个性的形容词，让被试指出他们在多大程度上喜欢一个有这些特点的人。研究结果表明：被试评价最高的品质是真诚和真实，而评价最低的是说谎和虚伪。见表6-1。

表6-1　个人品质受到喜欢的程度分类

最积极品质	中间品质	最消极品质
真诚	固执	古怪
诚实	刻板	不友好
理解	大胆	敌意
忠诚	谨慎	饶舌
真实	易激动	自私
可信	文静	粗鲁
智慧	冲动	自负
可信赖	好斗	贪婪
有思想	腼腆	不真诚
体贴	易动情	不善良
热情	羞怯	不可信
善良	天真	恶毒
友好	不明朗	虚假
快乐	好动	令人讨厌
不自私	空想	不老实
幽默	追求物欲	冷酷
负责	反叛	邪恶
开朗	孤独	装假
信任	依赖别人	说谎

“诚能动人,至诚可以感天”,这是一句古训。诸葛亮高卧陇中,自比管乐,抱膝长吟,似无意于世。他与刘备原是素昧平生,谈不上什么私人的交易,刘备“三顾茅庐”请诸葛,以至于孔明为刘备“鞠躬尽瘁,死而后已”,可见诚挚动人之深。

有些大学生错误地认为人不能太诚实了,那样会有人欺负,所以常常故作小聪明,尽量不使自己吃亏。这种做法,乍看起来机动灵活,善于应变,表现出某些能够吸引人、迷惑人的假象,自以为很聪明,又容易抓住别人的心,很有好处。实际上,这种做法只适合于短期性的交往,是不会有真正的朋友的。《韩非子》中说过:巧诈不如拙诚。“巧诈”,是指有目的有意图故意表现出某些能够吸引人迷惑人的假象,是自以为聪明的奸诈之举。施巧诈,动心眼,有时能够让对方感觉自己不傻,是聪明者,但往往会搬起石头砸自己的脚,弄巧成拙。朋友不像别的关系,朋友之间相处的时间长,而巧诈往往带有欺瞒哄骗之举,这种行为一旦经过一段时间就会露出破绽,让人识破。小聪明、鬼把戏被人识破以后,便失去了别人对自己的信赖,朋友们会渐渐疏远你,甚至唾而弃之。“拙诚”是指待人心中不存邪念,诚心诚意地做事,或许有时行为举止略显愚直拙笨,但从不欺瞒别人。这种做法的缺点在于不能当即抓住别人的心,不适宜于短期性的交往,但它最适合于交朋友时运用此道。俗话说得好:“路遥知马力,日久见人心。”朋友之间毕竟长久相处,拙诚的人貌似愚拙,却因为其诚而赢得别人对他的信赖,从长远的角度说,拙诚的眼前利益虽不大,但可获长远利益。

四、邻近性吸引

空间距离是影响人际吸引的一个重要因素。无论是个体交往还是群体间的交往,距离越接近,交往的频率可能就越高,越容易建立良好的人际关系,这已被我们的生活实践所检验。俗话说得好,远亲不如近邻。即便是近亲,如果远在天涯海角,长期没有生活和事业的互助,关系也会淡薄。一般来说,大部分人与自己的同学、同事、朋友、同乡、近邻等由于接近机会多,较易产生友谊。

美国心理学家费斯汀格(L. F. Festinger)、社会心理学家沙赫特、贝克等对美国麻省理工学院 17 栋已婚学生的住宅楼进行了调查。每栋楼房 3 层,每层 5 个单元。住户的住宅的安排都是偶然的,具有随机性。询问的问题一律是:“你经常打交道的最亲近的 3 位住户是谁?”调查的结果表明,住房距离越近,彼此交往关系就越密切。仅以同层次为例,隔壁的邻居交往率为 41%,隔户的则为 22%,第三户为 10%。当然这里还有一个能否满足别人需要为附加条件，不管怎么说，同一条件下，距离愈近，关系就愈加密切，这是确定无疑的。因为距离越近，交往次数越多，彼此间就愈能了解，心理倾向就会具有相似性，都有建立良好关系、继续友好相处的愿望。

为什么邻近性能产生喜欢？其部分原因可能是由于熟悉，同时简单的人际互动也会提高我们对人的好感。西方心理学家最简单的解释认为"离得近的人比离得远的人更有用"。因为离得近，接触交往的机会多，刺激频率高，选择朋友就比较容易，一个人和我们住的越近，我们就越能了解他，也就越能成为朋友。我们认为，人们对连续相互作用的期望也是一个因素，如果有人住在隔壁，我们会估计到经常接触他、碰到他，并努力想让接触愉快一些，遇事总是试图说服自己，这个环境是令人愉快的，这个人是令人喜爱的，至少不特别让人难受。如果人们期望和邻居保持友好关系，就会对邻居做出积极性的评价，夸大邻居的积极品质。这样对邻居来说，交往者是富有魅力的。同时由于经常接触，互相了解，容易预测他人的行为，从而能常常发生适宜的反应，促进相互关系的发展。另外，根据我们的经验，在交往时距离接近可以节约时间和精力，使双方不会感到个人负担过重。随着交往机会的增多，相互熟悉程度的提高，彼此许有好感，人际吸引就会增加。

但有邻近性是否就一定具有人际吸引力呢？事情并不那么简单。我们知道，自己所喜欢的人，往往是邻近的人，而自己所厌恶的人，也往往是邻近的人。所以邻近是吸引的必要条件，但不是唯一的条件，只有当邻近的人具备了相互满足需要这一条件，或者说，人们对邻近者怀有好感时，邻近性才会产生吸引力。比如，同在一个单位工作的人，有的关系非常融洽，彼此默契配合，工作效率倍增，而有的关系则相当紧张，甚至到了有你无我的程度。这些都是在邻近关系中时常发生的现象。社会心理学家弗里德曼曾经形象地指出："邻近性也许对漂亮和洒满香水的女性来说是增加喜欢，而对没有工作、捡破烂的人来说则增加不喜欢。"（弗里德曼《社会心理学》，第181页）事情总是相对的，离开了具体的情境，离开了满足需要这一人际关系的基础，忽视了其他因素的作用，就会把邻近性孤立起来而犯绝对化的错误。

五、交往次数的吸引

要得到别人的喜欢，就得让别人熟悉你，而熟识程度是与交往次数直接相关的。交往次数越多，心理上距离越近，越容易产生共同的经验，取得彼此了解和建立友谊，因而形成良好的人际关系。例如教师和学生，领导和秘书等，由于工作的需要，交往的次数多，所以较容易建立亲近的人际关系。

美国心理学家扎琼克在 1968 年曾经进行了交往次数与人际吸引的实验研究。他将被试不认识的 12 张照片，按概率分为 6 组，每组 2 张，按以下方式展示给被试：第一组 2 张只看 1 次，第二组 2 张看 2 次，第三组 2 张看 5 次，第四组 2 张看 10 次，第五组 2 张看 25 次，第六组 2 张被试从未看过。在被试看毕全部照片后，实验者再出示全部照片，另加从未看过的第六组照片。要求所有被试按自己喜欢的程度将照片排成顺序，结果发现一种极明显的现象：照片被看的次数越多，被选择排在最前面的机会也越多。由此可见，简单的呈现确实会导致吸引，彼此接近、常常见面，的确是建立良好人关系的必要条件。

当然，任何事物都是辩证的，不是绝对的，我们应该承认交往的次数和频率对吸引的作用，但是不能过分夸大其对交往的作用。俗话说：距离产生美，任何事情都存在一个度的问题。有些心理学家孤立地把研究重点放在交往的次数上，过分注重交往的形式，而忽略了人们之间交往的内容、交往的性质，这是不恰当的。实际上，交往次数和频率并不能给我们带来预想的结果，有时，反而会适得其反。

三、相似性吸引

看一个人不是看他的外貌，看他的口号，重要的是要全面了解。外貌吸引在人的交往初期会产生较大的影响，但随着交往的深入，熟识和人们在态度以及政治、经济、文化背景方面的相似性会对相互吸引产生越来越大的作用，人与人之间相类似的方面越多，越容易建立人际关系。心理学研究表明，人们最喜欢的是在态度、信念、价值观等方面和自己一样的人，最好的朋友大多是和自己同等地位的人。

相似性吸引包括许多方面。态度、信念、兴趣、爱好、价值观等的相似以及同年龄、同性别、同学历和同经历的人就容易相处。行为动机、立场观点、处世态度、追求目标、个人嗜好一致的人容易相互支持;具有共同信念、情投意合的人容易建立起人际关系;相同阶级、民族、宗教、行业、国籍的人容易产生好感等等。所有这些相似都能够导致吸引。

美国心理学家纽科姆做过试验:让互不相识的17名大学生住在同一间宿舍里,对他们的亲密化过程进行了近4个月的追踪研究。实验前调查了他们的态度,然后调查哪个同哪个结成朋友,陆续让这些学生自由选择同室的对象。结果发现在见面的初期,多是住在附近的人成为好伙伴,后来,态度的类似逐渐成为吸引的主要因素。而且学生对自己的朋友各方面相似的评价远远超出了实际的情况。由此可见,相互间的一致性增加时,认识深度和吸引力也在逐步增加和深化。拜恩进行了更为详尽的研究。他先对大学生进行态度调查,几天以后,让学生看到别人回答的有关态度的问卷表,要求被试回答对此人的好感。实际上让他看的态度问卷是实验者看到过他的态度之后制成的。这样,态度的类似性就由实验者进行操纵控制。研究结果表明,态度越类似就越容易导致喜欢。

为什么相似性可以产生吸引力呢?平衡理论的提出者海德指出:人们倾向于驱使认识体系里的情感关系和单元关系,保持协调一致,倾向于把看来相似的东西视为同一组合,故而诱发出协调一致的情感反应——喜欢。强化理论者的解释是:他人表现出与自己相类似的态度,是支持自己评价的有力依据,具有相当高的强化力量。由于人们喜欢给予自己酬赏的人,所以,对方的吸引力就产生。通俗地说,如果人们发现彼此间“英雄所见略同”,便会油然产生感情上的共鸣和喜欢。社会心理学家指出:如果某人认为对方与自己相似,那么他就有一种夸大这种相似的倾向,比如,夸大对方和自己相似的价值观、处理问题的方式以及夸大对方喜欢自己的可能性等等,因此产生亲近感,引起了吸引。我们还可以做这样的解释:由于个性和社会背景相似,人们趋向于参加类似的社会活动,因此,交往机会增多,沟通比较容易,加之前述邻近性吸引和交往次数多的吸引,使相似的各方产生好感而成为朋友。

至于差异性很大的人,虽然他们也时常见面,但是彼此不摸“底细”,心理上难免有些恐惧,进而产生防御心理,这就为彼此吸引筑起了一道无形的墙。

七、互补性吸引

在现实生活中我们看到,不仅具有相似特性的人会产生吸引,而且彼此之间存在较大差异的人也能建立起亲密的联系,这种在需要、兴趣、气质、性格的方面存在差异的人在活动中的相互吸引称为互补性吸引。

罗伯特·温奇研究了已婚和已经订婚的若干对伴侣的个性特征发现,在某些条件下存在着互补吸引。也就是说,人们往往选择那些能够补充自己人格特征的人。例如一个有支配性格的人和被动性的人相处得很好,能够建立和维持密切的友谊关系;独断专横的人和优柔寡断的人会成为好朋友;活泼健谈的人和沉默寡言的人会结成亲密的伙伴。这是因为彼此之间可以取长补短,互相满足对方的要求。所谓“郎才女貌”、“男刚女柔”,正是对异性伴侣互补吸引的诠释。

社会心理学家通过对大学生访问,发现两性间从朋友到夫妻关系的演变过程中,相似和互补是可以共同起作用的,大致形成了如下的三部曲:第一步是初交。初交时,社会性的相似方面占重要位置。例如,宗教信仰、经济地位、种族差异、社会背景等越相似,越具有吸引力。这是属于友谊的理性阶段。第二步是热恋。在深交后,个性特征的相似方面占主导地位。例如,兴趣、能力、特长、人生观、价值观等越相似,越具有吸引力。这是属于友谊的感情阶段;第三步是结伴。友谊是爱情的基础,友谊未必成为爱情,但爱情的发展必须是以友谊为基础。在产生爱情后,互补占首要位置,起决定性作用。双方互补的需求越强烈,吸引力越巨大,最终成为生死与共、同舟共济的伴侣,能够互相爱慕、取长补短、同心协力建设自己的家庭。当今存在的关于婚恋关系中的互补性的作用,也有不同的看法,我们认为,个性的互补,无疑是导致人际吸引的一个原因,但不是一个根本的原因。因为只有人们的世界观、价值观和人生观的一致性,才会导致真正的吸引。

影响人际吸引的因素虽然很多，但是天时、地利、人和也都扮演了重要的角色。接触的因缘、彼此特质能否配合，都会影响感情的发展。所幸在这么多因素中，绝大部分都是我们可以控制的。大学生可从以下几方面去赢得他人对自己的吸引力。

第一，留心平日身体外表的修饰。一个人若想增进人际吸引，则应进行合适的"印象修饰"。从自己的服饰、举止、面部表情、精神状态到做出适合于自身的角色和当时情境需要的行为，经过修饰会产生令人愿意接近、接纳的吸引力。

第二，扩大彼此的相似性。首先要寻求双方相互的认同感。如：相同的认知在人际关系系统中是首要的、基本的心理成分。事实上，要做到这一点是非常不容易的，这是因为认同是相对的。世间没有完全相同的两个人，每个人都有自己独特的个性和行为方式，因认知偏差而引起的认识差异是绝对的。因此，与人相处时，必然要考虑别人的需要，持比较随和的态度，但并非一味迁就而不要原则，也不是不要保持本身人格的完整性。一个人要获得别人的尊重，必须先尊敬别人。交往中，常常会出现许多因需求不同而引起的矛盾。若不是原则性的问题，应以宽容态度多给对方以谅解，以此寻求双方的认知协调一致。

第三，注重人际间的互惠关系。根据人际交互论的说法，人与人之间的交往是向着增加酬赏和减弱代价的方向发展的。这种互惠行为既有功利的、经济的和现实的作用，也有精神的、心理的和超现实的意义。所以，在人际生活交流中，每个人都难免有酬赏和代价的比较水准。一般说来，功利的互惠较为现实，但不能长久；而情感与精神的互惠能满足人的基本需求，能持续长久。因此，如能把感激的心情准确传达给对方，对方也将会给你更多的帮助与支持。

思考题

1.什么是社交吸引？

2.社交吸引的理论有哪些？

3.影响社交吸引的因素有哪些？

团体训练(六):“绽开你的笑脸”

活动目的:

此活动的目的是让大家懂得微笑是人际吸引中最重要的因素,每一个人如果能在处世中慷慨向他人推销快乐情绪,使别人也生活得快乐有趣,在自己的生活环境中造成一种和谐融洽的气氛,那么,他将是一个受欢迎的人。

团体性质:

此团体为封闭性团体,也可视具体情况而定。

活动人数:

此团体活动人数为 8~12 人,也可视具体情况而定。

活动程序如下:

1.请大家围坐一圈。

2.请一个人站起来,向大家微笑着一一握手。

3.以此模式每个人都要做一遍微笑握手。

4.当每个人都做完此动作后,请派一个代表谈一谈自己的感受。

第七章 友谊与爱情心理

人都希望别人的喜欢,尽力展示自己的魅力去吸引他人,无非是想获得友谊或是爱情,使人的一生辉煌灿烂。大学生正置豆蔻年华之时,渴望得到爱情。那么怎样才能赢得友谊和爱情呢?这也是我们大学生非常关注的。在这一章,我们将对这个问题进行深入的探讨。

第一节 友谊概述

一、什么是友谊

友谊不同于一般的交往关系,所谓友谊,是指个体的一种意愿与他人建立和维持良好关系的情感需求,是交往双方自觉地反复交往的结果。意大利大文学家薄伽丘说得好:“友谊真是一种神圣的东西,不光是值得推崇,而且值得永远赞扬。它是慷慨和荣誉的母亲,是感激和仁慈的姊妹,是憎恨和贪婪的死敌;它时时刻刻都准备舍己救人,而且完全出于自愿,不用他人恳求。”这段话深刻道出了友谊的真正意义。

的确,一个人拥有友谊是一生中的一大幸事,因为真正的友谊对一个人事业的成功是具有重大意义的。事实证明,有很多人在事业上的成功都得力于他的善于交往、广结良友。恩格斯和马克思的友谊举世无双,可称天下第一。正如列宁评价的那样:“古老传说中有各种非常动人的友谊故事。欧洲无产阶级可以说,它的科学是由这两位学者和战士创造的,他们的关系超过了古人关于人类友谊的一切最动人的传说。”的确如此,在从事无产阶级解放斗争这个“合伙的事业”中,恩格斯和马克思结下了人类最崇高的革命友情。

马克思是世界无产阶级革命导师,这位“千年思想家”一生中有三个人对他是至关重要的:一位是启蒙老师,他的父亲;另一位是生活情侣,他的妻子燕妮;还有一位就是革命战友,他的合作伙伴恩格斯。马克思如果离开了这三个人,尤其是恩格斯,马克思也许就不成其为马克思了。

马克思在思想上是富有者,在经济上却是严贫户,他常常囊空如洗,衣食无着,在困境的泥沼中挣扎。如果不是恩格斯在经济上长期无私的援助,马克思无法从事领导国际无产阶级运动和专心理论创作。从1852年2月27日他给恩格斯的信中我们看到这位全世界著名理论家的困境,马克思写道:"一个星期以来,我已达到非常痛苦的地步:因为外衣进了当铺,我不能再出门,因为不让赊账,我不能再吃肉。"不久又写信向恩格斯倾诉:"我的妻子病了,小燕妮病了,琳蘅患有一种神经热,医生我过去不能请,现在也不能请,因为没有买药的钱。八至十天以来,家里吃的是面包和土豆,今天是否能够弄到这些,还成问题。"饥饿贫困和家务琐事,困扰着马克思,他心情愤怒烦躁,无法集中精力和智慧进行理论创作。

对马克思的困境,恩格斯当做是自己的困难。他在给马克思的信中写道:"2月初我将给你寄5英镑,往后你每月都可以收到这个数。即使我因此到新的决算年时负一身债,也没有关系。……当然,你不要因为我答应每月寄5英镑就在困难的时候也不再另外向我写信要钱,因为只要有可能,我一定照办。"此时的恩格斯在欧门——恩格斯公司里只是一个普通的小办事员,收入也是十分低微的。后来做了公司的助理,月薪有了提高,从1860年以后,对马克思的支援增加到了每月10英镑,还常常"另外"给些资助。从1851年至1869年,马克思总共收到了恩格斯的汇款3 121英镑。对当时的恩格斯来说,这已是倾囊相助了。

正是由于恩格斯的慷慨相助,才使马克思勉强维持生存,得以长期地一心从事科学著述,为写作《资本论》进行广泛深入的经济学研究。

由此可见,真正的友谊是人们在交往中相互理解,相互信任的基础上建立起来的亲密情谊。它有两个重要特征,一是超物质性,正如君子之交淡如水的道理,不得有一星半点的物质玷污;二是超功利性,其间不能夹杂任何互相利用的卑鄙目的。

二、友谊的获得与发展

一个人要想获得友谊并不容易。交往双方进行接触的时候，必须以能缩短心理距离为基本条件。而缩短心理距离需要以诚相待，以心换心。有句格言说得好，获得朋友的最好的办法，就是你自己成为别人的朋友。朋友就要相互忠诚，也就是用爱来交换爱，用信任来交换信任，非此，交往几乎是不可能的，更谈不上友谊的建立。但是即便想用真诚来获取友谊也不是一蹴而就的，它需要一个发展过程。

友谊的发展要经历一个情感的发展过程。这个过程既是随着时间的推移而逐步推进的过程，又是双方愉快满意的情感持续和深化的过程。一般说，友谊的增长必须经过情感发展变化的几个阶段。

第一阶段，也称为零距离阶段。单方或双方注意到对方的存在，单方也可能知道对方是谁，但从未有接触过。

第二阶段，假相依阶段。单方或双方受对方之吸引，与之接近，构成表面接触。在表面接触时作为他们彼此间的媒介物，即应单方或双方心存情意，但在此阶段的接触，也只是极表面的人际关系。一个人的日常生活中，与很多人维持着此种关系。

有可能双方都发现彼此有许多相似之处，尤其在气质和谈吐上比较近似，但都没有深入内心，其情感倾向仍没有定指，游移于交往与友谊之间。这期间，是感情的培养阶段，要特别注意双方的情感沟通，虽然双方有许多相似之处，但还要用心去寻找双方心灵的契合点。在此阶段，要勇敢地展示真实的自己，迈出第一步，就是友谊建立的开始，不可否认社会的复杂性给人们带来的一些封闭心理，要想亮出自我却不是每个人都能做到的。但许多心理学家认为，使得真实的自我让至少一个重要的他人知道和了解，具有这种能力的人在心理上是健康的，是自我实现的个性所必需的。同时，社会心理学的研究告诉我们，人际关系由低水平的自我暴露和低水平的信任开始。当一个人开始自我暴露时，而对方以同样的自我暴露水平做出反应，成为接受信任的标志。这便是信任关系建立的标志。

第三阶段，双方交感互动，开始了友谊关系。在此阶段，双方在心理上有一个重要的改变，开始将对方视为知己，愿意与对方分享信息、意见和感情，开始了自我表露。人际关系发展到彼此都能自我表露的程度时，那就到了友谊的阶段。个人在日常生活中，能使他自我表露的对象并不太多。因此，同学同事虽然很多，难得其中有几个是知己的朋友，其原因即在于此。

但这时你要注意：随着交往的次数增加和不断的了解，或许你不断地发现对方的缺点，甚至难以忍受对方的缺点，但也要注意友谊的维护，这一阶段要注意学会“忍让”、“宽容”，接纳他人，因为用情感浇灌出来的友谊之花，初放时仍然是娇嫩而柔弱的，仍需要精心的维护。而做到这一点就要学会换位思考。孔子曰：“不患不己知患不知人也。”多从别人的角度想想，不过分苛求别人，并且对别人的想法和希望表示出同情和理解，友谊之花才会永远不败。

第四阶段，友谊深化阶段。友谊深化就是从共同的活动到情感的依恋，又从情感依恋到两心如一的境界的过程，也是人与人之间的相互了解和心灵渗透的过程。情感深化以后，友谊也随之成熟，它可以经受住时间的考验。但这一阶段还要注意保持适当的距离，交往不要过于亲密，反而有助于友谊的持久。

三、大学生如何赢得友谊

大学阶段是人生的黄金时代，友谊对于心地单纯、情感丰富的大学生更具有独特的魅力。大学生的友谊不仅仅具有青年期情感依恋和人际交往的一般意义，而且对大学生的心理发展和社会化进程具有特殊意义。从心理发展看，通过友谊将促使大学生学会发现自我和理解别人，从而推动自我意识的完善、发展。从社会化进程看，大学阶段的友谊将使大学生在学业上互相切磋，品德上相互勉励，思想上相互启迪，行为上互相影响。美国心理学家赫洛克列举了青年交友的八大好处：带来安定感；度过欢乐的时光；获得与人们和睦相处的生活经验；使其为人宽厚并发展理解力；提供获得有关社会和技术知识的机会；得到批评别人的机会；提供求爱的经验；促进诚实心胸的发展。这八个方面也是适用于青年大学生的。从人生不同时期的意义上看,大学时期的友谊较之中学时期的友谊要深沉、理智,较之大学毕业以后进入工作阶段的友谊又要单纯、真挚得多。正像一位毕业生所讲的那样:“大学阶段的友谊是人的一生当中上天赐给我们最珍贵的礼物,有了它你就有了无比美好的人生。”池田大作说:社交关系是无根之草,只有友谊是真实的。那么,我们如何赢得友谊,我想这是大学生最为关心的一个问题,我们认为一个人赢得友谊并不难,只要我们注意以下几方面,去规范和修正自己的行为,就会获得真正的友谊。

(一)重视第一印象

第一印象即我们在前面所讲到的“首因效应”,素不相识之人的第一次见面就是第一印象,而第一印象往往会对一个人的整体评价起到决定性的作用。第一印象一旦形成,就不易改变,并且会一直影响着以后双方的交往过程。即使后来的印象与第一印象之间不甚吻合,我们仍然习惯于服从最初的印象。例如,一位老师第一次课讲得很成功,给我们留下良好的印象,以后即便有些课讲得很一般,我们也会认为这不是能力问题而是因为没有时间准备。如果第一次课讲得很糟糕,给我们留下较差的印象,那么即使以后讲得很好,我们也会认为只是碰巧而已。首因效应会随着交往时间的增加和对彼此内在品质了解的增多而相应减弱。即使这样,首因效应也提醒我们:如果要让别人形成对自己的好印象,那就一定要注意在初次交往过程中的表现,特别是仪表和谈吐等等。

如何给别人留下良好的第一印象呢?

社会心理学家艾根在 1977 年研究发现,在与人相遇之初,按照“SOLER”模式来表现自己,可以明显增加他人对我们的接纳性,使我们在人们的心中建立良好的第一印象。“SOLER”是由五个英文单词的开头字母拼写起来的专用术语,其中:S 表示坐姿或站姿要面对别人,O 表示姿势要自然开放,L 表示身体微微前倾,E 表示目光接触,R 表示放松。用 SOLER 模式表现出来的含义就是“我很尊重你,对你很有兴趣,我内心是接纳你的”。

心理学家卡耐基总结的六条给人留下良好印象的途径,也值得我

们去践行

大学生朋友们，为什么我们不试着为别人留下良好的第一印象呢？第一印象的建立是双方友谊建立的良好基础。

（二）积极主动交往

小红，女，某重点大学的大二学生，诉说来大学生活学习已经一年多的时间了，但总感觉自己无法与同学们很好地相处。她意识到友情的可贵，渴望别人接纳自己，但近来令她困惑的是找不到知己朋友，好像人和人总是那种敬而远之的状态，让你感到很陌生，无法走进他们的心里。因此自己也常常留恋高中时的快乐时光。她说："高中的时候，大家在一起多快乐，相互之间无话不说。可是来到大学，不知怎么搞的，大学里的同学都非常'绅士'起来，个个都表现得矜持无比，不像高中时无拘无束，无话不说，因此，自己有时想与他们打招呼，看到他们那样子，我就不愿理他们。"

其实，像小红这样的困惑不止她一个同学有。当今大学生普遍存有一些所谓的"小心眼"，就是如果你不主动理我，我是不会主动去跟你讲话的。如果大家都抱着这种被动的心理，就很难找到自己的知己朋友。我们总能听到大学生在讲：大学阶段永远找不到像高中时的那种友情，人和人总有一段距离，让你无法走近。其实走进人的心里并不是像有些同学所认为的那样难。但是如果人人都抱有像小红那样"你不理我，我就不理你"的心理，是永远觅不到知己的，友谊从何而来？

在一次社交心理学课上，我们组织了一次辩论会，有些大学生表现得非常踊跃。小峰是一个内向而腼腆的大学生，早已准备了发言稿，但就是没有勇气主动站起来。老师走到他的座位前启发他，鼓励他参加到这个热烈的辩论当中，让大家认识、了解自己，并让大家为他热烈地鼓掌，示意他到台前去演讲。他终于鼓起勇气站了起来，他把早已准备好的一席台词像一颗颗炮弹一样射向反方，而且不止一次地站起来和对方辩论。一次次的辩驳使大家从此对他产生了极大的兴趣，他赢得了同学们对他的欣赏。这次活动，不仅提升了他的自信心，而且使他赢得了友谊。

如果一个人总是被动地等待别人的接纳，无一例外地总是希望别人如何如何，而不是自己应该怎样怎样。友谊从何而来？心理学家研究发现，在社交中许多人都是被动地等待别人的接纳，他们只能做交往的响应者而不是始动者。鲁迅也说过，“友谊是两颗心真诚相待，而不是一颗心对另一颗心的敲打”。别人是不会无缘无故地对我们感兴趣的，要想得到朋友，就必须要主动，主动参与，主动地接纳别人。我们可以尝试一下，当你坐在教室中主动与陌生同学攀谈时，几乎都会得到对方的响应。

一位大学生朋友说的好：“我们要明白一点，没有人天生有义务要对我们好，我们只有主动去接触他人，关心他人，才能交到好朋友。”

（三）培养助人美德

培养助人美德，给人帮助，对于建立良好关系是很重要的。这种帮助，不是简单的金钱、物质上的帮助，更重要的是出于真心的感情上的交流、精神上的慰藉以及对痛苦的分担、对困难的解决。我们都有这样的体会，在你生病的时候，同学陪你去医院，或者在你学习上有困难的时候，有人帮你耐心地讲解，你对这个人的接纳程度将远远高于其他人。比如北京大学的三大学生社团——山鹰社、自行车协会、爱心社中的成员们之所以会相处得分外融洽，其中很重要的一点就是因为他们的社团所要完成的活动任务都极需相互帮助，或是登山时的相互牵引，或是越野时的相互鼓劲，或是散发爱心时的相互关爱。学会帮助人，将使你更容易与他人建立密切的联系。

“和你一同笑过的，你可以把他忘掉；和你一起哭过的，你却永远忘不掉。”（纪伯伦）帮助别人，锦上添花易，雪中送炭难，其基础还是一颗真诚的心。

（四）学会忠诚守信

在古希腊神话里，亚逊斯有一次到了阿尔卑斯山下，遇到了几位天神，天神说：“亚逊斯，你有朋友吗？”亚逊斯说：“有，他爱我胜过爱你们。”这句话激怒了天神们，他们决心杀掉亚逊斯的这位朋友，便询问这位朋友是谁。亚逊斯看出了天神们的用意，就闭口不答。天神们拿出各种各样的宝贝引诱亚逊斯，并许诺让亚逊斯成为一个尊贵的国王，拥有美丽的妻子。但所有的一切都没能打动亚逊斯的心。然而，天神们还是抓到了亚逊斯的朋友,他们没有立刻杀死他,因为他们对亚逊斯所说的话并不是完全相信。于是他们就用同样的手段引诱亚逊斯的朋友,只要他愿意背叛亚逊斯,他就得到一切:财富、权势、美色。但是亚逊斯的朋友并没有动心。天神们很是感动,就放了他们。亚逊斯和他的朋友彼此忠诚、信任,凭此共渡难关。

"君子之行也,动必缘义,行必诚义。"(《吕氏春秋》)忠诚是我们友谊的基石,只有彼此忠诚,朋友之间的情谊才会牢固。钩心斗角或建立在利益关系上的友谊皆失去了忠诚,也就失去了真正的情谊。

(五)尊重朋友,宽以待人

《论语》告诉我们,"敬而无失,与人恭而有礼,四海之内,皆是兄弟也"。没有尊重和宽容的基石,牢固的人际关系就难以建立,四海之内的兄弟也就难以寻觅。尊重朋友,就是要尊重他的人格和意见,在两个人出现分歧的时候,能够静下心来认真反思自己的不足之处,考虑对方意见的可行性;宽以待人就是要明白再好的朋友也会有缺点,不要求全责备,应正确对待朋友的缺点,不要去讥笑、讽刺;不要随意去评价,更不要轻视,而是应本着"爱屋及乌"的心态去接受他的一切;多站在朋友的角度去设身处地地为别人着想,任何怨恨与不快都会化解,甚至还会化敌为友。

林肯总统对政敌素以宽容著称,这引起一议员的不满。议员说:"你不应该试图和那些人交朋友,而应该消灭他们。"林肯微笑着回答:"当他们变成我的朋友,难道我不正是在消灭我的敌人吗?"多一些宽容,公开的对手或许就是我们潜在的朋友。

在大学中,我们要学会用放大镜看他人的优点,用缩小镜看他人的缺点。有容乃大,不为小事斤斤计较,将会收获更多。

但是,尊重和宽容朋友并不是牺牲自己的一切去迁就他,也不是对朋友的过错视而不见。为了朋友,我们要牺牲自己的一些利益,但并不是让我们放弃自己做人、做事的原则。"和而不同",只有彼此都保持自己的个性,才能相互信赖,相互欣赏,相互支持,才能建立真正的友谊。

小王和小马是好朋友,期末考试前,小王和小马的关系却渐渐疏远了。原来是由于小王拒绝在考试时为小马传纸条。但是,当期末考试结束后，小马却主动去找小王和好了。是什么原因让“丢了面子”的小马和小王和好呢？原来，在考高等数学那天，同班两个关系很铁的同学在考场上传递小纸条被监考老师发现，不但考试成绩被取消，还受到了纪律处分。小马不好意思地对小王说：“如果不是你坚持自己的原则，没有答应我的要求的话，可能在处分通知单就要添上咱俩的名字了。这样一来，我不但害了自己，也害了你。我现在才明白，尊重朋友并不是什么事情都一定要给朋友‘面子’，而是要坚持做人、做事的原则，在朋友犯错误的时候要给他指出来。这才是真正的友谊。”

第二节　爱情心理概述

一、爱情的本质

爱情是一个既古老又常新的题目，自古以来人们就不断探讨爱情的本质到底是什么？

古希腊哲学家苏格拉底认为：爱情是爱一切的善，是一种动人的欲望。

德国哲学家休谟认为：爱情是人的自然本性，是“美貌”、“肉欲”、“好感”三种情感的结合。

德国哲学家黑格尔认为：爱情是男女双方心灵和精神上的统一。

精神分析学派弗洛伊德认为：爱情是性本能的表达与升华。

弗洛姆认为：爱是一种艺术。

以上关于爱情本质的看法，大致将爱情视为“唯精神论”和“唯性欲论”两种观点。“唯精神论”认为爱情是纯精神的，它与性欲绝对排斥，是男女在精神上的依恋，它将情感完全变为对所爱的人的关心。这种观点认为人身上有两种生殖力，即身体的和心灵的生殖力才是真正的爱情。爱情是心灵上的一种“狂迷”，是一种人神相通的、带有神秘色彩的精神状态。这种爱情观排斥和谴责性接触，带有浓厚的空想色彩，其结果是把人间美妙纯真的爱情变成了无法采摘的天国之物。后来被宗教教徒和禁欲主义者所继承，并加以发挥，在中世纪影响广泛而深刻。

欧洲资产阶级文艺复兴运动中某些学者们的“唯性欲论”又将对爱情的理解推向另一个极端。他们抨击中世纪的伦理道德，以“人权”反对“神权”，使人们的整个思想和精神状态从宗教神学的束缚下解放出来。但是，他们把爱情看做是纯粹的性本能，性欲是爱情产生的唯一根源，爱情的目的仅仅只是为了性欲的满足。这种爱情观虽然有进步的一面，但把人等同于动物看待。这两种观点都是对爱情的片面、肤浅的认识。只有辩证唯物主义才对爱情做出了科学的解释。

首先，作为自然属性的性爱是爱情的基础。

恩格斯指出：人来源于动物界这一事实决定了人永远不能完全摆脱兽性，关键是摆脱的多与少的问题，在于兽性或人性在程度上的差别。性的需要是人所具有的较强烈的自然需要之一，男女之间的爱情正是在这种原始动力的驱动下产生的。

恩格斯认为现代的性爱，不同于单纯的性欲，也不同于古代的爱。第一，它是以所爱者的互爱为前提的，妇女处于同男子平等的地位，而在古代的时代决不是都征求妇女同意的。第二，性爱常常是为了彼此结合，双方甘冒很大的危险，直至拿出生命孤注一掷，而这种事情在古代只是通奸的场合下才会发生的。恩格斯在这里揭示了爱情的本质，说明了爱情不仅仅包含精神的因素，而且包含了生理的因素。是自然属性和社会属性的统一，即性爱与情爱的统一。

大学生到达一定的年龄，就会产生对异性的好感、倾慕和追求，这是生理发育引起的心理现象，并不是真正的爱情。一个婴儿呱呱落地，在他和她的脑垂体里就会分泌出一种促性腺素。在儿童和少年期，促性腺素分泌数量少，主要功能是促进性别特征的发育和健全。进入青年期后，随着身体发育的逐渐成熟，下丘脑细胞对促进性腺素敏感降低，部分地失去抑制作用，促性腺素分泌日益增多，性意识开始敏感。性意识引起青年心理上的微妙变化，反映在行动上，形成异性交往的不同阶段。在少儿期一般表现为“青梅竹马、两小无猜”，进入青少年期则会出现疏远期、朦胧期、探索期、狂热期和理智期五个阶段。

疏远期。青春期开始后，男女对异性表现特别敏感，彼此疏远，不愿接近；如因某些原因需要接近，态度显得很不自然，双方男女界限分明,甚至在课桌上画一条“楚河汉界”等,都是疏远期的表现。

朦胧期。当爱情的精灵闯入青年男女心灵之窗之时,常常似春雨漓江,若隐若现,朦胧莫测。这个时期,青年忽然爱起美来,女的开始注意自己的衣着发型,男的开始注意自己的身高、相貌。对自己的走路,行为做派,都模仿成人。例如一个同学个子矮,天天盼望长得高一些,于是经常量身高。为什么会出现这种心理和行为?青年人自己也朦朦胧胧,说不清楚。

探索期。这一时期的大学生内心世界与外在行动常常会出现矛盾。内心对异性产生强烈的好奇心,希求和异性接近而外在行动上却要装得若无其事的样子,具有文饰的特征。想到自己有好感的异性时,心里跳得厉害。一般讲,这时男青年在女性面前竭力表现自己的学识、才华、风度和能力,以引起异性对自己的注意。委内瑞拉斗牛赛,专门邀请年轻漂亮的姑娘观看表演。斗牛士为引起姑娘的青睐,斗牛场上显得格外勇敢顽强。在动物界也存在。电视片《动物世界》中,一只成熟了的雄性黑熊见到一只雌熊走过来,就抱起一棵小树,猛力摇晃,直到小树被摇折,以显示自己的力量,这是动物的一种求偶方式。可见,不能把生理发育所表现出来的性心理成熟与表现看做是爱情,否则就把人与动物等同起来了。

狂热期。处在探索期的男女青年,双方把对异性的好感固定在某个人身上,此时可看做是开始恋爱。这种情窦初开的恋爱很快导致狂热,产生一日不见如隔三秋的感觉。有些人学习工作都分散精力,似乎除了异性的爱之外,不知道天下还有其他事情要做,既不能用理智控制自己,也不能用理智的眼光观察对方,出现“情人眼里出西施”的错觉。

德国伟大诗人歌德曾经说过:“英俊少年哪个不善钟情,妙龄少女谁个不善怀春。”钟情与怀春正是青年男女爱情萌动的写照。

然而,在青春发育期和青年初期,这种钟情和怀春,只宜钟而不露,怀而不宣。因为处在这个阶段的青年,无论是心理素质还是心灵形象都有待于在社会的熔炉中进行锤炼和定型。如果不能正确处理恋爱问题,任爱的幼芽陡长,缺乏科学的、自主的判断,将难以获得理智的向导,稚嫩的心灵难以保证不被无力控制的爱情烈焰所灼焦。人与动物不同,在于人可以用理智控制这种狂热。

青年大学生在恋爱中表现出性意向是完全正常的。但是爱情又同时具有社会属性,只能在一定道德规范下产生或流露。苏联著名教育家马卡连柯指出:人类的“爱情不能单纯地从动物的性的吸引力培养出来。爱情的‘爱’的力量只能在人类的非性欲的爱情素养中存在”。

其次,作为社会属性的情爱是爱情本质的反映。

爱情包含性欲因素,但绝不仅仅如此。爱情具有丰富的社会内容,这也是它的本质所在。爱情的内涵以及追求爱情的方式都必须受到社会关系的制约。人是社会的人,脱离男女双方在思想、情操、专长、趣味等方面的共鸣、倾慕,仅凭单纯的性爱不能称之为爱情。有关这方面的专家这样认为:

倾慕		理想		
+		+		
怜悯		情操		
+		+		
性欲		个性		
性爱	+	情爱	=	爱情

社会属性体现出人与动物的区别,是爱情本质的反映。爱情是性爱基础上高度升华而成的人类崇高的社会性情感,是两性的一种特殊的社会关系,是建立在生理、心理和社会综合需要基础之上的稳定而持久的情感。

诚然,性爱是爱情的基础,没有性爱便不能称之为爱情,只能算是异性间的友谊,而缺乏情爱的爱情则是畸形的。如果把性爱比喻为一堆沙石,而情爱确是这沙石的黏合剂,只有性爱的沙石,固然可以堆起来,让人站在上面摘到爱情的甜果,待一遇风雨便会倒塌,再也采集不到爱情的圣果。只有将这堆沙石制成坚实的方砖,再砌成美观牢固的阶梯,才能恒久地尝到爱情之果的甘美。

爱情在两性关系中具有巨大的能动性。这种能动性在结婚前表现为双方强烈要求缔结婚姻,并为结婚而奋斗。婚后则不断地调节双方的各种关系,缓和夫妻冲突,使双方互相帮助达到既定的事业和生活目标。

列宁与蔡特金谈到恋爱和两性相吸时强调:恋爱涉及两个人的生活,并且会产生第三个生命,一个新的生命。这一情况使恋爱具有社会关系,并产生对社会的责任,不仅涉及第三个生命的抚养教育,涉及双方老人的快慰与忧伤,还与国家的道德风貌、政治、经济、意识形态紧密相连。

因此,真正的爱情是生活的有机组成部分,它体现着人的自然和社会的双重需要,并通过生活而获得充实的意义。

爱情是人生的一道亮丽的风景线。人生在具体的社会和文化环境中展开,理解和把握爱情的真谛或本质,要考虑到具体社会历史条件的制约,考虑到一定的文化传统、社会心态和风俗习惯的影响。

二、爱情与友谊的区别与联系

在这里必须澄清什么是友谊,什么是爱情。关于这个问题我们不一定很清楚。常常有人误把对方的友情当成爱情而遭到对方的拒绝,而自己却百思不得其解。

爱情与友谊有其内在的联系。它们都是人的一种比较高级的情感。一般说爱情包含友谊,但是友谊和爱情毕竟是两种各具不同内涵的情感。友谊是共同的,越多越好,"我们的朋友遍天下"可以说友谊具有不饱和性。友谊不具有性的因素,也不具有排他性。而爱情则不然,只存在异性之间,并且是专一的,因而具有排他性。大学生中异性之间的友谊更多地表现为纯真无邪的朋友关系,并不必然引出爱情。而大学生中有人对此并没有一个清醒和理智的认识,常常将那些不可能转化为爱情的友谊糊里糊涂地理解为爱情,在品尝着无味的爱情之果,矛盾、彷徨、苦闷,以致影响到学习。

当今大学生头脑活跃,思想开放,意识超前,他们的友谊不仅仅是建立在同性之间,更多地向异性扩展,男女之间的友谊和爱情界限的把握,确实让人捉摸不透。把握不住感情的分寸,就会给当今大学生的交往带来了一定的困惑。

怎样较为准确地判断友谊和爱情的界限?有一些简单的办法可供

参考。

其一,如果是友谊关系,无论是两个人抑或更多的人在场你都会落落大方。而被丘比特之箭射中的双方无论是在任何场合都表现出过分的拘谨。

其二,如果有一天你所喜爱的他不在你的视线范围之内,你会不住地用眼睛在搜寻目标,会显现出一种焦虑不安的神情,“既见复关,载笑载言”。一般的友谊关系是不会有这种感觉的,即你在与不在他(她)都不会在意。

其三,如果是友谊关系,并不存在嫉妒的心理,而爱情由于是排他的,所以当恋爱的双方中间出现第三者,就会引起不快和嫉妒的心理。

大学生在人际交往当中,应当处理好与异性之间的交往,区别清楚爱情与友谊的界限,尽量减少人际交往中的一些不必要的麻烦。大学期间的异性交往是普遍的现象、这种男女之间交往关系是复杂的,如果处理不当就会产生许多纠葛和不应发生的一些悲剧。

历史上,异性交往曾受到过严厉的禁戒,我国漫长的封建社会里,“男女授受不亲”的清规戒律,残酷地压抑着青年男女的天性,像《烈女传》一类书籍,鼓吹的就是“烈女断臂”等封建道德规范。当然,也有一些反叛者“大逆不道”,写出了《西厢记》、《红楼梦》等描绘儿女私情的作品。“书生小姐一厢情,私订终身后花园”之类佳话,实质上是异性交往受到禁止的扭曲反映。不可否认,即使在现代中国,封建传统的影响在许多人(包括我们大学生)身上还有不同程度的反映:其一,将异性交往一概视为男女私情。不少人把异性交往看做是诡秘的事情,交往的人顾忌重重,旁观者猜忌纷纷,导致舆论不正常,行动不自然。其二,不懂得异性交往的心理距离。由于缺乏正确的异性交往指导与实践,不少进入成年的男女往往视异性交往为危险行为。因此,异性友谊的维系与发展是需要正确对待的。首先,避免想入非非。男女大学生正处在情感丰富时期,异性交往客观上也存在着性心理发展的因素,因此往往不容易把握住异性友谊发展的度。对于异性友谊的建立,一般以双方都同时保持一定数量的异性朋友为好。避免老是形影不离,以免在形式上形成恋爱的假象。其次,友谊是在相互理解、支持中加深的。再次，异性友谊在不同阶段的表现也是不同的。我们决不能拿确定恋爱对象或成婚后的异性友谊来同大学期间丰富的异性交往相提并论，因为它们体现的内容、表达的方式等都有所不的。

在这里我们还要提醒大学生注意的是，大学期间异性间的友谊其发展往往是不稳定的，青年本身情绪的波动性决定了异性友谊最容易发展也最容易中断。作为大学生不必计较于异性友谊的获得或失落，应把更多的精力关注在学习上。随着感情生活的丰富，只要坦率诚恳地待人，最终会得到真诚的异性友谊。

三、大学生的恋爱心理困扰

一位大学生写道："没有事业的生活是空虚的，没有爱情的生活是空旷的。"爱情是青春的华彩乐章。在校园里，大学生们向往追求着这种纯洁、美好的情感。由于在大学生活中，人际交往、学习考试等都可能给大学生造成身心压力，使他们产生压抑感。而恋爱是建立一种比较亲密的关系，可以造成注意力的转移，也可以摆脱孤独。因此，有很多大学生恋爱的目的并不纯洁。经过我们的调查，当今大学生恋爱有以下几种心理现象。

(一)时尚攀比心理

在一些高校，恋爱成为一种时尚。别人有，我也有。当周边的许多同学有了异性朋友时，一些男同学为了不使自己显得无能，一些女同学为了证明自己的魅力，也学别人的样子匆匆地谈起了"恋爱"。他们大胆主动，只要是自己想要的，就一定要得到。特别是一些女生，思想大胆、开放。她们认为男女平等在恋爱问题上也不应例外。因此一些男生也常常是女生逐猎的对象，当这些女生逐得"猎物"时，会自豪地讲，"我看准了谁，他就是我的"。由于有盲目攀比的心理，也就缺乏认真的态度，常常是跟着感觉走，把谈恋爱看成是一种精神时尚。他们没有真正去思考什么才是真正的爱情，考虑需要选择什么样的人才适合作为自己的伴侣。笔者曾就此问题做过调查，大部分同学认为没有考虑所交往的异性是否将作为自己的终身伴侣。还有同学在作业中这样写道："顺其自然，随遇而安。"

（二）游移而又依赖的心理

由于恋爱的时尚心理，有些人对待恋爱问题表现得思想游移，行为不一，感情不忠，给对方造成痛苦反而不以为然。但也有人为此常常苦恼，明明知道不是自己理想中的伴侣，却又不愿意分手，害怕孤独。这种心理更多的是一种依赖心理，好似“鸡肋”的感觉，食之无味弃之可惜。也正因为这种心理的存在，一旦有更好的第三者出现，就会将前者弃之而去。因此，大学生的恋爱很少终始如一、忠贞不渝。南京大学心理协会的一份关于“大学生恋爱问题”的调查数据显示：在接受调查的学生当中有近 99% 的人在校期间有过谈恋爱的经历。调查同时显示有超过 81% 的人谈了又分手。

（三）情感强烈而又认识模糊的心理

十年寒窗，长期的升学负荷的重压，甚至有同学从中学开始就是住校，进行“全封闭式”的学习，来到大学，突然进入这样一个优美宽松的大学环境，他们有意无意地将被压抑的情感暴发出来。处在生理旺盛时期，双双坠入爱河的青年学生，其情感是炽热的，双方都难以克制自己的情感冲动。当双方表白和承认恋爱关系时，便立即亲密地交往：写情书，频频地约会，大有“一日不见，如隔三秋”之亲密。但他们对爱情真正的内涵的理解是肤浅的、幼稚的、比较模糊的。在接受调查的 300 名学生中对“什么是爱情”这一问题有 30% 的人认为：爱是说不清楚的。

伴随着这样的恋爱心理，出现了恋爱心理的诸多困扰：

困扰之一：不会有人爱上自己。

困扰之二：爱情是否会进行到底？

困扰之三：是否应该对性行为负责？

第三节　大学生爱情心理自我调适

一、失恋后的心理调适

爱情是美妙的，但当一场爱情走到了尽头，曾经相爱的双方劳燕分飞,各奔东西,形同陌路,又是何等的痛苦!我们每个人都希望自己拥有一份美好的爱情,却不愿意承受爱过后的痛苦。但当爱情结束以后,就应当理智地说一声“再见”。只有这一条路,别无选择。

然而并不是都能如此理智地分手,有些人因失恋终日沉浸在过去美好的回忆当中,备受失恋的折磨,伤心、难过、绝望、不解、颓废……生不如死。

冲淡创伤的不是时间,而是内心的成长。失恋会造成抑郁心理,出现闭锁现象,甚至发生心理变态,如不及时宣泄压抑的情感,会造成很严重的后果,因此就需要外界的帮助,摆脱内心的苦闷。但更重要的还是提高自己的心理承受力,增强心理的适应性,学会自我心理调节。

(一)学会驾驭情绪

1.理智地驾驭情绪

当你所深爱的人提出要和你分手时,你痛苦、无奈、绝望,甚至用死来证明给对方看你的心里是多么爱他(她),我们能想象出你的心情无论如何是无法用语言形容的。

高峰,男,大三学生,某重点大学学生干部,来自农村,学习优秀,为人热情开朗,深得一女生的青睐,在大三上学期的时候他们确立了恋爱关系。从此,同学们常常会看到他们出双入对,形影不离,非常羡慕他们。但就在他们相爱不久以后,意外的消息传出,高峰跳湖徇情而死。原因是这样的:女友提出终止两人的关系后,高峰始终不同意,想约女朋友出来谈一谈。傍晚他们来到往日热恋的湖边,但女友已没有了往日的情感,高峰苦苦哀求,女友坚决不答应,高峰向湖中走去,渐渐消失在湖水里,以死证明了自己对女友的一片忠心。大家对此事的反映:一是为高峰惋惜,二是为高峰的举动而表示轻蔑,认为为不爱你的人而去牺牲自己的生命实在是一个懦夫。

如果他真的已经不爱你了,事实或他本人已明确地告诉了你,那就证明过去的一切将不复存在了,这时无论你多么痛苦都要理智冷静地去对待,不要缠着他(她)不放,纠缠也许会令对方一时无法逃脱,但你已得不到你所要的那份真情,又何必为其伤心、伤情,浪费青春甚至牺牲自己的生命呢?放弃一段已经死亡的情感,你也许还会痛苦,但却给你腾出了情感的空间。让你能重新面对生活。如果你认为你们的关系不是无可挽回,可以选择离开他几天,让彼此有认真思考的空间。如果他真的需要你,请相信,没有人会轻易放弃他所追求的真爱。

除此之外,你还要理性地想一想:他(她)是最适合你的吗？爱一个人但未必是最适合你的人。你们之间的分手,肯定是因为你们之间的关系有一些罅隙,你们的个性有一些差异。如果你们真的在一起,能够保证这些罅隙和差异不会再引起新的矛盾吗？你们的感情真的能够长久吗？

2.合理地宣泄情感

控制情绪不等于压抑情感,有时需要宣泄。宣泄是心理调适的一种好的方法。失恋了,别让悲痛、挫折感、愤怒一直堆积而啃食你的身心。可以向亲密的朋友或家人倾诉自己内心的苦闷和悲伤,或找个无人之处用力嘶喊和放声痛哭,将内心的苦闷和悲伤痛快地发泄出来。如果找不到合适的宣泄对象,可以去找学校心理咨询的老师倾诉心中的烦恼和痛苦。

由于社会文化的影响,人们对压抑自我情绪似乎给予更多的肯定,而对宣泄自我情绪则给予更多的否定。其实这有违心理科学。心理学认为,当一个人受到挫折后,用意志力量压抑情绪,表现出正常情况下的谈笑自若,这种做法虽可以减轻焦虑,但这只能缓解表面的紧张,却按捺不住内在的情绪纷扰,不仅不能解决问题,还会陷入更深的心理困境,带来更大的身心危害。比如,愤怒如强加抑制,就像一颗定时炸弹,时刻有毁灭自己或他人的危险;悲痛如强加抑制,不随泪水宣泄出来,不仅会危害身心健康,甚至会气绝身亡。古人云:“忍泣者易衰,忍忧者易伤”就是这个道理。如同闷热的夏天唯有一场大雨,才能使空气一新,如晴空万里一样,困境中的心理重压也只有宣泄出来,才能赢得心理上的一片晴空。

(二)调整心态,放眼未来

失恋以后,很多人常常生活在无休止的责备当中,怨他(她)恨她(他),怨己恨己。恨她(他)忘恩负义,又怨己没有好好把握爱情,缺乏人格魅力;恨他(她)情不专一,怨己命运不济。朋友,不要再继续责备那个负了你或不再深爱你的人了，更不要怪自己命苦，怪自己天生缺乏魅力，活在怨恨里会令你的生活更沉重。对自己缺乏信心，自怨自艾更无异于自虐。调动思绪，调整心态，重新振作起来，化悲痛为力量，好好地努力，会有意想不到的成就。“莫愁前路无知己，天下谁人不识君”！好的异性在各个地方都存在，只是还没有来到你的身边，你需要耐心地等待着缘分的到来，不要着急，最好的总会在不经意的时候出现。相信自己会有更美好的明天，其他的荣誉也会跟着来。这就是所谓的一得一失。永远记住：上苍为你关掉一盏灯，就会为你开启一扇门。

（三）耐得寂寞，留得尊严

失恋就意味着结束过去所有的感情，重新开始新的生活。中间出现了情感断层，有些人无论如何不能承受这断层带来的情感煎熬，无法忍受这突如其来的寂寞，这也是有些人无法承受失恋痛苦的原因。明明对方提出分手，就意味着对方对你的感情将不复存在，还在死缠对方不放，不仅是徒劳无益，而且大大损伤自己在对方眼里的形象，其结果更让对方讨厌自己。

要学会承受失恋所带来的暂时寂寞，这期间不要去找他，不要与他联络，不要再眷恋以往在一起的时光，而是将思绪转移到比此事更有意义的事情上，就会度过此时的寂寞时光。耐住了寂寞，也就留住了尊严。一个人的尊严是第一位的，在某种程度上它比一个人的生命还重要。有人或许说，假如丢掉个人的尊严能够换回爱情，我情愿不要尊严。可是，你暂时拥有了对方，会永远赢得他（她）的心吗？

（四）敞开心扉，走出孤独

独处可以让自己的心灵适当小憩，让自己有和心灵对话的机会，也让自己冷静理智地面对眼前发生的一切，也许你会发现这未尝不是一件好事，正所谓“塞翁失马，焉知非福”。但人类天生是一类群居的动物，特别是当一个人情感困惑之时更需要他人的陪伴与安抚。交往是医治心灵创伤的最好方法。比如：

参加活动。和同学、朋友在一起谈有趣的话题，多参与聚会、出游、看表演、打球等活动，并尽量加入别人的谈话，发掘幽默有趣的话题，跟着大家一起笑，心情会转为开朗。

旅行。利用周末或假期,和同学一起参加旅行团到异地去玩或搞点研究。异地的人文风情会让你耳目一新,视野拓宽,内心产生崭新的感受,旧有的烦恼就缩小、远去、淡薄了。

多与过去的朋友联络。恋爱期间"重色轻友"全然不问朋友死活,现在恢复"单身"了,还不趁此机会向老友们"自首忏悔"? 有谁会像老朋友一样又了解你,又不怪你,又包容你,又疼惜你? 跟他们在一起,你不用掩饰,自在自得,全身心放松,全然没有失恋之后的自我否定和孤独感,你会重新找回自己。

二、树立正确的恋爱观

(一)应以寻找爱情、培养爱情为目的

无论是求时尚还是搞攀比,抑或是填补情感的空虚,都不是大学生的正确恋爱观。大学生在选择恋爱对象时,应以寻找爱情、培养爱情为目的。要注意对方的内在美,把对方的品德、情操以及和自己是否有共同的生活理想放在首位。这是恋爱中道德性的显著标志。柏拉图曾说过:"为着品德而去眷恋一个人总是件很美的事。"因此,恋爱中起主导作用的,应当是人的世界观和道德面貌。正确的恋爱观是恋爱成功的基础和婚姻幸福的保障。

(二)应尊重对方的人格和情感,平等履行道德义务

蒙蒙,女,某重点院校大三学生,来到心理咨询中心诉说自己最近面临着危机,求老师救救她。她一边哭一边诉说着:"在大学二年级的时候,自己与同班的一位男同学李某建立恋爱关系,现在已经有一年的时间了,在这一年的时间里,我渐渐发现他非常自私,心胸狭窄,脾气暴躁,我不能跟他在一起了。我想分手,但当我提出分手后,他竟然威胁我,要杀了我。我怎么办呢? 我好害怕! 老师你救救我吧!"

我们很快联系到了这个女同学所在的学院辅导员,并找到了这个男同学,对他进行了多次咨询工作,使他认识到自己的不良行为。

恋爱过程是建立和培养爱情的过程,恋爱中不能有欺骗、强暴或其他违背爱情基本要求的行为,男女双方要彼此尊重对方的感情。佛罗姆曾说:"尊重只能伫立在自由的基础上,强权不能成就爱。"每个人都

有爱和被爱的权利。在确定恋爱关系时,必须出于双方的共同意愿,任何一方都不能强迫或诱骗另一方接受自己的爱。俗话说,强扭的瓜不甜。从某一方面讲,恋爱是婚前的考察和准备阶段,双方都有互相忠实、相互考察的义务,而没有责难对方中断恋爱关系的权利。我们反对大学生中不严肃的朝秦暮楚、玩弄对方、三角恋爱、随意转移情感的"自由恋爱",也反对以各种借口不允许中断恋爱关系的霸道行为。恋爱双方主动践行义务,是恋爱关系得以巩固和发展的重要道德基础。

(三)高尚的情趣和健康的交往方式

在大学校园中,我们经常看到成双成对的大学生相互依偎着漫步在湖畔,应该是非常美丽的一道风景线,但有的人行为极不检点,有伤大雅,与大学生的身份极不相称。马克思说:"真正的爱情是表现在恋人对他的偶像采取含蓄、谦恭甚至羞涩的态度,而决不是表现在随意流露热情和过早的亲昵。"这说明,真正的爱情交往应当文明端庄、持之以度,不应有轻率和放荡的行为。恋人在公共场所出入,要遵守起码的社会公德,不要对他人生活和公共生活造成不良影响。在恋人独处时亦应遵从良好的道德风尚,这也是保持爱情长久的秘密所在。可以说,没有道德的护佑,爱情也不会长久。正如亚里士多德所说:"爱情之所以瓦解,他们爱的目的没有得到。他们所关注的不是事物的自身,而是那些附带的、不经久的东西。"①

(四)给爱情一个恰当的位置

爱情是每一个大学生人生道路上迟早要经历的重要课题,要使爱情与事业双丰收,不仅要有正确的恋爱观,而且还要正确处理恋爱和事业的关系,给爱情一个正确的位置。

爱情不是事业成功的必要条件,但真正的爱情可以促进事业的发展。爱情与事业双丰收是令人向往的,但两者发生矛盾时,事业应当是第一位的。培根说过:一切真正的伟大人物(无论是古人、今人,只要是其英名永铭人类的记忆中的),没有一个是因爱情所发狂的人。因为伟

---

① 亚里士多德:《尼科马克伦理学》(修订本)196页,苗力田译,中国社会科学出版社,1999。

大的事业抑制了软弱的爱情。

大学生在学校期间应该以学业为重,利用自己的青春年华多学知识,为今后事业发展打好基础。有人把大学阶段称为是从“成才准备期”向“创造活动期”转变的阶段,这既是为创造全面打基础的时期,又是向未来更高层次飞跃的起点。每个大学生都应该珍惜这宝贵的时光和良好的学习环境。没有这个时期的成才准备,绝不会有青年后期或中期的创造发明的。

因此,当爱情的萌发与成才的黄金时期同时出现,当我们还不会理智地驾驭感情,处理好学业与爱情的矛盾时,我们应该放眼未来,舍恋爱而求成才。“鱼和熊掌不可兼得”。当恋情与成才不可兼得时,恋情应该给成才让路。因为好奇心或一时的冲动而过早地陷入爱河而不能自拔,影响了学习。影响了身心健康,错过了获取知识的宝贵时间,会追悔莫及的。翻译家傅雷在给读大学的儿子傅聪的信中曾写道:我想你心目中的上帝一定也是巴赫、贝多芬、肖邦等等第一,爱人第二。既然如此,你目前所能支配的时间与精力,只能贡献给你的第一偶像,还轮不到第二神明。大学的学习任务是艰苦、繁重的,需要我们付出大量的时间和精力;爱情同样需要付出大量的时间和精力,如果过早地把时间和精力贡献给“第二神明”,得到的将是无限的后悔。

大学生从生理上看,已经到了对异性产生情感的时期,在大学期间禁止谈恋爱是不现实的,提倡谈恋爱也是不必要的,正确的选择是树立正确的恋爱观,摆正恋爱和事业的关系,把学业放在首位,使爱情服从于事业,只有事业的成功者才会领略爱情的甜蜜。

三、不要品尝酸涩的青橄榄

处在恋爱期的大学生,当两颗燃烧的心激起了更高的情意时,真诚地直抒胸臆的时刻就到了,那便是热恋。热恋,标志着爱情走向成熟。到了热恋阶段,花前月下,情意绵绵,情人间开始坦率地表达自己的感情,以期最大限度地相互了解。热恋时,恋人们投入了全部的激情,往往一句平平常常的言语也会令恋人心潮澎湃,不能自已。陶醉在热恋中的情侣们往往沉湎于情感的交融,因此,理智的判断则被热情代替了,很容易做出一些令人后悔的事情来。

2003年笔者对大学生一至四年级的本科生进行了一次抽样调查,其中有一项为:你对大学生同居现象如何看待?令人大跌眼镜的是,40%的学生认为大学生同居是正常现象,35%认为可以理解,只有25%的同学认为不好或可耻。更有意思的是当有一项问道:如果你发现你的女朋友不是处女你在乎吗?55%以上的同学回答是:“在乎”,30%回答“很在乎”,15%的学生“不在乎”。

某女,20岁,诉说半年前与本班一男同学建立恋爱关系,交往几个月后,于咨询半个月前的一个周末,两人因未能加以控制而发生了性关系。过后,自己为之悔恨不已,内心十分恐慌,面对事实担心男友不在乎自己,如果分手又怕自己已不是处女,今后交朋友又该怎样去面对?半月来,精神恍惚,严重失眠而无法学习。

大学生由于性已成熟,有了性冲动。如,男孩见到女性漂亮的容貌、可人的体态、娇羞的举动,女孩见到男性魁梧的躯体、潇洒的风度、不俗的谈吐,很容易一见钟情,有可能不能控制自我,特别是处在恋爱中的男女由于两性之间身体接触及闻到对方身体的气味,都不免引起性的冲动。应该说这是很自然的事。如没有这种冲动反倒不自然了。

但是,出于学业和事业的需要以及社会道德规范的要求,并不是每个人的所有欲望都可以随时得到满足,这就是本我与超我的冲突。精神分析学家弗洛伊德认为:存在于无意识中的本能、冲动与欲望构成本我,是人格的生物面。自我介于本我与外部世界之间,是人格的心理面。它的作用是,一方面能使个体意识到其认识能力,另一方面使个体为了适应现实而对本我加以约束和压抑。超我是人格的社会面,是“道德化的自我”,由良心和自我理想组成。超我的作用是指导自我,限制本我。在正常的情况下,三者相对平衡,个体才能适应环境与现实。我们可采取转移注意力、克制自己、将这种冲动升华为学习的动力等。但有时在男女双方的交往中,未能理性地克制住自己,在没有准备好或不是自己意愿的情况下,过早地偷尝禁果,由此带来如案例中那两位同学一样的烦恼。

但如果已经发生了这种事,我们也不要过分焦虑不安,不应该生活在一种无休止的自责和恐惧当中。事实是不可能改变的,爱了就要珍惜。理智的做法是应该从中吸取教训,为了长久的幸福而不是短暂的快乐,我们的行为应以符合所处环境的要求为准则。对于性冲动和性饥渴的矛盾,必须靠自己用科学的方法加以调节,如加强自我克制能力的训练,多读好书,尽量减少接触与性有关的刺激等方法,都有助于减少性冲动。另一方面,还应意识到自己应负的社会的、家庭的、法律的道德的、自己的、对方的责任,不能因轻率的行为导致悔恨终身的后果。马克思说:“作为确定的、现实的人,你就有规定,就有使命,就有任务,至于你是否认识到这一点,那都是无所谓的。”这里所说的确定的、现实人的规定、使命、任务就是指人的责任。

然而冲动性游戏一直是年轻人最乐此不疲的活动。在还没有正式上场之前,不论是男生或女生,只要想到这事,就会脸红心跳、喉咙发干。一旦进行了性接触,就像干柴烈火一般,一发不可收拾。但是谁又想到冲动性游戏的后果呢? 即使是已经成年的大人,一旦听到怀孕这两个字,也不免要脑筋空白好几分钟。果真怀孕,非常麻烦。聪明人决不收拾烂摊子,四处打听堕胎方法不但不聪明,也可能导致女生终生不孕,或者引发大出血,造成生命危险。风险太大了。

如果你真的想进行性接触,最好先了解一些正确的避孕之道。只有做好完全的避孕准备,才能够对抗怀孕的危险。外国的高校在这方面做得很好。

当女生的你发生性行为之后,马上在日历上作个小记号。这个记录尤其必要,一旦怀疑自己可能怀孕,会及早避免事态的发展。当发现自己怀孕了也不要惊慌,先与妇产科医生联系,到正规的医院找位有医德、医术好的医师,才不会做出后悔一生的傻事。

性的接触很可能导致性传染。性传染病是性游戏伴随的危险性传染病的疾病,如艾滋病、梅毒、淋病等,性传染病危害极大,不仅给个人身心造成严重的伤害,而且还可能传染给家人、后代,对他们的心身也造成严重的影响。据调查表明:75%~90%的艾滋病是通过性接触传播。90%的梅毒是由于性接触传播的。因此,预防性病的一个重要途径就是坚决杜绝不洁性交,注意个人性卫生。学习有关知识,通过学习，提高对性传播疾病的特点、病因、危害和传播途径等的认识，掌握预防措施。万一感染了性病，应尽早请医生医治，以免错过最佳治疗时机，导致不良后果。

某女，21岁，曾经有半年的时间失眠，学习成绩下滑，精神恍惚。她由母亲陪伴来到心理咨询中心，诉说自己与其他学校的一个男同学发生了性关系，后发现这个男同学行为很不检点，因此害怕自己染上“艾滋病”，为此焦虑不已，无心听课，晚上常常失眠，成绩挂了几科，遂不想上学。半年来跑了各种医院，虽然医生予以了诊断和解释，但就是不相信大夫，认为自己是处于潜伏期，没检查出来，早晚会死的。

从两个案例中，我们能想象到两个人的痛苦。的确，生理伤害是一方面，而心理伤害是偷吃禁果带来的后遗症，它让你永无安宁之日。偷吃禁果通常是在男方性欲强烈冲动、女方害羞与恐惧的复杂情况下发生的，彼此都有不安全感和罪恶感，这样的性结合很难达到一种和谐，可能留给对方的感觉更多的是恐惧与疼痛。这种不和谐的感觉往往使女方在相当长的时间甚至一辈子对性行为产生厌恶情绪，对婚姻持一种惧怕心理，可以说后患无穷。热恋期的青年男女可不要偷吃禁果呀。

思考题

1.什么是爱情？

2.友谊与爱情有什么区别？

3.大学生应该有怎样的爱情观？

团体训练（七）：“当哈利碰上莎莉”

活动目的：

此活动协助成员以健康、理性的态度面对异性交往，探讨约会的方式、功能，学习邀约的技巧与遭异性拒绝时的自我调适之道。

团体性质：

此团体为封闭性团体，也可视具体情况而定。

活动人数:

此团体活动人数一般为8~12人,也可视具体情况而定。

活动程序:

1.男女各站一排,配合领导者下指令,成员做下列反应:

①一见钟情:男女面对面。

②自作多情:男面向女,女背向男。

③不解风情:女面向男,男背向女。

④翻脸无情:男女背向对方。

2.一起游戏,并讨论分享四种状况各人应对之道。

3.将成员分2组(男女混合),就下列两个主题进行讨论:

①当异性对你有何种行为表现时,会让你疑心他(她)可能对你有意思?

②如果你对某位异性的示爱"不来电"时,你会如何反应?

4.回到大团体中,各自分享所讨论的结果,成员亦可就自身经验提出分享或质疑。

5.将成员分成3组(男女混合),请各组派一位代表抽题,题目内容包括:

①遇到心仪异性,如何与之接触、认识、展开邀约?

②如果邀约被拒,如何调整心态重新开始?

③发现对方与自己并不合适,如何妥善终止这段恋情?

6.请各组利用手边道具,集思广益,以自己或朋友的经验,发挥创造力,就所抽到的题目在20分钟以内以短句表演方式呈现。

7.各组表演完毕,回到大团体,针对刚才的剧情加以讨论,领导者协助引导。

第八章　社交性心理

由于大学生处于性生理发育成熟、性心理逐渐趋向成熟的时期，因此在社交活动过程，特别是异性交往中，性的需要是很自然的事，他们也常说：爱情应该是灵与肉的结合。但当今大学生恋爱动机呈现多元化，在性观念、性心理上开放程度也越来越大，其责任意识却越来越小，有人做过的一次调查显示，谈恋爱的学生中有绝大部分有过性接触，但希望跟伴侣结婚的占不到60%。因此性的生理需求与性的社会规范之间的冲突，成了大学生心理卫生的主要问题之一，并直接影响着大学生的社交活动与心理健康。

第一节　性心理概述

一、性的概念与特征

我们一般理解的"性"，大多从两方面来解释：一是男女性别。男女性别从生理特征上分是一目了然的，这无须赘述，但其中又包含另一层意思，就是性的心理角色，即心理角色与生理特征的吻合与一致性。二是性行为。人的性行为也包括多方面的表现，如梦遗、手淫、同性恋等，都可以算做一种性行为。我们一般讲人的性行为，是指异性之间以健康的性目的为特征的性行为。

人类的性心理，是在生理基础上，为社会环境所制约，围绕性特征、性要求、性行为而产生的认知、情感、观念、需要和经验等心理活动。性心理的内容大致有以下几个方面。

1.性意识

人类的性活动受到性意识的控制。性意识是指人类关于性问题的思维活动。虽然人类也受体内激素的驱使,表现出性冲动,并接受直接的性刺激引起性兴奋,出现性反应的生物性的一面。但是人类没有发情期。受到文化的影响,对抽象的语言、文字的刺激也能产生性兴奋和性反应,但即使有了性冲动也并不一定立即转化为性行为。这是人的社会性的另一面,是人的本质特征。这一特征是通过性意识来控制和实现的。

2.性情感

性情感是指对性活动有关的爱、憎、兴趣、吸引力等感情发展变化的体验。英国著名哲学家罗素说过:性关系到大多数人一生中最动感情的那部分生活。人们到了青春发育期以后,就自然地对异性产生兴趣,产生异性间的吸引力,使人产生愉快和兴奋的体验,这就是一种性情感。但是,吸引力有外表吸引和本质吸引,暂时吸引和长远吸引的区别。迷恋于对方的外貌,是外表吸引,暂时吸引;为对方的优良本质、深沉的内心世界所吸引,是本质吸引,长期吸引。前者是不够的,后者才是比较正确和完善的,但是不能将二者割裂开来,人们从认识到恋爱,往往是从外表吸引到本质吸引的发展过程。

3.性知识

性知识是前人对性问题科学的总结。这些知识一代一代地传授,使人类的性行为不是单纯地为本能所驱使,而是在科学的指导下自觉地进行。性知识能帮助人们掌握性生活的规律,最大限度地满足自己生理和心理的需要,从中获得最大的幸福和快乐。

4.性经验

性经验是人们通过对性问题的亲身感受,在大脑皮层留下了较深刻的痕迹,从而对今后的性行为产生影响。前面所说的性知识是间接经验,这里所说的性经验是直接经验。直接经验和间接经验结合起来,才能使人们的性心理更为健全。一个青年在毫无性经验时,接受性知识的指导,掌握一些规律,明确一些问题是十分必要的。性经验有正常和畸形之分。正常的性经验使人的性心理更趋成熟。畸形的性经验使人形成畸形的性心理,甚至于形成性变态。

5. 性观念

性观念是经过社会文化锻造后对性问题的某一方面较为完整的看法，它存在于一个群体、一大批人中间。性观念和其他观念一样，具有滞后性，即往往落后于时代的发展。在我国现阶段，许多不同的性观念混杂在一起，相互撞击，其中有封建的、资产阶级的性观念及社会主义新的性观念。人们健康正常的性心理，只有在批判资产阶级和封建的性观念中才能树立和养成。

二、大学生性心理特征

(一)性意识进一步加强

进入大学，大学生更加积极主动地关注自我发展，也包括自身的生理与心理。由于家庭教养方式、成长环境及个体差异的存在，虽然性意识得到进一步加强，但个体对性意识的关注也不尽相同。有的大学新生对性知识的了解较少，渴望通过科学的途径了解自身。有的学生通过自慰性行为解决自身的性冲突。有的学生因性知识匮乏而带来不必要的心理焦虑。

(二)性冲动与性释放

性冲动是指由于性刺激引起大脑皮层的活动，再通过大脑皮层向身体组织发出指令而产生的性欲。性冲动是一个健康的正常人自然和本能的行为表现。性冲动不一定产生性行为，人的性行为是通过意识调控的。由于大学生的性心理还不成熟，尚未形成稳固的、正确的性道德观和恋爱观，自控能力较弱，因而，他们的性心理易受外界的不良影响而动荡不安，往往容易因受各种因素刺激而选择不适当的性释放途径。

(三)性冲突和性压抑

当今青少年性发育年龄不断提前，但由于学业需要和事业及社会环境的要求，结婚年龄不断推后，出现漫长的“性等待期”。与此同时，日益开放的社会文化既满足了大学生对性的了解与渴望，又使大学生性的冲突加剧。在繁重的学业任务与就业压力及校纪校规的约束下，大学生的性不可以也不能自由地发挥。人由于性的能量得不到合理的疏导、升华而导致过于压抑就会产生不良的后果,甚至导致大学生的犯罪。

(四)渴望性体验

由于性激素的作用,大学生更加渴望得到恰当的性体验,如与异性交往。在男女交往过程中,由于性激素的作用,恋人中双方的亲吻和抚摸都会引起性欲望和性冲动。感情的闸门在巨大的性压力下显得极其脆弱,有的便通过自慰性行为加以调节,而有的则通过性行为得以实现。

第二节 性心理发展阶段的划分及差异

一、青春期性心理发展阶段的划分

人的一生要经历一系列的性心理发展阶段。青春期性心理发展一般要经历三个阶段,即:异性疏远期、异性爱慕期和两性恋爱期。

第一阶段为异性疏远期。青春期开始,在性激素诱发下促使性器官和性机能迅速发育,一系列生理变化使男女之间对性的差异变得日趋敏感,彼此间昔日那种两小无猜的情形消失殆尽,开始有意回避和疏远。除非因活动需要必须接触与交往,双方都不愿待在一起,有一种接触异性的腼腆与羞怯感。这个阶段通常处在青春发育期,少年期的男女一般处在这个阶段。

第二阶段为异性爱慕期。男女之间开始产生彼此间相接触的心理需要,情窦初开,情感相互吸引,喜欢在异性面前表现自己。但此时异性间的亲近感总的来说具有广泛性,注意的对象也容易转移,稳定性较差,还仅仅是异性间的吸引而已,多属性的朦胧的自然表露。由于此时的感情比较隐秘,很少能达到相互间感情的交流,因而往往划不清好感、爱慕与初恋的界限,划不清异性吸引与恋爱的界限,只能对两性关系完全处于一种似懂非懂稀里糊涂的状态。这个阶段只是恋爱意识的萌动期,通常发生在青春发育中期,青年初期的男女一般处于这个阶段。

第三阶段为两性恋爱期。性心理更趋活跃、明显，男女间开始按照各自心目中的偶像寻找自己的“意中人”。彼此之间开始出现和懂得了感情的交流，能以志趣情操等作为感情交流的内容。但有时会把爱情看得过于神圣，以至于一旦失恋而一蹶不振；有时也会把爱情归结于性欲，以至于有可能导致在恋爱期间发生两性关系，使爱情之花受到践踏。这个阶段通常发生在青春发育晚期，处于青年中期和晚期的青年大学生，一般处于这个阶段。

男女青少年进入各阶段的具体年龄以及发展程度，既因个体的性生理发育状况和性文化接受程度而异，同时也受制于个体整个心理发展的水平。大学生性心理的发展，主要属于爱慕期和恋爱期两个阶段。

二、不同阶段的性心理差异

(一)爱慕阶级

在这一阶段尽管男女性心理体验仍然比较朦胧，但由于大学生情窦初开，彼此间相互倾慕的心理现象已开始出现。就性心理差异而言，这一阶段男女无论在感情的流露、内心的体验上，还是在表达的方式、爱慕的类型上，都有着较为明显的差异。

1.感情流露的差异

男性对异性的爱慕，往往表现得较为外显和热烈。他们常常会对自己所爱慕的异性投去大胆的目光和微笑，率直地注意对方的反应，情不自禁地当着她们的面或在朋友中赞扬她们，显得极为多情。

女性对异性的爱慕，则往往表现得比较含蓄和深沉。她们对自己爱慕的异性往往只投去悄悄的一瞥。尽管在其他场合可以显得十分活跃，但在自己爱慕的异性面前却常常不苟言笑，显得羞涩、窘迫，甚至故意回避。她们也绝不轻易地在他人面前谈论自己的爱慕对象，显得较为庄重。

2.内心体验的差异

男性更多的是感到新奇、喜悦和神秘。向异性流露感情，他们感到欢愉和欣慰；同异性多渠道的接触，他们感到神秘莫测。

女性虽然也会有上述感受，甚至体验更深刻持久，但她们也会产生茫然和不安的感觉。有时一下子难以辨明其中复杂的滋味。而一旦收到大胆表露爱慕之情的书信后，又常常会感到不知所措，惊慌、羞涩、喜悦、惧怕、不安，以至于神思恍惚，神情迷惘。

3.表达方式的差异

男性常常比较主动，他们不仅比女性更有意识地在自己爱慕的异性面前显示自己的仪表、气质、品格和能力，而且也更喜欢寻找各种借口与自己爱慕的异性相接近，并尽自己所能努力“帮助”和“保护”她们。同时，他们也常常寻找机会向对方暗示甚至直接表白自己的爱慕之情。

女性虽然也喜欢在自己爱慕的异性面前显示自己，喜欢打扮和修饰，也愿意和自己爱慕的异性相接近，但往往显得被动，有明显的羞涩和腼腆感。她们一般也不会主动向对方表露心迹，更不愿意向对方直接表白自己的爱慕之情，至多是用言语或目光暗示对方，促使对方了解自己的内心所爱，使对方主动大胆地追求自己。

4.爱慕类型的差异

男性由于比较注意异性的容貌和体态，因而更容易受“首因效应”的影响而一见钟情。他们往往在感受到异性美的吸引后，一下子坠入情网，达到迷恋的程度。但因为这种先入为主式的“首因效应”绝大部分都是建立在对异性外部表象的感知上，而对异性的内心世界的体验则是模糊的，因此常会造成判断上的错误而引起“爱情挫折”，从而给自己带来痛苦的感情波折。有时“一见钟情”还会发生“概化反应”，出现“以点概面”的主观倾向，致使某些方面获得的良好印象影响到对其余方面的印象，干扰对异性的全面了解，从而造成因判断失误而带来不必要的烦恼。

女性则容易产生“爱情错觉”。在爱慕阶段，女性一旦对异性产生了爱慕之情，就会一往情深地希望得到对方同样的感情。女性的感情又不易外露，因而常常在对方还毫无察觉的情况下便把对方的言行举止纳入自己主观需要的轨道来理解，造成对对方认知的偏差。结果不仅常使自己一相情愿地昼思夜想，陷入长期痛苦之中，而且这种情感万一被人察觉和张扬，还会促发自己的抑郁情绪，为自己的自作多情羞愧万分，感到遗憾。如果她们的爱慕之情被爱慕的异性接受，她们也会对自己追求的对象产生主观“粉饰”的倾向，把他们看做是完美的形象、理想的化身，从而导致感情的升华。

(二)恋爱阶段

大学生在恋爱阶段的男女的性心理差异，主要表现在择偶的价值倾向、恋爱的心理表现和失恋的心理反应方面。

1.择偶价值取向的差异

(1)男性择偶价值取向

男性的择偶动机比较趋向于追求两性间彼此适应的亲密生活，因而择偶的要求也比较倾向于异性本人的生理和心理条件，如容貌、情感、性格、品质等，而不很注重异性本人的社会条件，如文凭、学位、工资、地位等。具体条件和要求是:性情温柔，情感细腻。在青年男性看来，这是实现两性亲密生活的最重要的条件，他们希望恋爱对方特有的温存体贴能引起自己心理上的轻松欢快情绪，从而彼此之间达到心理相容。

体态匀称，相貌端正。这一点也是男性着意追求的条件。他们有时会感到单纯地追求恋爱对象的外表美未必合适，但还是会情不自禁地把它放在十分重要的位置上。企图通过恋人的美的刺激在大脑中形成欢愉的心理体验。

作风正派、忠贞老实。男性比较注重恋爱对方生理上和心理上的所谓“纯净”。一般对于恋爱次数较多或生活作风有问题的异性会自觉不自觉地产生心理上的疏远，也不喜欢自己已选定的恋人与其他男性过多的交际。因为在他们看来，这些问题会影响他们对恋爱对方真实感情的交流和以后的甜蜜生活。

热爱家庭、年龄较小。男性一般比较希望自己未来的妻子热爱家庭生活，关心家庭生活，因而对恋人的学历、职业、社会地位和事业心往往无过多要求。同时，男性也希望恋人年龄小一些，因为年龄较小的女性更容易产生对男性的依恋。如果恋人的学历、职业、社会地位和事业心都比自己强，或者年龄比自己大，在他们看来，就会失去自己在未来家庭中的优势，从而影响未来两性间亲密生活的可靠程度。

这里应特别指出的是:男性在择偶条件上的倾向性，以追求两性间彼此适应的亲密生活,以感情的融洽和心理的相容为基础无疑是正确的。但是,过分单纯强调这些条件,显然也是偏颇甚至错误的,这里有着明显的封建传统思想残余。

(2)女性的择偶取向

女性的择偶取向同男性有着很大差异,一般是倾向于如下的条件。

注重人品。在女性看来,人品是产生和维系真挚而持久的爱情的重要基础,是今后建立长期共同生活的一个重要条件。一个人的品质不好,就很难保证在今后漫长的生活道路上会与自己同舟共济,患难与共;一个人的脾气暴躁,也很难在碰到误解时做到彼此体贴,互相谅解。因此,她们十分希望自己的恋人是个人品出众、脾气性格和自己相投的人,以使生活和谐美满。

强调事业心。女性一般都希望自己的恋人在各方面都是一个强者,是有所作为的,能为自己带来光彩的人。特别是一些文化程度比较高的女性,更早把恋人今后在事业上的成功和为之奋斗的艰辛视为家庭的乐趣。因此比较注意恋爱对方的学历和进取心。

重视外表。女性也十分重视恋人的外表,最好是威风凛凛、相貌堂堂、具有男子汉的风度和仪表;至少在个头上得超过自己,否则就会"有碍观瞻",使自己在亲戚朋友中"无地自容"。

讲究物质条件。女性中不乏"拜物"者,她们把是否具有相当的经济条件以使自己日后生活富裕舒适作为择偶的条件之一,把物质条件看做日后夫妻生活幸福的源泉。

崇尚"完人"。女性在择偶时总喜欢对方尽善尽美,既要外表好,又要内心美;既有事业心,又有真本事。苛求挑剔,择偶标准过高过严。

女性的这些带有倾向性的择偶要求,有的是值得提倡的,有的是有偏颇的,有的则是不正确的,同样也有封建传统思想的影响。

2.恋爱心理表现的差异

男女在恋爱心理表现方面的差异,较突出的有逆反心理、嫉妒心理、害羞心理。

逆反心理。逆反心理是为了某种意图,人为地强化或控制作用于人的某些刺激物,从而与人的心理需求发生矛盾而产生的一种同该意图相反的情绪体验。

男性容易在恋爱遭到父母或亲友人为的反对和阻挠时产生逆反心理,此时他非但不中止恋爱关系,反而更加热烈。也容易在追求某个异性遭到冷落或拒绝时产生逆反心理,对周围对他有好感的众多姑娘不屑一顾,而更加热恋于某个冷落或拒绝他的异性。

女性则容易在对方为了使恋爱及早成功而过早地、不适当地做出过于亲昵甚至越轨的举动产生逆反心理,致使情绪受挫甚至恋爱中止,也容易在对方过分要求自己忠于对方而限制自己的人际交往时产生逆反心理,故意与其他异性频繁接触以维护自己的自尊。

嫉妒心理。恋爱过程中的嫉妒心理,是占有欲的一种表现。比较而言,青年女性更容易产生嫉妒心理。这是由于在恋爱时,青年男性往往比较主动,青年女性往往比较被动,因而青年女性在陶醉于已获得的爱情时,常常也会不由自主地猜想对方过去有没有过恋人,是不是也爱到这种程度,是不是也有同样的亲昵举动。因为在她们看来,男方恋爱的主动性势必会决定他们比女方更有可能从多方位追求恋人。如果嫉妒心理的产生确有原因,青年女性则更愤恨那个插足来的第三者,把一切愤怒,怨恨统统发泄到第三者身上。

男性也容易产生嫉妒心理,但情绪体验没有青年女性深刻,维持时间也没有青年女性长久。如果嫉妒心理的产生确有原因,那么青年男性同青年女性的表达方式则不尽相同。男性更容易对自己的恋人发泄,骂她水性杨花,甚至把她贬得一文不值而最终弃她而去。

害羞心理。害羞心理是一种正常的自我防御心理在情绪上的反映。在恋爱过程中,男女都难免产生这种心理状态。但相比而言,女性比男性更容易产生害羞心理。这是由于青年女性的气质比较接近于黏液质或抑郁质,即她们的神经过程多属于慢而弱的类型。在害羞心理的表露形式上,女性也不同于男性。女性在害羞时容易显得局促不安而满脸通红,手足无措。男性在害羞时容易显得紧张而狼狈不堪,甚至语无伦次。

3.失恋心理反应的差异

在失恋的心理反应上,男女也是有所不同的。男性一般比较理智,失恋的痛苦相对比较容易排除。他们或者顺乎自然,承认既成事实,既不为自己被人抛弃而沉沦自弃,也不因对方不爱自己而视如仇人,或者寻找失恋的自我原因以获得精神上的自我安慰,或者转移视线,投身于事业,以排除心灵的感情煎熬。当然,男性有的也会因失恋而攻击和发泄,把“狂热”的爱“变成”狂热的恨,到处辱骂甚至无中生有地诬陷对方,以进行报复,但这种表现并不普遍。

女性则更容易自责抑郁。在失恋后常会责怪自己过于轻信,过于动情,没有很好地了解对方,就轻易地接受了对方的求爱。

她们或者从此郁郁寡欢,在遇到新的恋爱生活时,常常心有余悸,望而却步,疑虑重重,不敢像以前那样敞开心扉;或者自惭形秽,不敢在今后的恋爱生活中有更高的“奢望”;或者以偏概全,怀疑一切青年男性的恋情。青年女性中还有在失恋后产生轻生念头或矢志终身不嫁者,但属少数。

第三节 大学生性心理卫生的调适

一、大学生性心理现状

总的来说,大学生的性心理发展是正常的、健康的。多数大学生能较好地调节性欲、性冲动,表现出符合社会规范的行为,较正常地对待两性交往。然而,与心理发展的其他方面比较,大学生在性心理发展过程中的问题是比较多的,由此而引起的性困扰、苦恼和适应不良等也最多。

当代大学生的一个显著特点是生理成熟提前而心理成熟滞后,其中最重要的是性生理成熟提前而性心理成熟滞后。在性心理走向成熟的过程中,由于传统性观念与西方性观念及整个社会性心理氛围的影响,使得相当一部分学生的性观念混乱。这种矛盾和混乱使原来就已存在的性的生物性需求与性的社会性要求之间的矛盾、冲突更为扩大、剧烈。

大学生性心理卫生问题集中地表现在对性缺乏健康、科学的认识和态度上。性价值观模糊，对自身的性生理、性心理感到困惑、不适应，对性欲、性冲动存有不安、压抑感等等，这在一部分大学生身上表现得尤其明显。性爱困扰是大学生心理卫生的主要问题之一，而性罪错是大学生违法乱纪中多见的一种。

二、大学生常见的性心理卫生问题

从性成熟到以合法的婚姻形式开始正常的性生活，一般至少要在十年以上，这一时期被称为“性饥饿期”。大学生正处于这一时期，这往往给他们带来困扰。心理卫生学的研究表明，大学生性心理卫生问题具有广泛性、轻微性、冲突性和隐蔽性的特点，即涉及的人数众多，但多数是属于调节问题而非障碍，且以对性的内心矛盾不安为主。这种矛盾与不安由于社会的忽视或个体的掩饰而不易被发现，这样有可能以其他曲折的形式表现出来。在大学生中较常见的、有一定代表性心理卫生问题有下列几种。

（一）性认知偏差

刘红，女，某重点大学研究生学生。来到心理咨询中心，向老师诉说自己的痛苦：“自己在实验室做实验时，跟自己同在一个实验室的男生总是在偷看我，并透露出爱慕的意思，想要跟自己谈恋爱。旁边的师哥也在跟自己开玩笑，想促成我们的关系。我觉得他们非常无聊，真想跟他们大声地说：‘下流！’晚上梦见和那个男生拥抱，搞得不愿去实验室，害怕看见他们。因此，实验无心做，作业落后别人许多。现在学习已经不能精神集中……”

后来进一步了解到这个同学的真实心理：她不想谈恋爱，原因是不想结婚，因为结婚后涉及两性结合的问题，一想到这些，就非常不自在，她说过：“我无论如何是不愿意那样，多么肮脏、下流。”

不少大学生对“性”持有不正确的认识，视性是下流的、肮脏的、见不得人的、难以启齿的等等。这种性认知往往会导致性情感、性态度的过敏、禁忌、矛盾、冲突。据某地对不同年级的理、工、医、文科大学生的抽样调查显示：大学生中对性问题存有矛盾心理的占 55%，感到敏感的占 53%，感到神秘的占 36%，无所适从的占 28%，害怕的占 17%，认为是罪恶的占10%。绝大多数的大学生至少有一种上述的不正确态度。这种性认知、性情感、性态度的偏差,既是一种不健康性心理的表现,也是引起一系列性心理障碍的重要因素。

一些人表现出与年龄不相吻合的性“纯洁”,他们把性欲与爱情完全割裂开来。也有极少数的人过于强调性的生物性,信奉“性自由”、“性解放”,从而在行为上随便、放纵,甚至不择手段地去获得性的满足。

(二)性冲动困扰

性冲动是男女大学生生理心理的正常反应。它是在性激素作用下和外界刺激下产生的,并不是不纯洁、不道德或可耻的。但不少大学生常难以接受自己的性欲、性冲动。对大学生调查发现,平时有性冲动的占87%,但对自己的性冲动感到羞愧的占36%,自责的占33%,苦恼的占26%,困惑的占22%,厌恶的占17%,恐惧的占12%。

一方面是性的自然冲动,另一方面是对性冲动的否定、批判态度,于是形成了深刻的矛盾。不少大学生常为这样一种矛盾而不安、迷惑。一方面他们对异性抱有美好的情感,追求纯洁的爱情;另一方面,又常有赤裸裸的性欲望和充满肉欲的性幻想。大学生对待性冲动的常用方式主要有压抑、升华和宣泄三种形式。

(1)压抑

适度的性压抑是社会化的需要,也是一个人性心理健康的反映。然而,严重的性压抑感则是有害于身心健康的。

压抑有健康的压抑与病态的压抑之分。健康的压抑表现为:压抑并不费力气,去掉压抑也较容易;本人清楚地知道自己在压抑以及压抑的是什么;压抑并不使情欲发生畸变,压抑不妨碍心理活动的效率,不妨碍人的社会功能。反之,则是病态的压抑,有害于心身健康。

(2)升华

升华即用一种积极的、丰富的、能为社会所接受的欲望或方式来取代性欲。比如用绘画、音乐、体育活动、娱乐或正常男女交往、从事劳动、埋头创作等使性能量得以转移、性情感得以平衡。一个人格健全的人往往能适时适度地升华性欲,而不是被性冲动所奴役。

(3)宣泄

宣泄指以某种性的方式获得性冲动的满足。对大学生来说,手淫是较常用的方式,此外"卧谈会"上的男女话题,"厕所文学"、"课桌文学"的性描写以及性幻想,观看有关性的书刊、录像等,均有宣泄的作用。然而,性宣泄不只是一个生理过程,其方式应该符合社会规范,有益心身健康。也就是说,性宣泄方式有健康的、正当的,也有不健康的、不正当的。比如,婚前性行为是不许可的,过度手淫是有害的,而通过讲、写下流话来发泄性欲是不文明的,尤其当它已损害公物和污染环境时就更加是错误的。

(三)性焦虑

性心理的矛盾、冲突以及各种性适应不良都会引起性焦虑。随着生理发育的成熟,一些大学生出现了对自己的形体的不安,这集中地表现在与自己性别相关的形体特征上。比如,男生希望自己魁梧高大,女生希望自己苗条漂亮。如果男生觉得自己矮小、瘦弱,则会感到自卑。而女生若觉得自己体形肥胖、长相平平等,就会感到苦恼。一些大学生还会为自己肤色的弱点、脸上的"青春痘"等而烦恼不安。

晶晶,女,大三学生,一天下午来到心理咨询中心,诉说自己近日很是不开心,因为同宿舍的同学常常拿自己的缺陷开玩笑。我不解地问:"像你这样标致的女孩子还有什么缺陷呢?"她不好意思地慢吞吞地说:"我宿舍的同学都认为我的乳房太小,缺乏女人的线条,她们常跟我在一起开玩笑,叫我'太平公主',虽说并没有什么恶意,但是我心里非常别扭,看到她们的乳房确实比我的要大,我就感到非常自卑,认为自己的确不够性感,害怕有一天我的男朋友因为我这点缺陷甩了我,我真的不知怎么办?老师,我真想去美容院做丰乳手术。"

除了对形体的不安外,大学生还为自己的心理行为是否与性角色相吻合而忧虑。不少男生常感到自己缺乏男子汉的气质,一些女生则觉得自己温柔不够、细心不足。为此,有些人产生了"过度补偿"。比如有些男生为了使自己像个男子汉,而故作深沉,或表现出大胆、粗鲁的行为,甚至以打架、冒险等来显示自己、证明自己。这些人追求的往往是外在的东西,而忽视了本质的内容。

(四)性行为失误

大学生中的性行为失误主要有以下两种。

一是婚前性行为。大学生的婚前性行为常不为社会和道德所接受,因而容易引起心理上的冲突,一旦被他人知道,就会羞愧难当。性行为的发起者多为男性,但直接受害者则往往是女性。尤其一旦怀孕,男女双方更是惊慌不安。怀孕的女生在人工流产前后,担心被人知道,心理恐惧、紧张、后悔,又缺乏应有的营养和休息,很容易给心身造成严重损害。

二是性心理偏差行为。主要表现为窥视、恋物行为。这类行为是由于正常的性对象、性方式的需求不能满足而导致的一种补偿性行为,是性压抑的一种宣泄方式,因而多属正常心理范围内的偏差。有这类行为倾向的人往往缺乏异性交往,个性内向孤僻,内心冲突明显,性压抑较严重。

(五)手淫的罪恶感

手淫是指用手或物等刺激自己的生殖器以引起性快慰、获得性满足的行为。根据调查表明:大学生中有相当数量的人不同程度有手淫行为,同时又认为手淫有害,因而,手淫成了困扰大学生的主要性心理卫生问题之一。

一男生来到心理咨询中心,坐在老师对面却一直不敢正视老师的眼睛,低头诉说自己近年来有一个问题一直在困扰着自己,已经影响到自己的学习生活。

"老师,我的问题是……有很长一段时间在手淫。"他最后说出了自己的问题。"我在上高中时就有手淫的习惯,自己认为是见不得人的事,母亲曾与我交谈过,说这样有害健康,并影响今后的婚姻,我很苦恼也一直想改掉这个毛病,但自己无法控制自己的行为。"

手淫的危害并不在于手淫本身,而在于对手淫的担忧、恐惧、羞愧和罪恶感。对手淫的错误认识,既是大学生不安、烦恼的真正原因,也是使手淫变得难以节制的心理原因。伴随着手淫快感的消失,悔恨、紧张、害怕、多疑、自责等心理涌上来,越是如此,越是有可能沉溺于手淫之中而不能自拔,于是就陷入恶性循环之中。这种情况特别容易发生在犹豫型个性者身上。那些性苦闷压抑、缺乏温暖支持、生活不如意者,常有可能借手淫以自慰。手淫的本意是用于释放性紧张,而在习惯性手淫者身上,手淫常可能变成更加紧张焦虑的原因。

手淫强烈的内心冲突容易引起生理心理紊乱,出现一系列心身反应:记忆力下降、反应慢、自卑、无力、情绪紧张等,影响学习、工作和生活。但这一切并不是手淫本身直接导致的,而主要是由手淫伴随的心理冲突引起的。

(六)经期的烦恼

女子的月经是一种正常的生理现象。然而,一些人受错误观念的影响,视月经不干净、见不得人,对来月经有一种厌恶排斥心理,把来月经称为“倒霉”,就是一种不良的心理暗示。

一般来说,月经并不伴随什么病态的感觉,但部分女生会有些生理和心理变化。如情绪易激动、烦躁、腰酸腿疼等。这都是经期的正常反应,一般不影响正常的工作、学习和生活。情绪对女子月经的状况及其感受有明显影响。对月经本身产生的害羞、厌恶、恐慌的情绪以及外界环境的不良刺激所引起的紧张、担忧、抑郁等情绪都可能不同程度地引起月经紊乱,恶劣情绪甚至会引起痛经、闭经。有些女生经期的不良身心反应也与自我暗示有关。生理心理学的研究表明,情绪与内分泌活动有密切关系。情绪干扰了内分泌系统生理机制的平衡,便会出现痛经的反应。

三、大学生性心理健康的调适

“性”是每一个健康的人本能的欲望和需求。大学生这个年龄的群体,正值性成熟和性的欲望需求的高峰期,引导他们科学地认识性,坦然地面对性,正确疏导性压抑,把握性行为,对减少大学生群体性心理压抑、性心理障碍、婚前性行为的发生都十分有益。

大学生的性心理卫生问题,在较长时间里常常不被社会、学校所重视,然而其影响却不可低估。由于性的禁忌、敏感,所以性问题也往往隐藏得很深。有些性问题本来不复杂,但因缺乏外界的帮助,而使当事人深陷苦恼之中。

下面就大学生中较常见的性心理卫生问题的调适进行探讨。

(一)了解性成熟与性心理知识

青春期的到来,标志着性成熟期的开始。一般来说,女子的性成熟期的开始与结束都比男子早些。性的成熟使男子出现胡须,声音低沉,肌肉发达;使女青年乳房隆起,臀部宽大,皮下脂肪丰满。

性的成熟引起心理上的变化,开始了性意识的觉醒,意识到两性关系等等。性成熟对大学生个性心理特点的形成有着重要的作用。青春期性欲的出现及其与性欲有关的多种多样的体验,在青少年的心理生活中占有一定的地位。

青少年在青春期性成熟的过程,产生了与性相关的情绪体验。通常女孩子因月经突然来潮,精神上没有准备,而感到不知所措,往往心理焦虑、惊恐和不安。男孩子因出现遗精,也常常产生恐惧、焦虑的情绪,甚至精神恍惚。有些青少年由于性生理的正常发育而产生与性意识相联系的害羞、腼腆、困惑、苦闷的心理。但是只要了解性成熟和性心理过程中的现象,过些时候心情会逐渐平静下来的。

(二)树立正确的性道德

性道德是指男女正确认识性关系,并约束、调适自己的性行为的准则。它是一个历史、社会的范畴。对于同一件事情,不同的历史时期、不同的社会、不同的民族,有不同的道德要求。封建社会的性道德是性禁锢。任何有关性的事,总是被认为是低微、卑鄙、猥亵、有碍风化的;性结合仅仅是为了传宗接代,与谁行爱事,当事人是无权选择的;失贞、寡妇再嫁是很不道德的事,要受"千夫所指"。资产阶级革命的胜利,虽然抛弃了封建的性道德,但又将两性关系套上金钱的枷锁,并推向纵欲主义的泥坑。一是金钱的交换,二是"性自由",将性活动视为轻率快活的消遣,主张没有生育的性生活与社会无关,纯属个人的"自由"和"权利"。这种性道德发展到今天,已变得极端盲目,必然会被更加进步的道德所否定。社会主义性道德,就是建立以爱情为基础的一夫一妻制,性关系只有在法律许可的婚姻关系中才是合乎道德的。但这种婚姻必须是以爱情为基础的,否则,即使是得到婚姻法许可的性关系,也是不道德的。按这样的道德准则,我们就能清楚地看到:包办婚姻、买卖婚姻、强奸、卖淫、婚外性行为、婚前性行为等形形色色、光怪陆离的两性关系和性行为都是不道德的。只有以爱情为基础的一夫一妻制的结合中产生的性行为，才能使性焕发出真正人性的光芒。

性道德是世界观、人生观的重要组成部分。就大学生而言，首先，加强性道德的修养，就是用正确的思想、行为规范要求自己，严肃对待性行为，对“舶来”的“性自由”等所谓西方“文明”应有清醒的认识。要知道这种性道德正是对人类文明的亵渎。其次，加强性道德的修养，就是要以坚强的意志控制自己的冲动，提高性冲动的阈值，建立起在自觉基础上的性抑制力。近代心理学成果已经表明：人的许多本能和欲望都能自觉而清晰地反映在大脑之中。因而人的性行为，除了生理机能的驱使外，在很大程度上依据个人意志的控制。最后，加强性道德的修养，就必须培植圣洁专一的爱情，从而使一个人成为有真正意义的人。

（三）把握好性行为的边缘

大学生因正处在恋爱期，虽然他们从生理到心理都不存在性行为的阻碍，但是还不能为所欲为，因为还没得到社会的认可。

应该说，社会对婚前性行为并不是一律不认可的。性行为是一个很宽泛的概念，并不专指性交行为。在恋爱初期，人们通过边缘性性行为来表达感情，如含蓄热烈的情书、温柔缠绵的情话、一块手帕、一片树叶，都可以用来作为爱的信物。因为它已属于性行为，它所传达的都是一种性感情，是得到社会认可的。

伴随着边缘性性行为，会时时有着性冲动和强烈的心理活动。所以当人谈恋爱到一定程度，便会对这种性行为产生一丝憾意，主动地把它升级为过程性性行为。过程性性行为更有吸引力，轻柔的抚摸、热烈的接吻、有力的拥抱，像一个个巨浪冲击着青年男女的心灵和肉体，让他们饱尝爱的甜蜜。应当注意：过程性性行为有着很大的性唤起作用，对于情欲旺盛而又没有性生活经验的青年人来说，一些亲近的行为可以使未婚男女进人性兴奋期。只要再向前走一步，他们就会滑过过程性性行为的边缘，进入目的性性行为。要想阻止这一步的迈进，只有靠人的自我抑制力，特别是掌握好在拥抱、接吻、抚摸时的分寸，一旦发现感情太炽热了，就要及时冷处理。

当然，除了生理原因之外，各种各样的心理因素也能造成婚前性行为。比如有的年轻人受西方“性自由”思潮的影响，对性关系根本不重视，在谈恋初期或者根本不谈恋爱，就发生了性关系。还有的人唯恐对方变卦，便以发生肉体关系作为束缚对方的手段。然而，不论有多少种原因，还是生理原因在起着最大最经常的作用，恋爱中的青年男女一方面要加强抑制力，同时还要减少性冲动，这样就可以避免越过那个危险的“临界线”。

对于婚前目的性性行为，有些人是不以为然的。他们没有意识到婚前目的性性行为有着巨大而明显的危害。其一，使他们重新选择的可能性受到很大限制，甚至有可能永远丧失重新选择的机会；其二，给他们留下婚后暗自猜疑、互不信任的后果；其三，使他们不自觉地产生一种为法律所不容的罪恶感、耻辱感；最后，由于婚前发生性关系时常都伴随着恐惧心理，怕被人发现，容易使他们形成习惯性性功能障碍。

（四）性欲冲动的心理调控

青春期发育随着性成熟，出现了各种性心理的反应，其主要表现：一是对性知识的兴趣；二是爱慕异性；三是性欲的冲动。其实这些是大学生性生理心理的正常表现，既不是耻辱，也算不上道德败坏。当你大胆地、正大光明地去寻求对异性的爱慕时，既不要情感奔放而失检点，又不要过于羞涩、扭捏而不自然。对性的欲望冲动则要靠性道德来约束自己。上述性心理反应的三个方面是相互联系的，其中最本质的是性欲冲动的问题。因而，把青春期性欲冲动控制在适当的范围和程度之内，避免引起邪恶的性欲冲动，这一方面关系到青年的性心理的塑造和奠定健康的性心理基础，另一方面也关系到社会主义精神文明建设的大问题。

要调控好青春期的性欲冲动，其一，应对大学生进行性教育。青年懂得了性知识，就能正确对待青春期出现的一些性生理现象，对性欲冲动保持理智的态度，同时能有助于防止在成长发育期间产生性生理疾患和性心理障碍。从长远的效果看，这对大学生的恋爱婚姻和终生幸福也是大有裨益的。另外，从社会角度看，这对提高青少年的高尚性道德，预防性越轨或性犯罪，建设性文明，也有着普遍的重要意义。其二，应端正对性的态度。人类的性欲是正常现象和本能。当然性欲的满足,只限于法律允许的夫妻之间。我们既不要禁欲主义,又反对“性解放”的观点。禁欲易造成人的人格变态,诸如多疑、孤僻、抑郁、烦躁、嫉妒等。“性解放”是一种腐败的思想意识,它玷污人们的灵魂,造成人道德的败坏和社会风气的倒退。所以,在我们这个国家是绝对不允许的。人的性欲虽是一种生理本能,但应是受性意念支配的,是富于理智的行为。因此,每个大学生都要对自己的性欲望心理有所控制,不能采取放纵的态度。实际上,只要我们端正了对性的态度,摆脱低级趣味的熏染,陶冶高尚的道德情操,这一点是不难做到的。其三,应坚持文明交往。异性大学生之间的交往要树立正确的交往动机,坚持大方、自然、坦率的文明交往方式,切不可只为性爱需要而去追逐异性。在异性交往中应掌握男女有别的原则,万不可轻浮、放荡。一般大学生异性间的交往,不外乎两个方面的内容:一是学习和工作,二是娱乐。这里面很可能包含着爱情的起点。但是作为异性交往的主导思想来说,切不可抱有诱弄别人的动机,更不能搞“精神恋爱”。即使双方在工作、学习中产生了性爱的意向,也要保持理智、文明、稳定,创造水到渠成、瓜熟蒂落的效果。

异性大学生的交往还应注意分寸。注意分寸也就是掌握适当的原则。一是注意交往时间,因为工作性交往与娱乐性交往有时是交叉的,这就是说要处理好工作、劳动、学习、事业和业余交往的矛盾。二是把握好友谊与性爱的界限,友谊和形影不离、卿卿我我是不能画等号的。一旦异性间不合法地跨越友谊的鸿沟时,劝君赶紧收住那奔放的情感。其三,应避免色情刺激。色情的书刊、图画、电影、戏剧、舞蹈等,尤其是充满肉欲的录像、电影、裸体画、庸俗的舞蹈音乐等,对大学生的性欲冲动有着极为强烈的刺激。往往使青年对自己的性欲欲罢不能,从而放纵,造成越轨行为甚至违法犯罪。青少年许多性犯罪者,是在看了黄色书刊、淫秽录像之后失去理智的。作为新中国的大学生要能严格要求自己,坚持不看这一类富有挑逗性的东西,保证自己有健康的精神生活。

（五）手淫的克服

手淫就是自我刺激性器官，与性欲意念相结合，以产生自我满足的性快感行为。手淫的初期，很可能是无意得到性快感的，以后不能自禁，形成了习惯。手淫不是疾病，也不是无耻行为和道德败坏。它是青少年中枢神经系统应激能力急剧提高的征兆。但是，手淫也像一个魔鬼折磨成千上万的青少年。因手淫而产生的担心、困惑、害怕、痛苦简直是“千头万绪”，很难罗列得完。比如，手淫能否使身体衰弱或者引起早死？手淫会导致精子消失而不能生育吗？手淫会不会使生殖器受损，影响以后正常的婚姻生活？会不会使人记忆力下降，视力减退，头痛、失眠、阳痿等等？

手淫究竟有无害处，需要对发生手淫的生理原因有科学的认识。进入青春期后，在性激素的刺激下，性器官和副性腺都开始增长和分泌，便会产生一种胀满感，随之就会产生这种胀满感排泄出去的强烈愿望。对于已婚者来说，这种胀满感可以通过性生活来解除，而未婚青年没有性接触的机会，便会自觉不自觉地通过手的触碰和刺激去解除。由此可见，这乃是性生理活动中的正常现象。

手淫虽不是一种正常的满足性欲的合理方式，但从社会效果方面分析，它也有一定的积极意义。比如，它可以解除生理上的胀满感，防止犯罪或不道德行为的发生。虽然从理论上说手淫没有什么害处，但毫无节制地进行也会有害。对于大学生来说，偶有手淫不会产生明显影响，但如果每天不间断，甚至一日数次，结果就不同了，经常处于兴奋之中，得不到充分睡眠，容易感到疲劳，引起食欲减退，还会出现神经衰弱症状。因此，大学生应该尽量克制手淫。

要克服手淫的危害，首先要尽量消除容易造成手淫的条件和环境。如不睡太柔软的床铺，睡不着时不要躺在床上，睡觉时两手最好露在被外，睡前排除大小便，晚间睡前最好不吃甜食等。其二是手淫的念头是由性欲产生的，因此应当尽量远离黄色书刊之类的强烈性刺激，特别是临睡前不看。其三是锻炼坚强的意志力和转移精力。要尽量避免一个人独处，要多找朋友聊天，多参加户外活动，注意体育锻炼，全面增强体质，培养坚强的意志力。另外，努力学习，积极工作，以转移注意力，是克服手淫习惯的最积极的措施之一。

(六)痛经的缓解

月经对于性成熟的女性来说,是一种周期性的正常生理反应。应该说妇女在月经期间,不应当发生某些不舒适的感觉,但由于激素分泌的变化和心理上的不适应,有些女性可能有轻微的下腹及腰骶部沉重、下坠、腰酸、轻度腹泻或便秘等。有的还有易疲劳、烦躁、情绪不稳、头晕、乳房肿胀等感觉,一般不会影响正常工作、学习和生活。

痛经的发生虽是由于生理的原因,但还有的是出于心理因素。一般说来,女性月经期间,常出现情绪不稳,如爱发脾气,容易冲动,忧郁和心烦意乱等。生理和心理学的研究证明,情绪与内分泌活动有密切关系。情绪干扰了内分泌系统的生理机制的平衡,于是就会出现痛经的反应。

对于因生理原因产生的痛经,应当及早求助于医生。对于偏重心理因素造成的痛经,注意从下几个方面可以缓解:一是学习经期卫生知识,了解自己的经期规律和特征,取消不必要的思想顾虑;二是保持精神愉快、情绪稳定,月经期可有意回避一些矛盾以减少刺激,一旦遇到不愉快的事情,要能控制自己,或是去听听音乐、看看电影,从事一些令人高兴的活动;三是注意多吃些豆类、胡萝卜等含维生素较多的食物,不仅对缓解痛经、而且对身体都有益处;四是必要时可使用些药物,这不但能利用药物作用,也对心理上产生一定的安慰作用。

思考题

1.大学生常见的性心理问题有哪些?

2.如何把握社交活动中的性冲动?

3.如何树立正确的性道德观念?

团体训练(八):“亲密爱人”

活动目的:

此活动目的是协助成员正确处理两性关系,了解男女两性在生理、心理方面的差异,并建立两性相互尊重与平等的观念。

团体性质:

此团体为封闭性团体,也可视具体情况而定。

活动人数:

此团体人数为8~12人,也可视具体情况而定。

活动程序:

1.团体成员中选男女各一,两两成组演练:如果对方要求与你建立亲密关系,你该怎么办?

2.男女回到团体中,分享刚才演练的情况与感受(演练前后,领导者(指导教师)说明活动目的,注意成员态度、反应),讨论题目如下:

(1)你答应还是拒绝对方?为什么?感受如何?

(2)如果答应对方,如何保护自己,领导者(指导教师)引导成员讨论,并叮嘱成员要为自己的行为负责。

第九章　网络交往心理

日益发展的国际互联网已经在全球形成了一个与地球空间相对应的网络空间。人们借助于互联网进行的交往活动越来越多。一种新型的交往方式——网络交往模式由此产生。这种交往模式，麦克卢汉曾预测，将继20世纪的文字交往模式和电子交往模式之后成为21世纪人们交往的主导模式。更有人大胆地预测：未来计算机网络的发展，将超越传统在真实生活空间（物理世界）形成人类所赖以建构的新的社会网络，人们所有的活动都将在网络中进行。这些预测也许为言尚早，但现实生活中以几何速度增长的网民和计算机数，足以说明网络交往模式会越来越渗入人们生活，为人们所运用。

第一节　网络交往概述

一、网络交往的界定

人的交往是认识与实践的统一。马克思认为交往应该包括单个人、社会团体以及国家之间的物质交往和精神交往。他指出："人们生产中不仅仅同自然界发生关系。他们如果不以一定的方式结合进步事业共同活动和交互交换其活动，便不能进行生产。"（《马克思恩格斯全集》，第6卷，北京，人民出版社，1961，486页）

在马克思主义实践观中，生产和交往是社会实践活动中互为前提的两个基本方面。前者处理人与物、人与自然之间的关系，后者处理人与人之间的关系。其中，交往又可分为如下两个层面。

首先是物质交往层面。这是马克思论述交往的原初意义域。他是指在人与人之间的活动、能力和成果的交换。马克思和恩格斯在《德意志意识形态》中指出：物质交往，而首次是人们生产中的交往，这是其他任何交往的基础。

其次是精神交往层面。这是对马克思主义实践观的进一步发展，它将交往的内容和领域又向纵深推进了一步。精神交往指人们通过实物、言语或意义的传递和共享达到理解和协调，进而影响主体间相互关系的活动。“简而言之，所谓交往，就是共在主体之间的相互作用、相互交流、相互沟通、相互理解，这是人基本的存在方式。”严格说来，一切交往都属于实践。广义认识论以交往为理论基础，认为实践是由多极主体参与的，其中主体之间直接或间接发生着交往关系，交往性是实践的社会本质特征，初次提出人类认识发展的动力主要来自于主题间的交往活动。同时，在交往过程中，交往双方要使自己被对方理解，就必须认识对方，接受双方所共同建构的“文本”，单向的、互不相干的交往是不存在的。网络交往同样是一种实践，是人的一种基本的存在方式。网络交往借助网络这种特殊的交往媒介，从某种意义上来说更加有利于交往双方所共同建构的“文本”，有利于对人的自由天性的启迪，并由此使个体自由生成和展示，使其各方面潜能不断丰富和完善。网络交往过程需要交往双方内心世界的对话，需要双方精神的交流与契合。网络交往既然是一种社会实践活动，它更多体现在同为主体的人之间精神层面上进行的交往。

网络交往是在网络上以文字符号为主要交流介质，以交流思想和抒发感情为主要目的的人际间的符号性精神互动。常见的表现形式有收发 E-mail、进行网上电子公告或论坛(BBS)、网上聊天(IRC)、在虚拟社区发表言论等。它是以计算机技术和通信技术为物质基础，以互联网为媒介的，就是共在主体之间的相互作用、相互交流、相互沟通、相互理解。应该指出的是，网络交往是人们诸多交往中的一种。那么，网络交往与一般交往之间的关系如何呢？我们认为网络交往与一般交往具有相同的基本构成要素，并且表现出相同的社会性。但和一般交往相比也有明显的不同，网络交往也是常常指向于交往主体某种需要的满足，而且这一目的的实现者可以是交往主体的任一方，也可以是交往双方。网络交往主体可以是处于任何地位、具备任何社会角色的人，交往的发生往往是随机的，交往中的结构也是松散的。但是网络交往的媒介与一般交往的媒介有明显的不同，它是通过网络和电脑这种崭新工具作为交往媒介的，而且网络交往方式和一般的交往方式相比也表现出明显的特殊性。我们这里不是要详细考察交往有哪些具体特点和人类存在着哪些具体的交往关系，我们所要指出的是，无论哪一种具体的社会交往方式，其主体间的关系包含着或者说必然包含着信息交流。从一般哲学角度来考察人类交往，说到底就是物质、能量和信息的交流，信息不同于物质和能量，但信息本身又离不开物质和能量的交流过程，或者说它就体现在物质、能量交流过程中。网络交往最大的优势就是使信息的交流变得快速和便捷，更能明显体现人的社会交往的信息交流特征。

信息交流过程体现在一切社会活动中，因此，没有信息交流过程也就不会有任何社会交往，两者是一个同一的过程。正因为人类社会交行活动中的基本过程就是信息交流，而且信息交流本身是人类社会交往的基本特征和要素，所以在信息时代电子信息网络能够把这一过程"表现"出来。如果一种事物和过程根本不存在信息流通，那么网络系统是无法把不存在的东西表现出来的，它也就没有存在的必要，也不可能成为今天实际生活过程所离不开的东西。再者，信息交流方式的变化实际就是人类生存方式的变化。人的社会存在首先表现为社会交往，而交往关系的基础和基本因素是信息交往和交流，当信息交流手段和方式发生变化时，势必改变和影响人的生产和生活方式。而在人类交往中由于信息交流方式发生变化也引起了人类生活方式的改变。人类的许多重要发明和技术创新，事实上首先改变的就是人类的信息交流方式。有了语言，人类从动物感性的自在交往中产生了以语言为媒介、以抽象思维为主要特征的人类特有的社会交往。有了文字，人类生活方式进一步改变。现在无论是无线通信还是电子信息网络的出现，首先改变的都是信息交流方式，这才使人类生产生活面貌发生了巨大变化，而信息交流方式的改变则意味着人的交往范围、交往内容、交往方式要出现新的变化。

(一)网络交往是一种有积极意义的精神互动

网络人际交往是一种有别于电话等虚拟行为的新型精神互动。从积极意义上讲,它确实能够带给人们一种积极的自我感受,实现自我改善。概括地说,这种积极的自我感受可以归纳为以下几点。

1.地位的平等性

在网络交往中,自我的社会身份通常不发生作用,现实生活中的任何角色都享有平等的话语权。人与人之间不存在高低贵贱之分、男女性别之差、长幼辈分之别,每个人的地位都是平等的。在虚拟条件下,自我可以任意选择和扮演你想成为的人,但这也只是一种身份代码,没有交往上的差异,差异只存在于话语本身的力量和对网络技术的熟练与否。

2.时空的超越性

网络化的交往超越了时空限制,消除了“这里”和“那里”的界限,拓展了人际交往和人际关系,使人际关系更具开放性。“电子社区”的诞生,使得居住在不同地方的人,都可以“在一起”交往和娱乐。同时,交往范围的不断扩大,必然会使人们的各种社会关系向多元化和复杂化方向发展。

3.现实的隐匿性

网络社会的人际交往和人际关系的定义,已经突破了传统人际交往和人际关系的内涵。在网上,人们隐匿掉现实的一切,可以“匿名进入”,网民之间一般不发生面对面的直接接触,这就使得网络人际交往比较容易突破年龄、性别、相貌、健康状况、社会地位、身份、背景等传统因素的制约。部分网民在网上交际时,经常扮演与自己实际身份和性格特点相差悬殊甚至截然相反的虚拟角色。比如,五尺壮汉可以将自己伪装成妙龄少女,与其他网民共演爱情悲喜剧;一旦“坏了名声”,又可以很方便地改名换姓,以新的面目出现。在这种情况下,很多网民往往会面临网上网下判若两人的角色差异和角色冲突,极易出现心理危机,甚至产生双重或多重人格障碍。

4.交往行为的自由性

交往的隐匿性决定了交往行为的自由特点。在网络交往中,交往者来去自由，行动方便，如碰到不喜欢的对象或遭遇尴尬局面时可退出，或以新的角色身份重新进入交往。在思想感情传达上，交往者可以大胆地直抒胸臆，而不必像日常生活中那样吞吞吐吐，或胆怯害羞，容易达到交流的较深层次。

5.自我的补偿性

因为网络上的自我呈现可以“以假乱真”，自我能够通过幻想编造故事，尝试全新的生活和心理感受，以补偿现实自我的缺乏。也就是说，网络互动可以让自我摆脱日常生活中的既定角色，从压抑的心理状态、严格的社会禁限中解放出来，把受到抑制的情感和意见畅快地表达出来，而不必担心自我身份的暴露。

从以上分析中我们可以看到，网络交往使人类的交往范围更为广阔和自由了，交往内容也更为丰富了，人们可以在网络中寻找到现实生活中暂时和根本无法实现的生活体验。在这个层面上说，网络交往呈现出了极强的自主性、体验性、创造性，这也正是人们迷恋网络的主要原因。然而，事物总有两个方面，这些特点同时也决定了网络交往是一种弱规范性互动。

(二)网络交往也是一种弱规范互动，有很强的负效应

在现实社会中，人们总是不由自主地依据一定的社会规范来进行各自的交往行为，并为其行为的后果承担一定的责任。网络交往却没有统一的行为规范与标准约束网民，网络恰恰是把现实社会中的规范弃之一边，把只具有技术规范的通信协议(如TCP、IP等)作为人们交往必须遵循的唯一规范。这种弱规范性有很强的负面效应，具体表现如下。

1.网络交往很大程度上弱化了现实的人际交往规则的权威性

人们在现实的人际交往中都要遵从一定的规则，如诚实、礼貌等，并相应产生一套交往礼仪和道德规范。如果有人违背了这些规范，就会受到社会道德的谴责，难以在现实交往中获得成功。网络交往是通过计算机为中介进行的，具有虚拟化和间接性的特点，因而也具有极高的自由性。受现实规则制约的人们往往会在网络空间中寻找心灵的寄托，将更多的个人时间用于网络交往，从而使现实的交往规则的权威性弱化。

网络交往减少了人们对现实人际交往的需求,造成了“交往异化”问题。这种被异化了的交往活动给人尤其是青少年的社会化进程带来极大的负面效应。社会化是指作为个体的生物人成长为社会人并逐步适应社会生活的过程。经由这一过程,社会文化得以积累和延续,社会结构得以维持和发展,人的个性得以形成和完善。交往是实现人的社会化的重要途径,尤其是青少年,他们正处在个性形成社会角色的培养时期,网络文化对他们的影响十分巨大。网上充斥着虚假和失真的东西,淫秽、色情、暴力等不健康的东西,都给青少年的社会化带来困难和阻碍。网络空间中有很多的少年黑客和利用电脑技术行骗、欺诈的青少年便是例证。

过分迷恋网络还会造成自我现实感的过度丧失而出现生理和精神上的异常,医学上称其为网络沉溺或网络综合征。心理学研究者分析这种现象认为,上网引起的上瘾症状和吸烟、吸毒一样,患者本人有强迫性心理潜质,被某一事物激发后便会沉溺其中不能自拔。因为过度上网沉溺于网络游戏、聊天等网络活动中,会使大脑中一种叫多马胺的化学物质水平升高。这种类似于肾上腺素的物质短时间内会令人高度兴奋,但时间过长容易丧失时间感,以致对现实丧失兴趣。在这种行为的不断重复之下,自我习惯了这种方式,被麻醉后再回到现实中来,会产生自我呈现的不适应感,导致生理和心理病症的发生,常常表现为精神亢奋不能自抑、情绪波动大、焦虑抑郁、烦躁不安、思维迟钝、自我评价降低等症状,一些人不上网时手指会下意识地运动,严重的会全身抽动、痉挛、不吃不喝,甚至引发自杀的意念倾向。有调查表明,网络综合征在处于社会化初期依赖性强、自制力较差的青少年中表现得尤为严重。

2.网络交往难以建立“强联系”

在匿名的人际交往情况下,自我身份缺乏稳定和连续性会造成对自我认知的困惑,并影响发展持久的、相互信任的交往关系。

在网络上,自我身份具有虚幻性,可以任意确定,自我因为能够获得解脱现实压力的种种宣泄渠道,自由地展示个性,因而常常排斥改变或只容忍以持续性为代价的短暂改变。又因为自我呈现是“发散的”和多元化的,当多侧面的自我要被整合到一个独一无二的内部感觉的自我中时,彼此之间就缺乏心理上的结合点,难以获得统一。这种心理结合的缺失也导致“他者”对于同一自我的认识缺乏鉴别和保持一致性的基础。因此参与者会感到,虽然他们可以接触到某种现实,但仅仅是“某种”,他们不能够信赖任何人,在线的每个人或每件事都可能是一个谎言,很少有人能够说清楚“他”究竟是谁,是怎样的一个人,即使有时真诚地“自报家门”,也很难得到他人的认同。著名的相声演员姜昆曾描述他第一次上网交谈的经过:他刚刚在网上打出“我是姜昆”几个字,立刻便有网友回应“我还是马季呢”,让他哭笑不得。

这种自我身份的漂泊不定还会对人们之间的相互关系产生影响。根据心理学研究,在交往中,在对自我的飘忽不定的印象左右下,在展现自我需要的急迫心情以及可以容易地变换交往对象的条件许可下,人们较少有耐心去倾听或体会他人。因此,网络交往虽然广泛但却很难获得持久,交往关系变得比较脆弱。这也成为一些网络社区虽然人员众多、更迭频繁,但人们之间难以建立“强联系”的一个原因。

3.网络人格对现实人格形成挑战

客观地说,网络交往展现了交往角色人格的丰富和多彩。网络中表现出来的人格是现实人格的补充和延展,它与现实交往所展现的人格形成了鲜明的对比,并与之共同描绘了一个完整的人。

弗洛伊德曾认为一个完整的人(“我”)有三个“我”:本我、自我和超我。“本我”表达欲望,包含所有寻求直接满足的本能驱动欲望,不受时间影响,没有任何道德,只追求本能需求的完全满足;“自我”通过对现实世界的感知来协调外界与本我之间的区别,以唯实原则来调节行为;“超我”表现为社会规范下形成的某种人格特征。压抑“本我”的力量来源于“自我”和“超我”,人格身份在现实社会无法显现的部分,往往会通过虚拟现实和想象的图景(比如说梦境)中获得一种表露的途径。

虚拟的网络互动环境恰恰为人提供了这样一个途径。在网络中,虚拟场景使“我”处于“不暴露”的安全状态之下,抒发自我的障碍和社会禁忌减少了,交往双方心理负担也减小了,人不必封闭于自我内心的小圈子里，受压抑的思想和行为此时得到机会释放，产生的往往是一种为所欲为的心理放纵感。也就是说，网络交往往往表达的是人们交往中受到抑制的真情实感和日常生活中不为人知的“自我”人格特征，即是弗洛伊德所说的“本我”特征。这种“本我”一旦和现实中的“超我”反差太大时，往往表现为人格的精神分裂，严重者恐怕十有八九会患上网络综合征。

二、大学生网络交往的积极因素与负面影响

当代大学生以全新的文化理念和文化行为解读社会，规范自我，塑造自我。他们往往被人们誉为“文化新人类”。互联网以数字化、网络化、信息化为标志的生存状态，以交互性、虚拟性的网络交往迅速发展，直接影响到当代大学生的生存、学习、生活和成才。网络对当代大学生的交往方式无疑是一次突破性革命。网络在促使当代大学生的全球意识、效率观念、信息知识和平等观念增长的同时，也难免产生一些负面影响，因此，网络交往是一把双刃剑，有其积极的一面也有其消极的负面影响。

（一）大学生网络交往的积极因素

1.有利于大学生知识的传播、思维的发展、潜能的开发

网络资源浩渺无边，教育、政治、经济、文化生活等各个方面的信息都容纳在一个网络空间，全球的信息网络连通世界各地的当代大学生，出现了跨国家、跨时空、跨民族、跨文化传统的大流，其特点将不仅是在时间上缩短了人与人之间的距离、知识的传播，并能使当代大学生在交流中迸发出思想的火花。网络的共享性特征使文化作为无形资产瞬间扩散到各地，使每个网民受益，激发了当代大学生创新知识和探索未知的念头，使其潜能得以开发。

2.提高了大学生的科学技术意识和创新能力

应该说当代大学生是最具科技意识和创新能力的一代，强烈的科学意识、科学观念是大学生素质的重要内涵。人的行为是受意识支配的，没有强烈的科学意识、科学观念，就不可能有旺盛的求知欲，而对知识的渴求恰恰是人不断学习、勤奋学习的动力。大学生的科学意识、科

学观念主要体现在三个方面:一是牢固树立科学技术是第一个生产力的思想;二是密切关注科学技术的飞速发展;三是自觉抵御和清除愚昧、迷信、非科学、伪科学的侵袭和影响。由于计算机及网络在当代社会中发挥的作用越来越重要,其发展速度一日千里,极大地推动了社会经济的发展和进步。所有这些都让大学生看到了科学技术的力量,真切地理解了科学技术是第一生产力的含义,更加充分地体会到知识经济的巨大力量。对科学技术重要性的重新认识,使大学生能够自觉地发奋学习,积极主动地投身到知识的海洋中,去获取更多的科学知识,为更好地立足社会、推动社会发展而主动创造条件。

创新是一个民族进步的灵魂,同时也是大学生必须具备的一种素质,网络交往为培养大学生的创新精神、提高大学生的创新能力创造了良好的条件。从某种意义上说,网络文化就是在不断创新并向前发展的,创新是网络文化发展的不竭动力。大学生要想在网络文化中展示自身的存在价值就必须不断地创新,只有不断地创新,展示自身独特的一面,才能在网络文化中显示自身存在的价值,从而发出大学生个体或群体的最强音。现在很多大学生已经充分意识到,如果不培养自己的创新精神,没有创新能力,就无法在网络中吸引更多的眼球,也就无法在网络时代立足。同时也意识到了在网络时代,任何国家和民族只有不断丰富和创新自己的文化,才能使本民族的文化保持永恒的生命力。应该说当代的大学生已经通过各种各样的创新实践活动,提高了自己的创新能力。有很多大学生已经在网络交往中找到了自己的位置,比如有的大学生已经开设了自己的网站,有的大学生制作了显示自身风格的 flash 动画,有的大学生已经开始了自己的在线创作,比如在博客网站中有很多的大学生开始了自己的创作生涯,又比如考研网站的 BBS 中就有很多大学生通过发布自己制作的考研软件为其他大学生提供方便,而著名的榕树下全球中文原创作品网中的"大学生在线"的文学创作,也显示出了大学生群体正在进行创新的有益尝试。

3.为大学生民主意识的培养提供了条件

网络交往为充分发展民主以及培养大学生的民主意识提供了一个千载难逢的机遇。因为网络信息技术使人们极大可能地克服了民主实现的种种限制。首先,网络信息技术使人们能够在足不出户的情况下通过网络通信工具就能够聚集在一起,不会因为散居在各地而老死不相往来。其次,网络信息技术使人们有可能克服会议的限制。在网络论坛里,每一个人都能够通过网络就特定的公共事务发表自己的意见,并且同时倾听他人的意见,而不必受到会场小容不下更多人的限制,也不必受开会时间有限的限制。第三,网络技术使人们能够突破信息方面的限制。在网络上,人们能够有选择地得到各种各样的信息。并根据公共事务的类别对信息进行加工整理,人们可以按照自己的需要索取信息,在这一进程中,人们有了最大限度的选择。网络拓宽了人们获得信息的渠道,充分开拓了人们了解公共事务的可能性,自然也就为人们参与公共事务提供了充分的信息条件。

网络技术的发展,为克服民主充分发展遇到的技术障碍提供了技术基础,同时也为大学生的民主意识的培养提供了良好的外在条件。大学生可以充分地利用网络参与民主方面的实践活动。大学生是青年群体中最主要的组成部分,从内心来讲,大学生有对民主的渴望,从现实性来讲,网络技术为大学生参与民主提供了一种崭新的技术支撑。在网络上,大学生可以不怎么顾忌现实当中的身份和其他外在的压力等干扰因素,更能充分真实地表达自己的观点,对国家政策和社会各种不良现象提出自己的看法,同时能针对某些问题提出自己解决问题的方案,不论他们的观点是否正确,也不论他们提出的方案多么稚嫩,毕竟他们的民主意识能在网络交往环境中被充分激发并得到强化,而且会成为大学生思想意识中重要的组成部分,并为他们以后步入社会参与现实的民主政治生活打下一个良好的基础。我们相信在不远的将来,网络民主一定会成为大学生参与公共事务的一种重要形式。而且现在很多大学生就利用网络的BBS或论坛,在网络社区表达自己的观点,对社会各种现象提出自己的看法,对政府的某些决策提出自己的建议。因此我们认为网络文化为大学生参与民主活动提供了广阔的天地,为民主意识的强化打下了一个良好的基础。

(二)大学生网络交往的负面影响

1.网络交往弱化了大学生的现实交往能力

任何高科技都是一把双刃剑,它在给人们带来许多便利的同时也将邪恶带给人间,网络给传统人际关系带来的冲击也是史无前例的。

丰富多彩的互联网极大地丰富了当代大学生的精神世界,他们在网上周游世界,结交五湖四海的朋友,置身虚拟世界,忘却了现实中的烦恼,也离现实越来越远。他们看不惯现实中的一切,也越发不能容忍现实中的人事纠葛,在他们看来,现实是虚伪的、丑恶的,唯有虚拟世界中的一切才是纯洁的美好的,也唯有虚拟世界中的一切才能够人人平等,是理想中的伊甸园。因此,大学生更倾向于网络交往,而不愿意与现实中的人们交往。长此以往,不少大学生养成了孤僻的性格。有些学生平时很内向,但在网上却显得异常积极活跃,下网后往往又变得更加孤独内向,与日常生活判若两人。有些学生通过简单的键盘操作就完成虚拟社会的人际交往,对现实人际交往的复杂性则产生厌恶。久而久之,他们愈发与现实格格不入,失去了对周围现实环境的感受力和积极参与意识,弱化了现实交往能力。

2.网络交往弱化了大学生的道德意识

传统社会由于交往面狭窄,在一定意义上是一个“熟人社会”,交往对象大都是熟识的人(亲戚、朋友、邻里等)。依靠熟人(同事、邻居、单位)包括新闻机关、执法机关等的监督,慑于道德他律手段(社会舆论、利益机制、法律制裁)的强大力量,传统道德是能得到比较好的维护的。在这一“熟人社会”里,大学生的道德意识非常强烈,道德行为也相当严谨,丢面子的缺德行为大多干不出来。有很多大学生的合乎道德的行为常常是做给他人特别是可能对自己有影响的人“看”的,但一旦进入“反正没有人认识我”的界域,那条由熟人的目光、舆论和感情筑成的防线是很容易崩溃的。传统社会中道德他律的种种“外力”,在网络社会中却在一定程度上失去了作用,网络社会形成了一个相对自由的“自由时空”。许多传统道德津津乐道的东西,如许多空洞的号召说教、人为强加的规范约束,将难免为大学生所“默杀”。

因特网是由世界上许多国家的很多局域网构成的,它采用离散结构，不设置拥有最高权力的中央控制设备或机构。它既没有中心，也没有明确的国界或地区界限。作为一个自发的信息网络，它没有所有者，它不从属于任何人、任何机构甚至任何国家，因而也就没有任何人、任何机构任何国家可以左右它、操纵它、控制它。况且网络连接面广泛，传输速度快，收集、处理信息效率高，时间空间对人的活动的约束力大大缩小，因而现实社会中那种分地域设卡设点管辖、控制的管理方式往往作用不大。这就造成网络上的权力分散，也决定了网络文化作为一种权力分散的文化而存在，而这种权力分散的文化使大学生的道德观念更趋向于自我化，在进行道德选择的时候更强调自我的需要，在道德判断上更强调自己的判断标准，显示出以自我为中心的倾向，道德责任意识弱化使人更容易放纵自己。网络交往行为具有"数字儿"或"非实体化(虚拟化)"的特点，我们看到的形象、图像、文字和听到的声音变成了数字的终端显现，甚至人也是以一个"符号"的身份在活动，因而很难对大学生的行为加以确认、监管。这就使很多大学生在网络交往中漠视权威，无视中心，忽视规则，出现了很多道德失范行为。如使用不文明语言，缺乏诚信态度，网络犯罪等等。

3.网络交往扭曲了大学生的人生观、价值观

丰富多彩的互联网极大地丰富了当代大学生的精神世界，同时形形色色的思潮、观念也充斥其间，给人的思想成长带来一定的负面影响。互联网产生于信息化大国，发展于发达的西方国家，在我国只是刚刚起步。西方国家在输出网络技术设备的同时，必然裹挟着西方的意识形态、价值观念。这对于我国社会的主流价值观肯定是一个巨大冲击。随着互联网覆盖面的不断扩大，影响程度也在不断加深，不同文化类型、意识形态之间的交汇、冲突与整合将越来越明显。

网络文化的超地域开放性容易使大学生的价值观倾斜，导致大学生价值观的多元化，甚至可能导致盲目西化。电子信息网络在增进人类文化世界性交往的同时，也对各民族的文化模式产生了前所未有的冲击。一定时代、一定民族的人们都生活在一定的文化模式中，新的世界共同体的形成，经济全球化和市场一体化的冲击使很多民族的文化模式受到了前所未有的冲击，任何一种文化模式都不能在现有的条件

下得到全面的保留。网络时代的到来正在最大限度地打破一些民族既有的文化模式。网络文化完全打破了国界,连通了地球上任意一个可以连通的角落。就我国而言,网络文化也在很大程度上影响了我们民族的传统文化和既有的文化模式。面对着多元文化的冲击特别是西方敌对势力凭借占有的技术和信息的绝对优势,利用网络对我国进行文化渗透,我们的大学生一方面缺乏理论根基和人生阅历,另一方面我国正处于市场经济的形成和发展时期,大学生的思想观念也正处于激烈的动荡和交锋之中,长期接触网络文化,很容易使大学生思想出现多元化的倾向,甚至可能对西方的价值观念逐步产生亲近感和信任感,并最终走向认同和依赖。与此同时,则有可能告别对本民族文化与价值观的信任、依赖和自豪感,甚至有可能认为西方的一切都比中国好。

网络交往的自主性在一定程度上容易造成大学生价值取向的紊乱和道德判断力的削弱。从技术角度来看网络本质上是一个没有任何中心与权威的系统,网络行为是一种自主的个体行为,任何网民都可以自由。自主、不受束缚地在网络上发表自己的意见,也可以从开放的网络中获取多元的信息,同时可以选择自己感兴趣的信息。作为特定的群体,大学生有很强的反抗和叛逆心理,渴望自主选择,网络恰好提供了这样一个空间。然而网络信息生产者数量极其庞大,信息的产出很难由法律加以有效控制。网上的信息良莠不齐,铺天盖地的信息浪也会使某些大学生不知所措、无所适从,从而使他们认知事物、判断是非的能力降低。大学生信息素质的培养和提高需要一个长期的实践过程,加上大学生的意志发展还没有完全成熟,其自制力水平、自我控制能力乃至判断能力都不是很强,容易受新奇、刺激东西的吸引,因而难以抵挡不良信息的影响,造成价值观的紊乱。

现实生活告诉我们,网络在给我们带来美好的同时,无形中也在影响着人们的心理。如过分迷恋上网可能会带来心理和生理危害;网上身份丧失带来了平等感、自由感、身份变化感。在这种情形下,我们的心理能否适应这种变化,该如何得到控制,已经成为摆在我们面前的一个问题。

第二节 大学生网络交往中常见的心理问题

某高校的调查显示：由于迷恋网络而导致退学、试读、留级的大学生人数不断增加，特别是一二年级的学生更容易上网成瘾，以致出现精神障碍，学业彻底荒废。

一、大学生迷恋网络交往的心理因素分析

（一）网络成瘾症

伴随着网络的普及，一种新的精神疾病开始出现，它就是“网络成瘾症”。其表现为患者对网络有心理依赖感，不断增加上网时间；从上网行为中获得愉快和满足，下网后感觉不快；在个人现实生活中花很少的时间参与社会活动和与他人交往；以上网来逃避现实生活中的烦恼与情绪问题；倾向于否定过度上网给自己的学习、工作和生活造成的损害。

据调查显示，大学生是“网络成瘾症”的高发人群，其发病率甚至可高达10%～15%。

一般来说，过度使用网络常常会导致青年学生出现情绪障碍和社会适应困难。在心理方面，会出现注意力不能集中和持久，记忆力减退，对其他活动缺乏兴趣，为人冷漠，缺乏时间感，情绪低落。在躯体方面，会出现不能维持正常的睡眠周期，停止上网时出现失眠、头痛、注意力不集中、消化不良、恶心厌食、体重下降。在行为方面，会出现品行障碍，产生攻击性行为。

如何判断是否患上“网络成瘾症”呢？一般认为，在过去12个月中表现出下列7种症状中的3种以上时，应引起重视。①耐受性增强，以上网时间不断增加来得到满足；②戒断症状，即停止上网则出现明显的焦虑，并伴有明显的上网冲动；③上网频率及上网时间总是比事先计划的要多；④企图缩短上网时间的努力总是以失败告终；⑤花费大量的时间在和网络有关的活动上；⑥上网使个人的社交、职业和家庭生活受到严重影响；⑦虽然能够意识到上网带来的严重问题，仍然继续花大量的

时间上网。

很多人并没有意识到上网成瘾是一种精神疾病，需要通过药物及心理治疗来缓解，而是单纯地认为是青少年思想问题。

抽样调查显示，网络成瘾症的发病率达到了 10% ~ 15%，而意识到这是一种疾病并进行治疗的却不足 5%，这是大家必须引起重视的问题。

据调查，青少年已成为社会网络活动的主体。网络成瘾发病年龄介于 15 岁 ~ 40 岁之间，24 岁以下的网民占总人数的 51.5%，青少年是易患高发人群。一位社会学专家认为，大学生对新知识充满强烈的好奇心，同时他们在这一时期也存在着性格的不稳定性，期望通过网络等各种方式来满足自己的各种欲望，这种欲望需要正确引导才能“从善如流”。如果缺少了正确的引导，他们这种获取知识、满足欲望的心理就很可能导致网络成瘾，成为一种疾病。

一个人如果不能控制对网络的依恋，很容易患上“网络成瘾综合征”，医学上又称之为“病态性使用互联网”。网络成瘾症的病症表现为：患者初期对网络产生精神依赖，之后就极易发展为身体依赖，出现记忆力减退、易疲劳、食欲不振、消化不良、视力下降、睡眠障碍和焦躁不安等反应，严重的就会危及个体的学业、工作以及家庭、社会关系等。患上网络成瘾症后，对网络会有一种心理上的依赖感，在不自觉中不断增加上网时间，从上网行为中获得愉快和满足。而下网后感觉不快，也不愿参与社会活动和与他人交流，以上网来逃避现实生活中的烦恼与情绪问题。

根据某理工院校的一项问卷调查显示：当问及“你是否迷恋上网”，“你是否认为上网影响学习”，47%的同学回答“是 ”。

某大学一男生，曾经因为学习优秀被保送上大学，他听师哥师姐们说，大学很好混，便失去以往的学习动力，上网吧玩游戏，渐渐地无法摆脱网络游戏的困扰，一学期下来四门功课不及格，后悔没有抓紧时间，也想试图补上，但却无回天之力，直到学校勒令退学才悔恨不已。的确，网络在给我们提供种种便利的同时，也在不断地吞噬着我们的时间，影响和改变我们的生活方式。

大学生网络成瘾综合征产生的主要原因有以下几点。

1.学习目标不明确

应试教育,使高中生产生单一的目标:考大学。考上大学了,课程安排不像高中那样紧张了,也没有家长、老师的随时监督了,虽然想学,但不知学什么,怎样学……感到无聊,便上网去打发时光;当大学生发现自己综合素质不高,专业成绩不理想,计算机、外语未过级……将来很难在就业竞争中取胜时,又觉得时间不够,压力太大,对自己失去信心,通过上网逃避现实。

2.性格因素

一定的人格倾向也易使个体成瘾,网络只是造成成瘾的外界刺激之一。性格内向、不善交际、自卑、孤独感强的学生更易成瘾。这些学生普遍表现得在现实中交往能力差,没有多少朋友,希求在互联网上寻求情感寄托,缓解在现实中的人际交往压力。自我意识过强、理想脱离现实等等,也容易导致在网络空间寻找寄托。一大学生这样写道:“那一段,我的心情一直都不好,不知道是不是中断上网的原因。很多事压在心里,闷得紧紧的,非常不舒服,又不知和谁说,到现在能和我嘻嘻哈哈说几句话的没几个,于是又去上网了。这次我不管对方是谁,把心中压着什么都给说了,也不知怎的,这样心里就好多了。以后有不快,就上网和网友聊天排解、发泄……渐渐地我就陷入了网络当中。只有陷入网中,我才把我周围的困境、迷惑、压力忘得一干二净。”

3.自控能力差

大学生对网络成瘾危害是有认识的,个别咨询中,有些学生坦诚地讲:“当从网上消磨了一段时间回到现实时,心中常常觉得花那么多时间来上网是不对的。对工作、学习有误,可当心中再有压抑时,还是忍不住去上网。”“知道上网的危害!但吸引力太大,游戏不断更新,先免费升级,再收费,想不去,舍不得,因为花了太多的心血,并交了许多朋友,想放弃也放不了。”

一些大学生由于自控能力差,虽然认识到网络成瘾的后果,但却不能控制自己的上网时间,致使愈陷愈深而不能自拔。

（二）网恋

当代大学生正处于人生的青年期，这一时期的感情比较丰富。情感表达是大学生的一个重要的内在心理需求。通过上网来寻求人与人之间以互相关心、互相理解和互相尊重为要素的广义的人类之爱，是一种潜藏在大学生内心深处的极为深刻的上网动机。通过与网友的交往可以使他们隐藏于内心深处的对爱的需要得到满足。他们在网络中结识朋友，获得现实生活中无法得到的情感交流、尊重和满足感。网络给他们提供了一个最好的、使每个人都有的对爱的需要得以满足的场所。在网络里他们表达情感的方式主要有聊天、建立个人主页、网恋和在BBS上发表自己的观点及见解。在大学生的聊天中，聊的最多的话题是爱情和友谊。他们在网络里绝不会感到孤独，因为无论兴趣爱好是什么，总有许多人在虚拟社区里相互交谈、互相倾吐着秘密。在网上，一个大学生的所思所想都是经过一定时间的筛选才反映为文字。它展示的自我，从某种程度上说是经过粉饰的或者是理想中的自我。他们在这里可以寻找理想化的“白马王子”或“白雪公主”，可以找到完美无瑕的“梦中恋人”，可以建立“美满的婚姻”。这种现代的、纯真的和柏拉图式的爱情童话，能够满足大学生内心深处对浪漫爱情和真诚友情的渴求，也可以慰藉内心深处孤寂的心灵。但是，人类在编织网络这张世界大网的同时，也深深地被这张大网罩住了。也许网络的历史就是人类落网的历史，大学生自然而然也逃脱不了这张“情网”的荫翳。

我们在进行个别咨询中有这样的案例：

高等院校一女生，大二，在网上通过聊天认识某重点高校的一名男生，网上交往了一段时间后，两个人遂要求见面。频频约会以后，女方声称男生非常爱自己，照顾自己也很细心，于是向男生提出确立恋爱关系，但意想不到的是男方却不同意，他说：“保持这种朋友关系挺好，为什么要确立恋爱关系？如果确立恋爱关系，我们就分手。”女生非常痛苦。来到心理咨询中心，痛苦地诉说着自己的网恋情节，认为自己和对方志趣、爱好都很吻合，不愿离开对方，但对方并没有和自己真正确立恋爱关系的想法，自己又不愿意维持这种不明不白的关系，不知该如何是好。

“几天来，我都无心学习，常常给这个男生打电话，却没想到，男生不愿再理我，认为我很烦，说我们的性格不和等等，可是我们在网上聊得很投机呀！”她一边诉说一边在擦眼泪。

这样的事情不只发生在女同学身上，男同学同样遭遇险情。

李某，男生，某重点大学大三学生，到心理咨询中心诉说自己最近因个人的一点感情问题而无法学习。欲求老师予以帮助。

自诉自己在网上结识一女生后失恋了，非常痛苦，而最让自己痛苦的是这个女生竟然把自己欺骗了，认为她玩弄了自己的感情，这是自己不能接受的事实。他说：“我们开始是在网上认识的，不久我们见了面，我感觉她非常有气质，可说一见钟情。当天我们发生了性关系，在以后的几个月的交往中，我们的感情与日俱增。可不知为什么，她突然提出分手，不管我怎样表白我对她的感情，她依然主意已定。此时的她和以前判若两人，我一直不明白，她为什么会这样。我认为她一直在玩弄我的感情，可能从来就没有真正用心去交往，可是我一直是真的呀！老师我不明白，我们已经发生过好几次性关系，我一直认为她是不会离开我的，可万万没有想到她根本不在乎这些，居然主动提出与我分手”！

这两个例子虽然不带有普遍性，可网恋的危险毕竟是存在的，它就发生在我们大学生身上。像这样的例子也并不少见，如 2002 年 7 月 7 日央视《焦点访谈》播出了一起“网恋”引发的大学生血案就是有力的证明。

网恋是社会交往的一种新变化，是人们新生活的方式，它的出现会带动社会进步，同样也会带来这样那样的问题。在现实生活中网恋有很美好的一面，一些关于网恋的电影拍得也很感人。网络为人们提供了一个结交朋友、了解外界的技术途径，但它带有很大的盲目性和偶然性。那么为什么许多大学生还铤而走险呢？主要可能有以下几个方面的心理因素。

1. 求浪漫情怀

大多数人都相信：世界上最美好的东西是爱情。自古以来围绕着这个话题流传下来无数动人的故事，而最能打动人心的就是那些爱情都涂上一层浪漫的色彩。到了今天市场经济的时代，物欲横流，爱情更面临着一个严峻的考验,而网络世界又给爱情罩上一层神秘之网,这样一个网络盛行的社会里,爱情似乎更加神秘而美丽了。有的人认为现实生活中的爱情太现实了,比起网络爱情少了一点点浪漫的色彩,他们幻想在网络上能够有超越一切的纯洁而浪漫的爱情。这种心态使人很容易在网络上坠入爱河,不能自拔。从某种意义上说,网上爱情更要浪漫一些,因此双方很容易全身心地投入到两人世界中去。在这种天堂般的环境下,似乎真正恢复了爱情的本来含义。从这个意义上来说,在一种远离世俗的气氛里,爱情当然要绽放出比现实生活中显眼得多的色彩。由于网络上的爱情带有很大的虚幻性,而这种虚幻性的最美丽之处又在于其神秘性,正如人们所知的"距离产生美"。这类网恋者幻想能在网络上得到超越一切世俗的浪漫爱情。网恋不需要你去考虑对方的相貌,不需要花太多的钱,也不需要去了解家庭因素就能打动和占据对方的心理,这种恋爱少了些世俗的东西,多了些浪漫的品位,这恰恰符合了这一代年轻人具有的心理特征。这也是尽管都明白网恋的成功几率很少,但却乐此不疲的原因了。

2.求唯美心理

一部分网恋者并不要求对方下网相见,因为他们不是去追求一份真正的爱情结果,而是倾向精神境界,追求一种唯美的理想化的东西,但是又不同于前面提到的"浪漫心理"。追求唯美境界的网恋者们只享受一种精神上的快乐,更少地考虑到物质的东西,他们在网上的谈情说爱并不要求现实生活中的任何接触,他们对精神情感的体验更高。在他们看来,柏拉图式的精神相恋是人类最圣洁的感情,它不需要任何外在的物质条件,是人们内心深处最真挚感情的自然流露。但是。网恋真像想象中的那样美好吗?这种追求唯美的心理是否符合一个人的正常心理?脱离开现实的根基而去追求一种虚无缥缈的纯精神的东西是非常危险的。有人说,网络爱情的发展不外乎两种结果:一是在网上无疾而终,二是继续发展下去,成为现实中的恋人。假如说是无疾而终,那么留下的还是美好的回忆吗?假如是第二种,那么追求那种圣洁的感情的心理该作何解释?从本质上讲,不管一个人在网上所显现的形象多么好,他(她)们都是现实中的人,和你我一样普通的人,有你我一样的优点和缺点,并不因为他(她)到网上就没有了优缺点,只不过是善于伪装罢了,这样的恋爱是一种自欺的心理。

3.求胜心理

社会心理学家认为,每个人都有成就动机,而成就动机总是包含有追求成功、预防失败、胜过他人、达到高标准的意思。大学生作为时代的骄子,不仅社会对他们有较高的期望值,他们自身对未来也有着美好的憧憬,都有一种超越自我、超越他人的角色期望,需要有机会显示自己的优越和展示自己的专长。但是由于自身的外在条件和性格因素,有些人在现实社会中不能很好地适应社会的复杂性,他们不善于交往,特别是在恋爱方面屡屡遭受失败,表现出了不同的人际交往障碍,如害羞、闭锁、社交恐惧等,而网络这个虚拟的世界为这些学生满足自己的求胜心理提供了便利。

在网络里,不再强调相貌的美与丑,不论性格因素,没有了很多附加的东西,每一个网民拥有平等的发言权,人们根据你的话语来形成对你的印象;在网上可以说自己不敢说的话,以往害羞、闭锁、自卑等的心理化为大胆、开放、自信等心理。这确实对那些现实中交往不利的人更有吸引力,彼此陌生的人在互联网上就可以跨越时空彼此相识,发展友谊甚至产生爱情;通过网上交流,提升了他们的自信心,满足了他们的求胜心理。但网络世界毕竟不同于现实世界,人终究是社会中的人,如果沉溺于虚拟世界而不能自拔,这种求胜心理只能使人的正常心理扭曲。

4.求时尚心理

网络交友已成为时尚生活的一个潮流,所以很多人网络交友并不是寻求真正的友谊或情感,他们具有更多的游戏成分,他们把交友更多地看做是现代生活时尚不可缺少的一部分。在网上有异性伙伴更是一件非常有意思的事情,有时还可以跟同学们炫耀,显示自己是时尚中人。但人是有感情的,不是机器人,尽管是人机对话的形式,但阻隔不了人的丰富的思想感情,一些性情中人往往在这种追求时尚的过程中被情牢牢网住。当然,随着友谊的发展,其中一部分人也会开始正式的交流,但更多的是烦恼和痛苦。

5.网上性心理

部分大学生迷恋网络是钟情于网络中的色情部分,以满足其性心理需求。青少年从性成熟到以合法婚姻形成开始过正常的性生活,一般要经历十年以上,这一时期被称为“性饥渴期”。大学生也正处于“性饥渴期”,一方面,有着强烈的性心理感受和性心理体验,且伴有性冲动;另一方面,社会规范、习俗、校规校纪等对大学生的性行为有严格的约束要求。这种矛盾确实使不少学生感到不安和压抑。大学生的这种性压抑往往以多种形式宣泄出来,网络交往为大学生提供了一个很好的发泄方式。

互联网就像大海,包容了种类繁多、极其庞大的知识和信息,网上的性资料也不少,用任何一个搜索工具都可以搜索到不少以性为主题的网站,里边容纳了各种各样的性知识,并且形式多样。图片资料是比较普遍和受欢迎的一种资料,另外还有色情影片。随着互联网技术的进步,获取色情影片变得更为方便且快捷,足不出户只需通过搜索就可以分门别类地找到所需,可以另存后观看,也可以及时下载观看。这些色情影片有些只描述性行为,有些含有暴力等。

网上论坛和聊天室为性交流感情、思想观念提供了一个方便的场所。这种异性交往可以使一对一的形式,也可以是一对多的形式,结合大学生的性生理状况,毫无疑问,这些互联网上的性资料对走向身心成熟过程中的大学生有着很大的吸引力。

三、网上破坏行为

随着计算机技术的普遍应用,计算机信息系统网络正在迅速地延伸到社会各个角落,但是,黑客案件也相伴而生。1958 年,美国发生了第一起真正有案可查的计算机黑客案件,进入 70 年代,计算机黑客行为大幅上升,并呈逐渐蔓延、泛滥之势,以致给整个社会的经济、文化、政治、军事、行政管理、物质生产带来了全方位的冲击,造成了严重的危害。据资料查证,目前全世界在互联网上平均数十分钟就有一次“黑客”攻击事件,“黑客”攻击手段达 1 500 多种,每天有 10 多种电脑病毒出现,至今已出现过 5 万多种病毒。无论哪个国家机构的互联网均遭到过“黑客”式“病毒”的攻击,攻击成功率在60%以上。且另据调查统计,国内外计算机犯罪者一般是19岁~30岁的男性,其平均年龄约为23岁,而且,近些年来似乎还有年轻化的趋势,十几岁的小违规者也时有所见。

某高校调查报告显示:有21.3%的大学生承认曾经“利用网络进行过违法活动”。例如,“利用所学知识盗用他人的信息”、“在网络上侮辱别人,发布攻击学校、社会等不良信息”,甚至“还利用网络进行过违法犯罪活动”。大学生在网上发表过激言论、散布政治谣言、发表不健康文章、对领导和教师进行人身攻击、抨击我国的民主政治问题的情况也时有发生。例如,某留级学生公然在网上发布反动言论,被开除了学籍。有的大学生甚至对网上境外“民运”分子和西方反动势力的反动宣传进行附和,这都会造成高校不稳定,并对社会造成危害。例如,在现实生活中由于大部分高校实行的是统一联网的校园网模式,在校大学生用计算机进行聊天的同时,由于聊天软件本身的脆弱性和校园网络本身缺乏防护,部分大学生利用网络发布不良信息严重地影响了学校的教育工作。

当今大学生进行网上破坏心理主要有以下几方面的原因。

1.自我表现心理

争强好胜、好奇冒险、征服挑战是年轻人特有的心理。网上破坏者一般都有很高的智商,他们常常向自己的智力挑战,当一次次挑战成功后,自觉快慰,有一种成就感。所以每一次攻击成功就标志着新的更高难度的攻击的开始。正是由于他们不断冒险搞破坏,不断钻研挑战,其电脑和网络技术获得了提高,同时也加强了他们自身对实用技术所带来的结果的满足感。他们常常用这种破坏行为炫耀其才华,显示其价值,满足虚荣心。例如,我国台湾制造著名CIH病毒的犯罪青年非但未受到法律严厉制裁,反而被一家电脑公司作为难得人才重金聘用;蠕虫病毒导致美国军事基地和国家航天航空局的6 000多台电脑全部瘫痪,给美国造成直接经济损失近1亿美元,联邦法院仅判处制造者5年监禁和25万美元的罚款等。这种做法只能助长这些破坏行为的蔓延,为了显示自己高人一等的才能,他们就更加肆无忌惮,不仅没有耻辱感,反而认为是自我实现的最高体现。

2.好奇心理

《2600:黑客季刊》杂志的编辑戈德斯坦在1993年国会小组会议上作证时说:“好奇是人类的天性,我们每个人都有好奇心,而且这种好奇心在许多情况下超出了我们加之于其上的限制。”而计算机网络则恰恰提供了一个满足人们好奇心的理想空间。为了信息的安全,有些网络只允许合法的用户使用,对非法用户则使用密码拒绝其进入。

青年学生有着强烈的好奇及逆反心理,往往越是不许他们做的事,他们越想做。正是这种强烈的好奇心使得许多大学生在不知不觉中成为网络环境的破坏者。尽管他们有一定的文化层次,但是大学阶段是个体初始社会化的最后阶段,是理解和学习各种社会角色的关键期。他们的人生观、价值观尚未定型,而网络作为一种无国界、开放性媒体工具,各种政治制度、价值观念、文化思想充斥其间,对于还没有成熟的青年学生,在好奇心的强烈驱使下,他们千方百计地试图进入计算机网络信息系统,一睹为快而不顾他人的利益。他们常常乐此不疲,陷入其中而不能自拔,在一次次截取各种秘密资料或干扰和破坏计算机系统的过程中,他们的好奇心得到了极大的满足,这种对好奇心的满足使他们感到快乐,虽然这种快乐所带来的后果是极为严重的。

3.寻找社会归属感的心理

很多在网上有破坏行为的人特别是一些青年学生的违法违规者都曾痛苦地发现,自己和其他人格格不入。这种发现曾一度刻骨铭心,使他们认为自己是孤独的人、是失败者。他们的内心充满了自卑,他们强烈地渴望自身的存在价值能够得到充分的肯定,但他们却往往缺乏足够的信心和勇气去把握和评价自己在现实社会中的行为。而在网络世界里,情形则完全变了样。当他们成功地闯入别人的计算机系统后,他们发现自己可以对计算机中的很多东西进行控制,他们可以根据自己的需要对计算机发号施令。在网络世界里,他们感到自己是“绝对的强者”,至于其他的人,则只能对他们俯首称臣。他们发现,只通过操纵键盘和鼠标就可以找到最“完美”的自我,就可以实现自己的“巨人”梦想,而却没有了在现实社会中那种遭人讥讽嘲笑的感觉。他们觉得自己似乎找到了那种寻求已久的社会归属感。

他们与计算机的亲密关系,对那些寻求逃避人群的青年学生说,具有诱人堕落的魔力。他们把计算机当做一个安全的伙伴,他们从与机器的交互中获得了满足感。于是他们宁愿与机器待在一起,而不是与人,因为他们害怕现实社会的复杂关系。他们与机器间的这种亲密关系就如同吸毒一样,对计算机的狂热使他们自绝于社会,沉溺于网络中而不能自拔,将生活的意义狭窄化、片面化。

4.贪婪的谋利心理

随着计算机技术的迅猛发展,它被广泛应用于金融、银行、商业、各种物资管理、各种经济情报的储存处理业务和部门秘密数据等各个领域,网络正成为“最激动人心的生意场”。在黑客案件中,有相当数量是以牟利为目的的,且多发生于金融系统。即使有一些意在窃取政治、经济、军事情报或商业机密,破坏计算机运行机制的黑客行为也常常与获取巨额钱财有关。据有关方面统计,网络犯罪每次作案平均得益60万~100万美元,相对于传统的作案得益高出几百倍甚至几千倍,并且作案范围一般不受地点和时间限制,作案时间短,作案后又有充分的时间销毁罪证,极具隐蔽性。犯罪风险小,犯罪获益巨大,有时只要轻轻按几下键盘上的按钮,就可以获得成千上万甚至上亿的款项,这对于那些具有贪婪逐利心理的不法分子无疑具有极大的诱惑力。据有关部门统计,发达国家的计算机犯罪仅有5%~10%的案件被发现,而能够被破获的还不到1%,至于受到起诉的就更少了。这无疑极大地助长了一些青年的犯罪心理。正如一位日本计算机犯罪专家所说:“现在几乎没有一种犯罪能像电子计算机犯罪那样轻而易举地得到巨额财富。”

5.破坏和报复心理

那些利用计算机作为工具而进行各种破坏活动的大学生黑客,往往具有强烈的破坏心理和报复心理,他们的破坏行为往往只是为了发泄对社会或对他人的不满,在破坏网络数据、系统信息以及在网络上散发恶性病毒等黑客行为中,他们获得了精神上的快感,并将其视为人生一大快事。这些学生之所以有这样的心理,往往与个人经历密切。如有个别的学生从小就遭受家庭变异,受到不公平待遇,致使他们的心灵受到严重的创伤,从而产生一种强烈的渴望报复社会的变态心理。他们在这种心理的驱使下,利用电脑所提供的自由空间的存在进行各种破坏活动。这种行为方式可以使他们的报复活动更加具有隐蔽性,同时这种报复活动也更加带有危险性和刺激性,更能使他们发泄对社会的不满和仇恨,从而满足他们的报复心理。北京某校园曾发生一次病毒事件。病毒制造者把病毒上载到校园里学生自己开设的 PTP 上,并用了一个吸引人的黄色名字。因校园内的 PTP 是学生自己开设的,所以大家警惕性很低,又是学生感兴趣的黄色内容,所以有很多人下载下来运行,结果导致系统崩溃。后大家找到了病毒制造者,发现他性格怪僻,平时独来独往,对周围的一切充满敌意。当看到他人有了女友,而自己的网恋却屡屡失败,人际关系不良考试又不及格时,顿觉愤愤不平,他对咨询师说:"别人那样好,怎么又能谈恋爱又能及格,我只是让他们的系统瘫痪,有可能的话我真想把所有人都杀了。"新精神理论认为,个人在追求一定目的的努力受挫折时便会产生攻击性驱力,这种报复他人又会激发一种行为,指向引起他挫折感的人或物,以期通过发泄来降低驱力。上述同学就是因为在现实生活中遭受挫折而产生了报复心理和行为。

6.缺乏罪恶感

大学生网上破坏行为的心理特点是几乎都没有罪恶感。在他们看来,网上的一些违规违法活动只不过是一种生活方式,而不是犯罪。正如日本学者西田修所言:"要说犯罪感,恐怕拾起他人掉在地上的一万日元钞票塞进自己的腰包,要比通过计算机搞到一亿日元现金其犯罪感还要来得强烈些"。

网络是虚拟的世界,一切行为都是在极其隐蔽的个人小环境中进行的。同时,许多网络在建网初期较少考虑安全防范措施,网络交付使用后,网络系统管理人员水平又不能及时提高,给网上破坏造成可乘之机。你只需要一台计算机、一条电话线、一个调制解调器就可以远距离作案,而且,活动几乎不会留下任何痕迹,现有的科技手段也不易侦察到他们的行踪。加之在不少破坏者看来,他们的黑客行为是一种智慧的表现,它不像抢劫、强奸等传统性犯罪那样凶狠残暴,因此,很多大学生并未认识到是犯罪,其行为也往往能够得到公众的包容,公众舆论并不把这样的犯罪行为视为“真实的、日常的、一般的”犯罪。他们也更加纵容自己的破坏行为。

第三节 大学生网络交往素质的培养

一、树立正确的网络交往观念,理性使用互联网

马克思曾经说过:“新技术对人类行为和社会结构的影响是无法想象的。”面对崛起的互联网,面对正在给人类行为和社会结构带来巨大影响的这一新的技术变革,人们控制或指引它的力量的确显得相形见绌。网络既是一种新的认识武器、认识工具,又是一种新的知识资源和生产力。王选教授曾经深刻指出:“谁错过了互联网,谁将犯历史性错误。”网络的大量信息来自世界的各个领域,展示了世界各国人民的文化传统和创新成果,也吸引着年轻人,他们渴望从网络中汲取更多的知识,开阔自己的知识面,扩大自己的社交圈,了解信息,进行有效的娱乐和心理调适。但是在现实生活中,大学生的各种行为往往缺乏理性的控制,尽管一些大学生自认为对问题的认识有了一定的发展,理论水平和抽象思维能力有所提高,能够理性地去判断事物的真伪,但是他们的世界观、价值观并没有成熟和定型,表现在行为上又常常是非常幼稚的,缺乏理性的思考,在网络交往中,出现的很多问题就足以说明,大学生还不能很好地将感性认识上升到理性的认识,并有效地控制自己的行为。

树立正确的网络交往观念,理性地使用互联网,还要弄清楚网络的本质究竟是什么,网络交往为社会带来什么。树立正确网络交往观念,首先是要具备正确的世界观、人生观和价值观。其次,还要做到以下几点。

(一)克服“唯科学主义”,树立辩证的科学人文观

由于计算机及其网络在现代社会的重要地位日益凸现,其发展速度一日千里,极大地推进了社会经济的飞速发展和时代的巨大进步。

所有这些都让当代大学生更加真切地理解到科学技术是第一生产力的含义,更加充分地体会到知识经济的巨大力量。对科学技术重要性的重新认识,使大学生能够自觉地奋发学习,求知的渴望更加强烈,积极主动地投身到知识的海洋中去,以获取更多的科技知识,为更好地立足社会、推动社会发展作做知识储备。但是,大学生在认识到新技术对社会发展的巨大推动作用时,也出现了另一种倾向,就是对人文科学的忽视。他们未能全面深刻地把握人文学科和自然科学在自身成长过程中同样不可或缺的重要作用以及两者在科学上的互相作用的重要性,在价值观念上过分注重实惠,对社会的责任感和对他人的人文关怀逐渐淡化,因此,大学生要树立辩证的科学人文观,将科技和人文结合起来思考和认识网络社会。

(二)要学会运用辩证唯物主义的方法论来关注网络,驾驭网络

网络是一把双刃剑,我们在享受它带来的便捷、高效的同时,也应充分认识到它的负面影响。它可以让我们充实,也会让我们空虚;可以让我们欣喜,也会让我们哭泣……当代大学生应学会用理性思维去思考,要学会运用唯物主义的方法论来关注网络的发展变化,客观分析网络的利弊,积极走进网络、驾驭网络,吸取其精华部分,去除其糟粕的方面,如西方文化的恶意倾销、有害身心健康的黄色流毒、制造社会政治经济混乱的黑色信息、游戏赌博、大量耗时耗材的以敛财为目的的白色诱惑等必将对自身的成长有着不良的影响。大学生必须有一个客观冷静的头脑去面对,确保自己既能走进网络,利用网络,又能走出网络。远离网络,真正做到"该下网时就下网",使网络真正"为我所用"而不做网络的奴隶。

(三)培养自律精神,树立高尚的网德

马克思曾说过:"道德的基础是人类精神的自律。"大学生要树立高尚的网德,自觉遵守网络的社会法律规范和道德规范,营造网上健康文明的道德氛围,培养自身的网上自我教育和自控能力,做一个高尚的、真正的网络人。大学生应该懂得,虚拟社会和现实社会一样,都需要有一整套道德规范,而网络社会的超时空性和人们交往的匿名在线的特点,决定了网络崇尚自由与自我。又由于网络道德环境缺少他人的干预、管理和控制,要求人们有较高的自律性。如果说传统社会道德主要是一种依赖性道德,那么网络社会中人们建立起来的应该是一种自助自律型道德。在这种道德环境中,需要倡导人们网络行为的自律,倡导网络秩序的自治。只有这样,网络才能够正常运转。古人云:"人贵在慎独。""慎独"就是指一个有道德修养的人即使独自一人,无人监督,也能坚持自己的道德信念,实践道德行为。由于现实道德所依靠的公共监督的功能在网络社会中大大弱化。崇尚"慎独",倡导道德自律就显得尤为重要。在网络交往中,做到"慎独"并非易事。所以,可以说"慎独"是一种网络行为自律的道德境界。大学生在网络这一缺少社会和他人监督的虚拟空间中,需要自觉地强化自律精神和责任意识,坚守网络道德防线,按照网络交往规则和公约形式,履行一个网民应尽的社会责任。

二、正确认知互联网的作用,端正上网的目的和动机

据中国互联网络信息中心(CNNIC)最近公布的第十次中国互联网络发展状况统计报告显示,大专以上学历的网络用户所占的比例高达58%。其中在校大学生占了很大的比例。由此可见,上网用户受教育程度普遍较高,这也是信息时代高速发展的需要。然而我们发现,事实上现在聊天与游戏基本上成了目前部分大学生上网的主旋律。他们上网已不是利用网络收集信息、查找资料,而是把网吧变成"聊吧",整天上网聊天,更有甚者是在上网玩游戏。至于网络的基础知识、综合技能,尤其是如何利用网络与自身的专业学习、人生发展、兴趣爱好结合起来,大部分学生则是一片茫然。据某高等院校一项调查,当问到"您上网的目的是什么"时,有79%的同学表示"我把自己现实里的压抑在网上释放出来了",14%的同学表示"在虚拟的世界里,我找回了一点自信,觉得自己的表现更为真实和自然",这似乎也在向我们说明着什么。当问到"您在网络上是否觉得孤独",11%的同学表示"我在生活中不觉得孤独,但我喜欢上网的孤独体会",24.5%的同学表示"我希望上网能减缓自己的孤独",56.3%的大学生表示"我在网上不觉得孤独",回答"我在网上觉得很孤独"的仅占7.8%。

大学生应当认识到网络的各种优点并不能完全替代现实生活，网络生活只能作为现实生活中的一部分。虽然网络具有与虚拟世界时空连接的功能，但是这种虚拟是无法取代现实的。不要把上网作为逃避现实生活的工具。应当正确认识计算机网络作用，端正上网的目的和动机，让计算机网络成为我们获取各种知识和信息的重要来源和渠道，为我们更好地成才而服务。

三、加强网络心理调适

大学生在网络活动过程中，如果没有具备相应的心理素质，或没有适时做出心理的调整，就会出现各种症状的“网络心理障碍”。这些心理异常主要包括人格障碍、交感神经功能部分紊乱及其他的心理疾患，常见的表现有上网成瘾、情绪低落、睡眠障碍、生物钟紊乱、思维迟缓、社交冷漠、食欲下降、体重减轻等。

大学生网络心理素质的调适，是指通过对网络不良情绪、网络心理障碍和网络心理素质状况的调整，使大学生网络主体的心理适应网络活动的过程。对于大学生在网络活动中出现的不良心理特征如过分依赖、孤独、反感、冷漠、抑郁等要引起人们的注意，特别是家长、学校以及社会等的关注，并及时予以疏导和帮助，鼓励他们从不良情绪困境中摆脱出来，克服不良的网络心态和心理疾患，提高心理防御能力和耐挫力，大学生网络心理调适的主要方法是自我心理训练和心理咨询与辅导等外在干预的形式，心理问题严重的要接受综合的心理治疗。大学生不良情绪和心理障碍的调适是大学生在网络和现实生活中培养健康的、全面发展的心理素质的保证。

思考题

1.什么是网络交往？

2.你如何看待网络交往？

3.你如何评价网络爱情？

团体训练(九):“网恋利弊谈”

活动目的:

此活动目的是让成员懂得网上恋爱与现实中的异性交往的利弊。使成员明白网恋并不是爱情滋生存在的空间,仅仅是建立爱情关系的一种途径。让成员懂得虚拟世界的浪漫终究要回到现实,去承担应有的责任与义务。

团体性质:

此团体为封闭性团体,也可视具体情况而定。

活动人数:

此活动人数为 8~12 人。也可视具体情况而定。

活动程序:

1.领导(指导教师)指导成员围坐一圈。

2.谈一谈网上交友的感受,是否赞成网恋?为什么?

3.指导教师总结大家讨论的结果。

第十章　社会交往与心理健康

人是社会的人,心理健康与人的社会交往活动有着直接的联系。可以这样说,有什么样的人际关系就会相应地有什么样的心理状况。愉悦和谐的人际关系令人心情愉快,工作充满自信,生活像阳光一样绚丽多彩。僵化而紧张的人际关系令人心情郁闷,工作无精打采,生活一片黯淡,严重者会引发人的身心健康。

当今世界,科学技术日益发展,竞争日益激烈,这一切对人的身心发展无疑会产生巨大的影响:一方面对人的身心发展提供了种种有利的条件,另一方面也向人的心理素质展开了尖锐的挑战。

第一节　心理健康概述

一、健康的含义

健康就是没病吗?世界卫生组织(WHO)把“健康”定义为“体格上、心理上和社交上的理想状况”。由此可见,没病没痛没残障,准确来说并不就等于完全健康。

(一)身体健康的标志

身体健康是指人体各器官系统发育良好,功能正常,体质健壮,精力充沛,并且有良好的劳动效能状态。世界卫生组织所规定的身体健康的标志是:

①精力充沛,能从容不迫地应付日常生活和工作;

②处事乐观,态度积极,乐于承担任务,不挑剔;

③善于休息,睡眠良好;

④应变能力强,能适应各种环境的变化;

⑤对一般感冒和传染病有一定抵抗力；

⑥体重适当，体态匀称，头、臂、臀比例协调；

⑦眼睛明亮，反应敏锐，眼睑不发炎；

⑧牙齿清洁，无缺损，无疼痛，牙龈颜色正常，无出血；

⑨头发光洁，无头屑；

⑩肌肉、皮肤富弹性，走路轻松。

当今世界的竞争趋势，使得人们时时刻刻不断地去追求存在的价值，也无不感到生命的可贵。有人说：健康就是财富。但未必人人都能意识到这一点，当疾病缠身方知生命的可贵。身体健康除了采用合理的饮食起居和体育锻炼外，维护身体健康，不可忽视的是心理维护。

（二）心理健康的标志

心理健康的问题越来越受到人们的关注，因为它确实危机到人的身体健康。由于现代社会生活节奏加快，竞争日趋激烈以及行为方式、价值观念等因素变化、冲突的影响，人们的心理问题普遍增多。关于心理健康的标准，由于其内在与外在交织在一起的复杂性，心理健康的判定不像生理健康那样外显直露，因此在判断时通常是以个人的主观感受、适应社会的情况、统计学所确定的正常值以及医学检查鉴别等各方面作为依据。目前心理健康判断的标准，比较著名且影响较大的有以下几种观点。

1.国际心理卫生大会提出的标准

1946年第三届国际心理卫生大会对心理健康的标准做了说明，其含义是：①身体、智力、情绪十分调和；②适应环境，人际关系中彼此能谦让；③有幸福感；④在工作和职业中，能充分发挥自己的能力，过着有效的生活。

美国学者坎布斯（A.W.Combs）认为，一个心理健康、人格健全的人应有四种特质：①积极的自我观念；②恰当地认同他人；③面对和接受现实；④主观经验丰富，可供取用。

美国心理学家马斯洛在他与别人合著的《变态心理学》中列举了10条正常人心理健康的标准：①有足够的自我安全感；②能充分了解自己、并能对自己的能力做出适度的评价；③生活理想切合实际；④不脱离周围现实环境;⑤能保持人格完整和谐;⑥善于从经验中学习;⑦能建立并保持良好的人际关系;⑧能适度表达和控制情绪;⑨在符合集体要求的前提下有限度地发挥个性;⑩在不违背社会规范前提下,能恰当地满足个人的基本需要。马斯洛的十条标准得到众多心理学家和医学家的认可,认为它基本上包括了人的心理各个方面,也反映了人与人、人与集体、人与社会之间的关系。

二、心理因素与健康

(一)心理因素与疾病

有资料表明,当前引起各种疾病的原因中有百分之七八十与心理因素有关。其中主要由心理因素、特别是情绪因素引起的身心疾病患者已占总人口的1/10,这些人易患的疾病包括高血压、冠心病、胃和十二指肠溃疡、某些皮肤病等等。由此可见,不良心理因素对健康危害不亚于病菌,而良好心理因素对健康的作用则胜过保健品。

人生病有生理学与生物学两方面的原因,有很多是心理因素而导致的。一个人由于在生活中得不到某些心理需求的满足,就会产生种种消极的内心体验,如紧张、焦虑、忧郁、悲伤、愤怒、自卑等等情绪体验。这些情绪如得不到及时疏导和宣泄,长期积淀在内心深处,就会使人处于一种不稳定的心理状态,产生相应的异常行为。比如有些人常常敏感多疑,情绪易激动,出现轻生或伤害他人的行为等等。不良的心理因素是有些生理因素的诱因。古人云:怒伤肝、悲伤心、忧伤肺、恐伤胃、思伤脾等,说明心理失常、情绪恶劣会引起疾病。

由此可看出心理健康与身体健康两者密切相关,我国古代早已认识到心身的关系,提出修身养性,特别重视情绪对健康的影响,强调如何调适情绪,延年益寿。

(二)心理因素致病的生理机制

许多医学家认为,一切对人不利的影响中,最能使人短命夭亡的就是不好的情绪和恶劣的心情。

由于现代医学模式及生物—心理—社会医学模式的指导,人们开始注重社会与心理对人的情绪的影响。既然如此,我们就从情绪情感的生理机制探讨众多心理因素致病的生理机制。

情绪的特点具有两极性，产生情绪的生理机制主要是大脑皮层所形成的动力定型。所谓动力定型就是稳固的条件反射系统的维持或破坏。当人们受到外界的强烈刺激时，动力定型会发生变化。当外界信息符合人们的动力定型时，就纳入动力定型并形成新的动力定型，引起人的满足或愉快的情绪。如果外界信息不符合人们的动力定型，无法纳入动力定型系统，就会发生冲突，引起不愉快的情绪，产生情绪障碍。愉快情绪促进胃液、唾液、胆汁等的分泌，否定性情绪如惊惧、愤怒、悲哀等则使多种消化腺的活动受到抑制，或唾液停止分泌，感到口渴，或食欲减退；腺体分泌系统则会出现流泪、出汗等现象，肾上腺素、胰岛素、肾上腺皮质激素、抗利尿激素等内分泌增多或减少等等，从而引起病变。

这种生理机能的大面积调动也可以说是全面系统的调动，深刻地摇撼着人的身体组织乃至每一个细胞。动力定型一旦被破坏，在长时间内难以重建，就会导致心理疾病。

三、大学生心理健康的标准及重要意义

(一)大学生心理健康的标准

大学生是社会群体的一部分，大学生的心理健康为全社会所关注。关于大学生的心理健康标准问题我国心理学家已经有过不少的见地，但基本的判断标准可以概括为以下几点。

1.智力正常

智力是人的观察力、注意力、记忆力、想象力、思维能力、实践活动能力的总和。它是衡量心理健康与否的基本标准之一。一般大学生的智力都是正常的，并且总体水平高于同龄人，但我们所讲的智力正常，关键是看大学生的智力能否正常地、充分地发挥效能。这是大学生进行正常学习、生活的基本的心理条件，是如何使自己适应周围环境，达到心理平衡的心理基础和保证。

2.人格完整

人格完整是指有健全统一的人格，表现在能力、气质、性格和动机、

兴趣、理想、信念等各方面都能平衡和谐发展,而不存在明显缺陷与偏差。具有完善人格的人,所想、所说、所做都是协调一致的,即心胸开阔,真诚待人,言行一致,表里如一。

3.情绪健康

这主要是指能较好地调节与控制自己的情绪以保持与周围环境动态平衡的能力。一个有健康心理的人无论在顺境和逆境中都始终有一种冷静和谨慎的情绪,有一个平和的心态,善于从生活中寻求乐趣,对生活充满希望。

4.意志健全

意志是人意识能动性的集中体现,是人的重要精神支柱。意志健全是指大学生应有坚强的意志品质,目的明确合理,自觉性高;善于分析情况,能果断地做出决定;能在行为中适度地控制自己的语言、行为及情绪,而不是盲目、轻率、意志薄弱或者顽固不化。

5.适应能力强

不能正确处理与周围现实环境的关系是导致心理障碍的重要原因。较强的适应能力是大学生心理健康的主要特征。主要体现在能顺应大学的学习、生活和人际关系,迅速完成好从中学到大学的转变;对所在学校自然环境有较好的适应能力;能与社会保持良好的接触,能正确认识社会,了解社会,其心理行为能顺应社会文化的进步趋势,如果发现自己的需要和愿望与社会需要发生矛盾和冲突时,能迅速进行自我调节和修正,以谋求和社会的协调一致,而不是逃避现实,更不是与社会需要背道而驰。

6.能够悦纳自己

正确认知、了解、悦纳自己是大学生心理健康的重要条件。一个心理健康的大学生能体验到自身的存在价值,有自知之明,能对自己的能力和性格做出恰当的、客观的评价、悦纳自己的优点和缺点;对自己不会提出苛刻的、非分的期望与要求;自己的生活目标和理想切合实际,同时努力发展自身的潜能。

7.和谐的人际关系

和谐的人际关系是人们获得心理健康的重要途径,大学生和谐的人际关系应体现在乐于与人交往，且动机端正，既有稳定而广泛的人际关系，又有知心朋友；在积极的交往中保持独立完整的人格，不卑不亢；在交往中善于取长补短，宽以待人，友好相处，乐于助人。

8.心理行为符合大学生的年龄特征

在人的生命发展中，不同年龄阶段都有相对应的心理行为表现，从而形成不同年龄阶段独特的心理行为模式。大学生应具有与年龄、角色及当时环境相符合的行为反应。

(二)大学生心理健康的重要性

1.是社会发展的需要

当今世界经济日益腾飞，竞争日趋激烈，但竞争说到底是人才的竞争，而人才的竞争是人才素质的大比拼。这一切对人的身心发展产生了巨大的影响。大学生除了有较好的文化素质，更重要的是健康的身体素质和心理素质，而心理素质尤为重要。没有健康的心理就不能应对经济发展带给人们的激烈竞争的压力，因此，可以说，人才的竞争也是心理素质的竞争。大学生是高等学校培养的高级人才，是未来经济发展所需要的骨干力量，是振兴中华的希望，就必须高度重视心理素质的培养，在激烈的竞争中处于不败之地。这不仅是个人的需要，更重要的是社会发展的需要。

2.是学生个体健康成长的需要

大学生正处在青年中后期，虽然他们的生理趋于成熟，但是心理尚未完全成熟，人生观、世界观、价值观正在形成中。面对生活环境中的种种问题，如观念的冲突、利益的抉择等，许多人因处理不当而陷入焦虑、恐惧、抑郁、困惑中，严重者甚至表现出过激或者异常行为。在很多高校中，近年因心理、精神疾病而休学、退学的人数在不断增多。事实证明，提高大学生自身的心理素质，是他们形成正确的世界观、人生观、价值观，健康成长的迫切需要。

3.是适应大学生活的需要

刚刚进入大学的大学生，基本上都是独生子，在家享受着“饭来张口、衣来伸手”的特殊待遇，依赖性强，自主性差。来到学校，如何学会独立，如何面对集体生活，如何面对复杂的人际关系，是对他们在心理上的考验。注重心理健康是大学生尽快适应大学生活,完成学业的一个重要保证。

第二节　社会交往与心理健康

一、人际关系与健康

马克思说:“人的本质并不是单个人所固有的抽象物。在其现实性上,它是一切社会关系的总和。”因此,人的生活状态取决于人与社会及他人的关系状态,同时,包括个体对他人、社会的认知、评价及形成的态度,与他人的交往、沟通、互动,并在此基础上建立的良好情感联系,一定的信誉度,适当的合作精神等。在与他人和谐相处中,个体的心理才能更加健康地发展。那些不会与人相处,缺乏一定的人际沟通的人,好似生活在一种别人不能够理解自己、自己也无法理解别人的无助氛围中,感觉自己孤独寂寞,总觉得生活当中缺少了什么。许多人生阅历颇为丰富的中年人和老年人,在总结人生经验的时候,都不约而同地得出了同一结论:谁善于处理人际关系,谁与他人相处得好,谁就感到生活幸福,健康快乐。

1.消除孤独,增进亲和性行为,有利于人的健康成长

菲斯丁格的社会比较理论认为:亲和行为可成为消除不协调的一种有效工具,因为进入群体,当人们在一起互动和讨论时,可引入消除不协调的认知因素,如新的消息和意见,从而使焦虑大大减轻。心理学家沙赫特通过实验证实了这一点,他以女大学生为被试,将被试分成两组。高焦虑组被告知将接受比较厉害的电击,尽管不会造成永久性伤害;低焦虑组被告知将接受很轻的电击,只会产生发痒或震颤的不舒服感。焦虑唤起后,休息十分钟,休息方式可选择独处或与他人集中一起等待。实验结果为:高焦虑组选择和他人一起等待的占62.5%,而低焦虑组只占33.5%。实验结果表明:亲和的倾向是随着焦虑的增加而增加。人际交往可消除孤独,增进亲和性行为,有利于人的健康成长。

著名的心理学家罗杰斯用亲身经历说明人际交往对个体保健的功

能。罗杰斯出生于虔诚的宗教家庭,因为周围的邻居是异教徒,所以罗杰斯从小就被父母关在家里,不让罗杰斯与邻居的小孩玩耍,罗杰斯感到非常孤独。这样一种离群索居的童年生活使罗杰斯非常渴望与别人交往,在别人看来非常普通的人际交往,在他看来都非常珍贵。他认为人与人的交往可以消除孤独,促进个人的健康成长。

2.治疗心理障碍,保持愉快的情绪状态

人际交往不仅能够消除人的孤独感,而且也是治疗心理障碍的重要资源。

各种对于严重的精神障碍及危机的干预,虽方法不同,技术各异,但有一个共同点,那就是都需要配以支持治疗,其中最重要的支持是来自周围亲人与朋友的关心与理解。当你感到悲观失意、抑郁不快时,有亲人的安慰与关怀,你就会从精神上得到一种慰藉和支持,给你一种克服困难的勇气,树立生活的信心。相反,无人亲近关怀,或是冷言冷语,也许会使你跌入失望的深渊,孤独无望的你会精神崩溃,甚至会走上轻生的绝路。有资料显示:离婚与分居者最容易得精神疾病。对妇女进行的研究还表明,结婚有了丈夫,尤其是有一个忠实的丈夫,可以减少抑郁症的发病率。因此,重视人际交往,使个人始终保持积极的情绪情感,可以避免心理障碍的产生。

3.有利于形成良好的人格

人际关系对于个人人格的社会适应和健康发展起着重要的作用。心理学家曾经做过跨情景研究,表明有朋友的儿童比没有朋友的儿童具有更强的社会适应能力,具有更高的合作精神、利他主义、自尊水平等人格特质。没有朋友的儿童更容易体验到孤独感,而有朋友的儿童更容易体验到主观幸福感。一般说来,随着人所承担的社会角色越多,参加的社会活动越广泛,人的发展就越丰富,越全面,人格也越完善。比如大学生,有了一份家教,找到一份兼职,很快会感到生活的一份新的意义,对自我成长的一份新的要求,他的成长往往是健康快乐的。具有健全人格的人,是乐于与人相处并善于与他人相处的人,也有勇气面对现实,因此,良好的人际关系有利于形成良好的人格。

二、影响大学生人际关系的心理障碍

人的心理包括四个因素:知、情、意、行。如前所述,认知相似、情感相容、行为一致是良好人际关系建立的重要因素。而当着认知、情绪发生分歧和冲突时,协调一致的意志行为无从谈起,交往的双方就会彼此产生分离倾向。同时,“人心不同,各如其面”,每个人有每个人独特的个性特质,而这些特质的不同组合,构成了人格差异,从而导致了认知、情感、意志、行为的不同,在我们的交往活动中,心理系统的障碍远比文化、社会系统障碍更普遍,更棘手。对每一个青年来说,不一定时时事事会遇到文化方面、社会方面的干扰,但却不可避免地时时伴随着心理因素的考验。

属于心理系统方面的障碍,主要有认知障碍、情绪障碍和个性障碍。

1.认知障碍

一般在交往过程中的认知障碍主要包括自我认知、社会认知(即对人的认知)和对交往内容及方法的意义认知三部分。

(1)自我认知

所谓自我认知是指个体对自身及其与外界关系的认知。个体通过自我认知,产生自我意象、自我观念、自我评价,同时伴随着对于自身的情绪体验,如自尊、自卑、自爱、自贱,表现出对待自身的行为倾向,从而构成自我态度和对与之发生关系的他人或群体的态度。

俗话说:“人贵有自知之明”。贵者难也。由于主、客观诸多因素的局限,人们往往很难做到主动地、客观地、全面地认识自己。有的对自己估计过高,过于自信;有的对自己估计过低,过于自卑。心理学研究表明:人们普遍对自己的缺点和弱点存有偏小甚至视而不见的倾向。大学生由于生理、心理发展的特点,尤其容易发生自我认知的偏差。有时候是自觉或不自觉地发生错觉,掩饰真实的自我,有时候明知不对却又坚持己见,不能正确地认知自己、评价自己、把握自己,对于我们大学生来说,极易产生不利的影响,形成交往障碍。

(2)社会认知

我们所要讲的社会认知,主要是指对他人的认知,即指个人在与他人交往接触时,根据他人的外表行为,推测与判断他人的心理状态、动机和意向的过程。常言说得好,“不打不相识”。只有通过接触才能相互了解。人只有在交往和活动中才能表现出自己的品质、行为、特征、能力、兴趣等。因此社会认知是认知者、被认知者和情境等因素交互作用的复杂过程,是个体对社会刺激加以综合的过程,是人们社会行为的基础。一个人对他人将要做出怎样的反应,常取决于在接触过程中对他人印象的推测与判断。比如两个人相见,经过一段时间的互动,就形成了相互的印象,互相注意到衣着、神色、姿势、相貌、音质等,从对话中获得一些关于他们的身份、兴趣、能力以及人格性质等方面的印象。之后,随着交往的频繁,就形成了渗透他们全部关系的、更全面、更丰富的印象。人对人的判断是由浅入深的。好比剥洋葱一样,一层比一层深,一层比一层更接近人格性质的核心。

要认识一个人,不仅要认识其外显的特征,还要认识他与其他人之间的关系以及其内在的心理本质。这就要借助人的言语,通过言语来认识其内在心理。古人云:言为心声。言语不是无意义的声波,而是特定的思想观念、文化水平、情绪状态、心理需求等的表露。因此,通过言语是认识他人的一条重要途径。

但是,认识复杂的社会的人,并不是一件容易的事,虽然言语能够表露一个人的内心世界,但言不由衷者亦有,而且,在当今这个竞争日趋激烈的社会,人们更加注重言辞的掩饰。因此,认识一个活生生的人并不是纸上谈兵的事,否则怎么会有“路遥知马力,日久见人心”的古训呢?如果认知者的认知方法不对头,还会人为地形成偏见。交往中一旦发生对他人的认知偏差,就会因此产生“信任危机”,引起交往障碍。

在交往中大学生由于心理的不成熟,看人容易形成偏见,以偏见待人往往会吃苦头。因此,在社会交往中,首先要加强自身修养,不断提高认知水平,以便克服社会偏见。

(3)意义认知

意义障碍主要是由交往双方对交往的目的、内容、方法的认知失调而引起的。

第一,交往目的。交往双方之所以交往,一般是由于双方需要而引起的。人的需要层次不同,内容不同,因而形成了各种形式的交往。如学习交往、经营交往、恋爱交往、行业性交往、多向性交往等等。交往的目的是为了交流思想,增进友谊,互相促进,互相补充,满足共同的需要。如果认为交往只是互相利用,各自强调自身的价值和需要,从不同的角度以不同的思维定式去看待同一个问题,就会产生意见分歧,中断交往。比如,大学生谈恋爱一般是在共同的学习、劳动、工作的互相帮助中建立起来的,如果你只想索取爱情而不愿为对方贡献什么,爱情很难发展。想得到长辈的爱护和支持,而又不愿为长者付出必要的尊重和帮助,往往很难奏效。与人合作经商,而又不愿为共同的事业献计献策,不愿意承担风险,而只想怎样多拿钱,对方得不到心理上的满足又怎么愿意与你交往呢?

第二,交往内容。任何交往目的的实现,都离不开一定的交往内容。内容的选择与组合是否合适,将直接影响着交往的成败。比如,恋人之交,双方的家庭、时事、政治、经济、文化、健康、性情、兴趣爱好、优缺点等,都是互为关心的问题。如果抛开这些不谈,而一味地谈论一些时局、工作、学习,空洞地议论一些大道理,就会兴味索然,引起对方的反感。做生意不谈生意经,而谈一些毫无意义的事情,会给人一种不务正业之感。这样双方是很难达成交往。

第三,交往方式和方法不当,也会造成障碍。如谈情说爱,中国人就应该有符合中国国情的方式。一味地学西方,仿电影,过于亲昵或是图谋不轨,有时甚至葬送了爱情。其他交往中也是如此,如果是强人所难,或是过分依赖,那就非但不能取得别人的理解和好感,反而会引起他人的憎恶和嫌弃。又如,该保密的你却大肆张扬,该坦诚的你又故意搞得十分神秘等,这些于交往是十分不利的。

2.情绪障碍

情绪是身体各部分发生变化给机体带来的一种复杂状态。在精神上,伴随着它的是强烈的情感和按某种具体方式行动的冲动。在我们日常从事的每一项活动中,情绪总是陪伴着我们的行为出现,因而才使得我们的生活多姿多彩。我们常常会感到,在心情良好的状态下工作时,思路开阔,思维敏捷,解决问题迅速;而心境低沉或郁闷不乐时,则思路阻塞,操作迟缓、紊乱,更无创造性可言。突然出现的强烈情绪会骤然中断正在进行着的思维加工;持久而炽热的情绪则能激发无限的能量去完成活动。在社会交往中,离开了情绪的共鸣是不可想象的。大学生的情绪障碍有以下几个方面。

(1)两极性

情绪具有肯定和否定、积极与消极、紧张与轻松等两极性。程度上表现为强和弱;内容上又表现为爱与憎、快乐与悲伤、急躁与安静、激情与平稳等。大学生的情绪很容易波动变化,即容易在两种极端性的情绪之间迅速变化,要么情绪过于强烈,要么情绪过于冷淡。例如,当高兴的时候就会狂喜,兴奋不已,不分场合、不分情景、不看对象、不顾轻重地恣意纵情,一味地眉飞色舞、手舞足蹈,除了给人轻浮狂妄的印象,也许还会引来“献媚取宠”之嫌;遇到不高兴的事,即刻就会勃然大怒、激愤,或泄气、绝望,甚至做出一些不理智的事情来。严重影响人际关系的和谐。

(2)内隐性

内隐性又叫闭锁性,是指大学生的情绪除易于外露的两极性外,往往会有相反的一面,即不愿意把内心的秘密和真实的思想感情轻易地向他人吐露。情绪反映过于冷漠。他们不再像少年儿童时期那样,把内心世界全部显露在面部表情上,而往往将真实的情绪隐蔽起来,表现出一种与内心体验并不一致甚至截然相反的情绪状态。有些人对本可以引起喜、怒、哀、乐或与大家共鸣的感情的事情却表现得无动于衷,在交往中常被人视为冷漠、无情、麻木的人,这样的人不可能有很好的人际关系。

(3)延续性

大学生到了青年期,不像儿童时期的情绪那样多变,而是个体的情绪固着时间就明显地延长了,这就是情绪的延续性特征。大学生的情绪延续性特征的表现是常常处在某种情绪体验中不能自拔,或者长时间处于欢乐愉快之中,或者持续地陷于抑郁低沉之中。他们情绪舒畅时，干什么事都有劲，似乎万事如意；一旦忧愁烦闷，就会感到事事不顺心，一切都黯然失色。这种情绪障碍很不利于人际关系的开展。长时间处于快乐之中看似无忧无虑，但这种积极的情绪如不加以理智的克制也会带来消极的因素。如容易忘乎所以，做事缺乏冷静理智的思考，易感情用事。如果长时间处于忧郁烦闷的情绪中，就要警惕心理疾患了。

(4)逆向性

逆向性是指与一般正常人情绪相反的一种倾向。这种人多半是故意做作而非属神经病症者。如，大家都因某事兴高采烈，而他却在一边暗自悲伤；人家因不幸伤心落泪，而他却在一旁高兴万分。这种人常给人以“缺乏人性”之联想而引起厌恶。

(4)愤怒

愤怒是激情状态的明显表现之一。让人不生怒气是不可能的，但是常常发怒，不但会引起身心疾病，而且会影响与他人的关系。这是因为，人愤怒起来就会失去理智，使自己的认识活动的范围大大缩小，控制自己的能力减弱，往往不能约束自己的行动，不能正确地评价自己的行动的意义和后果，特别是容易伤害与之有关的他人的感情，如果因其他人发怒，以怒对怒就会产生出不可想象的后果。

培根说过，有三种情况的人容易发怒；第一是过于敏感的人，他们的神经太脆弱，一点小事就足以刺激他们；其次是认为自己受到轻蔑的人，被人轻蔑会激起怒气，其效果胜于其他伤害；最后是那些因为自己名誉受到损害的人，也最容易被激怒。

3.个性障碍

每个人都有自己的个性，离开了个性的发展，社会也就停滞不前了。同时，因每个人的生理、心理发展水平不等，主要是社会化程度不同，常常表现出较为明显的个性差异，构成各种不同特质组合的人格类型。

大学生随着生理发育成熟及心理迅速发展，逐渐形成了自己的个性。也常常由于这样或那样的个性差异引起社交障碍，人的个性品质对于人际交往的影响更大，也更难消除。这是因为，人的个性具有比较稳固的、习惯化了的特征，而且在交往中，有些看起来是良好的品行往往并不被人认可，并不一定适合他人的心理状态和需求。如果一个人只知道坚持自己的个性，有时往往会令人讨厌，常常影响到与人和谐相处，因为你的本色是你的，但是人家不需要你的本色。

在交往中，由于这样或那样的心理障碍影响着人与人之间的和谐相处，不和谐的人际关系必将给生活和学习等带来相应的困惑。如长期得不到解决就会感到迷惘、痛苦，甚或失去自信、耽于幻想而不能自我解脱，造成心理的不平衡。许多大学生已经意识到自己性格的某些特征有助于学习、生活、交友和身心健康，某些表现又损害了个体的身心健康和事业发展。因此他们能够寻找帮助，努力完善自己的性格品质，重新塑造自己的个性形象。但有些大学生却意识不到由于个性问题所带来的困惑，即使有所意识，但囿于不正确的自我欣赏而导致社交障碍。

三、消除障碍，增进健康，建立和谐的人际关系

(一)正确认识自我

正确地认识自己，评价自己，对于个人的心理生活和行为表现有重要的关系，对于协调社会生活中的人际关系同样是不可缺少的一个主观因素。现实生活中，许多人自以为了解自己，其实很多人并没有科学地看待自己。那么，如何科学地看待自己呢？有以下几点要注意。

1.要悦纳自己

首先，对自己本身有一个适当的了解。比如身高、体重、外貌、心理品质、才能素养等各方面，应当有颇为明确的了解，方可在生活适应中获得较为满意的结果。其次，我们不但应当力求全面了解自己，而且应当适当地悦纳自己，能接受自己的优点，也能接受自己的不足之处。当然我们决不希望自己的短处长期存在，总是力图增进本身的各项品质，使自己趋于更完美。但短处或缺陷几乎人人都有，而且有些可能是无法弥补的，或者是只能做有限度的改变，比如身高、相貌等。在这种情况下，我们应当安然接受那种缺陷，而不必遮遮盖盖，也不必自寻烦恼。集中精力去发展自己，完善自己，才能取得社会和他人的悦纳。

2.要正确与别人比较

在现实生活中,人与人喜欢相互比较,来确定自己的形象和位置,从而进一步认知自我。自卑心强的人往往容易拿自己的短处与别人的长处比较,或是把自己与各方面条件都优于自己的人相比较,越比越泄气,越比越自卑,从而否定自我。其实,人各有所长,也有所短,这一方面不行,也许另一方面强于别人。在比较中应扬己之长,避己之短,才能增强自己的自信心。多与自己相当的人做比较更为合适。有些大学生因个子矮些,就自惭形秽,自称二等、三等“残废”,其实大可不必。因为身材和才华并非成正比,世界上有很多身材矮小的男性才华横溢,为社会做出重大贡献。列宁、邓小平身材都不高,但并不影响他们成为伟大的无产阶级革命家。也许,很多人读过菲律宾著名将军罗慕洛的短文《愿生生世世为矮人》,他只有1.63米,但对矮与高却有独特的见解:“我一生的遭遇都是如此。平平常常的事经我一做,往往就似乎成了惊天动地之举。因为大家对我毫不寄予希望”。“矮子还占有一种便宜:通常特别会交友,人家总想卫护我们,容易对我们推心置腹,大多数矮子早年就懂得:友谊和筋骨健壮,力量一样强大。一个人有没有用,和个子大小无关。反之,身材矮小可能更有好处。”另外,古希腊的哲学家苏格拉底虽然相貌丑陋,但它矢志科学,在哲学上的成就使得他得到了很高的声誉,这难道不是一种补偿吗?

人贵有自知之明。我们首先要实事求是地了解和评价自己。人性的弱点之一在于不能正确地了解自己的长处和短处。有的人自恃清高,做事不自量力;有的人无端自怨,缺乏自信。前者可能发展为目空一切,狂妄自大;后者可能变得猥琐怯懦,委靡不振。这两种情况均属心理失常的表现,应及时矫正。正确地认知自己是不容易的,但只要排除某些私心杂念,认识起来就不难了。

人对自我认知体现了物(人)我关系。个人一旦有了物(人)我关系的意识,就能够自觉地调节心理需求和相应的行为。符合客观实际的自我意识,有利于个体心理保持正常状态,增进心理健康,建立和谐的人际关系;反之则会引起心理和行为失常,不利于人际关系的发展。

(二)正确认知他人

俗话说得好:知己知彼方能百战不殆。我们不仅要对自我有一个恰当的认知,同时还要学会识别自己身边的人。但交往中大学生由于心理的不成熟,看人容易形成偏见,以偏见待人往往会伤人害己,影响人际关系。

消除偏见的办法很多,这在前面已讲过,不再重复。但总的来说,就是要具体地分析认知效应及其主观影响因素的优劣,坚持辩证唯物主义的观点,不搞实用主义和形而上学,避免片面化的简单方式的干扰。

(三)学会恰当地控制情绪,培养良好的性格

两千多年前祖国医学就提出不良情绪致病的理论。《内经·素问》中说:“余知百病之生于气也,怒则气上,喜则气缓,悲则气消,恐则气下……”又说:“怒伤肝,悲伤心、思伤脾,忧伤肺,恐伤肾。”现代身心医学也证明,许多病人在生病之前,往往经历情绪上的某种压力,如气愤、焦虑、忧郁等。所以说情绪对身心健康具有重大的影响。乐观、积极的情绪可以使我们的生活充满活力,悲观、消极的情绪会给我们的生活带来抑郁和沉闷。

大学生如何驾驭自己,保持乐观、积极的情绪呢?

首先要调节认知角度。不良情绪的产生主要是自我意识的发展不够成熟,因此,当大学生发现自己有些负面情绪时,可以通过两种方式来认识自己:一是去思考自己的感觉是怎么产生的;二是分析这种感觉是不是由于自己的想法或解释所造成的,和自己的个性、习惯又有哪些联系。

通常来说,人对事情的反应大致分为三类:一是攻击性的行为,“我对你错”是他对事情解释的习惯。当个体强烈指责批判对方时,其内心的感觉也非常有可能是愤怒挫折的。二是退缩性的行为,总认为“我不好你好”。这样的感觉是委屈、沮丧的,和攻击性行为一样,只是不断在累计负面的感觉,并未将内在和外在做一个连接。三是自我肯定的行为,“我好你也好”,将自己的感觉如挫折、生气等,站在平等的位置明白表达出来,而不是批判别人或严厉的自我批判、贬抑。

艾利斯(A. Ellis,1962)提出“情绪 ABC”理论,他认为一个人情绪的好坏是有自己的想法所决定的,如果改变一个人非理性的思想、观念和评价,就能改变他的情绪和行为。A 是缘起事件(activating event),B 是信念(belief),C 是情绪与行为的结果(emotional and behavioral consequence),影响我们情绪反应和行为表现的并非事件本身,而是我们对此事的解释。因此,即使发生的事情相同,若我们所持的信念不同、评价不同,便会产生不同的情绪反应。所以,艾利斯认为人应该为他们的情绪负责,因为情绪是由他的想法制造出来的。如果能找到人的非理性信念,并驳斥干预此信念,以合理信念去待之,人就会有新的情绪产生,拥有较好的情绪反应。

要克服自卑,一是要正视自卑。自卑并不都是病态心理,相反也有积极的一面。美国心理学家阿德勒(A. Adler)认为,每个人都或多或少有自卑心理,人们希望改变现状追求卓越这恰恰是人类进步的动力。但过分自卑经常先入为主地认为“我不如别人”,使自己陷入一种消极心理定式中,这样往往造成实践起来更困难的恶性循环,产生消极后果。因此,积极的心理暗示是很有必要的,“别人行,我也行”,增强自己改变现状的信心。二是要建立合理的目标体系。理想自我标准的制定既不能过高,也不过低,要切合实际,同时积极改变自己某些不合理的观念。第三,学会全面、客观、合理地进行自我评价,不以偏概全,不妄自菲薄,一件事做不好并不代表件件事都做不好,一个方面有缺陷也不意味着每个方面都不足。此外,心理补偿也不失为一个有效的好方法。阿德勒认为,一个人在某方面不足,则往往会通过个人努力在其他方面取得成就,用补偿心理来激励自己,正所谓“失之东隅,收之桑榆”。同样的问题,当你对事情的感觉改变了,解释也会不一样。比如失恋,有人当成“世界末日”痛不欲生,有人却认为“旧的不去,新的不来”,何苦自寻烦恼。因此,改变你对事情的看法,就可以改变问题对你的威胁,可以由此改变对整个事情的解释和感觉。

其次,要增强适应生活的能力。情绪的产生往往是由某种客观刺激引起的。生活中不顺心、不如意等不良刺激,常会使人产生不良情绪,如怨天尤人,感叹命运不济、生不逢时等等。如果不能承受生活中的种种不顺心、不如意，就会使人经历长时间的情绪波动。医学研究表明，情绪焦虑往往可能产生高血压、胃溃疡和偏头疼等疾病。因此，为保持良好的情绪状态，我们推荐下列几种有效的方法。

一是认识生活的复杂性。俗话说：人生不如意十之八九。挫折和失败在所难免，聪明的办法是正视它、勇敢地面对它、接受它的挑战，而不是去回避它、逃离它。强者就是要学会直面人生，在奋斗与拼搏中使自身得到历练和成长。

二是要有一颗平常心。人与人的能力除后天的不懈努力和拼搏以外，也不能否认一些与生俱来的素质。当我们已经尽自己的最大努力去实现自己的理想但又无法实现时，不要跟自己过不去，有时放弃也是一种收获，对自己的行为不能一味地苛求。别人在这方面做得很好，但不一定适合你，可调整一下自己的努力方向，换一种思维方式，也许你比别人做得更好。

三是多交朋友，在与朋友的交往中释放自己不良的情绪。当一个人遇到不顺心的事，首先想到的是与好朋友倾诉，得到朋友的理解与安慰，激动的心情很快就会平静下来。

最后，要学会情绪的转移。遇到不顺心的事要学会情绪转移，这也是控制自己情绪的一个很好的方法。情绪的转移可采取以下几种方法。

①升华法。升华法是指当个体受到挫折，产生压力时，及时将压力转移，将其引向崇高的、对社会具有创造性和建设性作用的工作上去。理论物理学家普朗克在妻子去世、女儿难产去世、儿子死于战争的极度悲痛情况下，以百倍努力的工作转移感情的悲痛，终于提出了量子假说，获诺贝尔物理学奖。不少文学名著都与作者所遭受的挫折情境有关，都是作者个人情感升华的产物。如歌德失恋后写下的《少年维特之烦恼》等。

②自我暗示法。自我暗示则是情绪转移的一个很好的方法。自我暗示就是发挥“自己对自己说话”的作用。人们常把一些名言或警句写成条幅，挂在适当位置上，不仅为了赏析，而主要是用以自勉、自警，从而调节自己的情绪和行为。人们常说自己是自己生命的主宰。人何以

能主宰自己，最恰当的说明是人可以通过自我暗示的方法，向自己的潜意识心智传达命令，传达自己所希望成为什么样人的命令，通过自我暗示的方法，你完全可以成为你自己所希望成为的样子。

③幽默法。这是人们调节情绪的一种有效方法，也是人们适应环境的一种工具。一个人遭受挫折时，要善于用幽默法化解困境，维持自己的心理平衡。幽默感体现了人的自信和镇定。他并非生而有之，它是与一个人的知识水平、文化素养和精神境界有关。很多科学家和艺术家面对生活的艰难和不公，往往报以微笑，依然保持乐观、向上的情绪，精力充沛地投入事业的追求之中。

④合理化法。心理学又称"文饰作用"，它是一种通过给自己找一些有利的理由来缓解内心紧张情绪的心理上的"开脱"办法。虽然某些理由常常是不正确的，在第三者看来是不客观的或不符合逻辑的，但这却是人的一种防御机制，是人由于对现实的无能为力而采取的回避或否认的策略，目的是用来安慰自己，使内心获得平衡，以减轻痛苦，消除紧张。不过，这种自我防卫的办法不能用得太多，否则会陷入自欺的泥潭，阻碍追求真理的步伐。

⑤他人疏导法。人们除了靠内在自我力量去调节控制自己的情绪外，还要善于借助外界力量调节自我情绪。因为，当人产生不良情绪的时候，有些人能够自我化解和自我开脱，但对于有些人是做不到的，需借助他人的力量化解自己的情绪，平抚内心的不快。性格外倾的人遇到不顺心或内心受到创伤更是急于向他人倾诉，一吐为快。这是一种非常有利于身心健康的方法。培根曾说过，如果把你的苦恼与朋友分担，你就只剩下一半的苦恼了。是的。在很多情况下，一个人对问题的认识往往是有限的，甚至是模糊的，旁人点播几句，会使你茅塞顿开。所以，要学会将自己的忧愁和烦恼发泄出来，将内心的苦恼向家人、朋友、老师倾吐，让他们分担你的痛苦。但有些同学害怕将内心吐露于别人给自己带来不利，因而常常隐藏在内心，久而久之抑郁在心，就会影响人的身心健康。学会借助他人和外界力量调节自我情绪，不但会保持愉快的情绪，而且会增进人际交往，使你的生活充满阳光。

⑥换位思考法。我们的情绪具有在人际当中蔓延的特性。我们在

高兴的时候,就很容易让别人也高兴,满足别人的欲望。我们在痛苦的时候,也会很容易找别人的毛病,伤害别人,让别人也不开心。在人际交往中,当我们感到自己受了伤害而很生气的时候,你要告诉自己,伤害我们的那个人肯定有他自己的理由。学会换位思考,是平抚内心创伤的一个很好的方法。理解别人,自己也就拥有了平和、健康的心态。每个人都有自己的情感世界,都希望得到别人的理解,也希望理解别人。学会理解,对于调节自我情绪无疑是一剂良药。

总之,情绪控制的方法多种多样,每个人遇到的情绪困扰不同,采取的控制方法也不同。我们应该依据情绪发生的类型、程度、原因以及个体特征采用适宜的方法。通常情况下,大学生进行情绪控制并不是单一的采取某一种方法,而是把几种方法综合在一起,这样会起到更好的情绪控制效果。当情绪困扰较严重而自己一时难以控制时,还应及时找心理咨询机构获得帮助。

第三节 人际关系的心理咨询

置身于变革与竞争并存中的大学生,不可避免地面临适应与发展的严峻挑战,因此,越来越渴望与人交往,建立和谐的人际氛围,拥有一份美好的友谊。然而不和谐的人际关系又会常常困扰着大学生的心理,影响正常的学习与生活。我国有句俗语:“心病还需心药医”。目前,心理咨询对人们在交往中产生的诸多心理因素的疾病与困惑给予了很好的抚慰与治疗,从而改变了许多心理失常或变态者的行为,使其恢复正常的心理状态。大学生对心理咨询的重视程度也越来越高。

为使部分确需求助于心理咨询解决人际关系所引发的一些心理疾患的大学生得到及时有效的心理疏导,本节简要介绍有关心理咨询的一些问题。

一、心理咨询的概念

心理咨询是专业咨询人员运用心理学的原理和技术,帮助求助者消除心理上的苦恼和困扰,保持和促进心理健康的过程。国外认为心理咨询是指运用有关心理科学的理论和方法，通过解除咨询对象的心理问题，来维护和增进其身心健康，促进其人格发展和潜能开发的过程。心理咨询工作应用非常广泛，发展相当迅速。它的咨询对象是在应付日常生活中的压力和任务方面需要帮助的正常人。

心理咨询者和求询者之间的特殊交往过程大致分为三个阶段。

1.收集信息

这一阶段，作为咨询者，首先通过与求询者的友好相处给求询者留下良好的第一印象，使其对咨询者建立信任感。其次，通过认真的倾听和交谈充分了解求询者目前面临的困扰及与困扰有关的情况。作为求询者则要对自己的心理问题进行一次认真的清理，尽力讲清自己的困扰以及与自己的困扰有关的实事、情感和行为。

2.心理评估

通过认真倾听和双方交谈以后，基本了解和掌握了求询者的问题，下面的工作就是对求询者的心理进行评估。在评估中，还应帮助他进一步了解自己、发现自己的问题，并帮助他分析存在的问题的原因，使求询者逐渐对自己的问题形成一个清晰、全面的图像。

3.实施治疗

通过心理评估，对求询者的心理问题有了一个比较清晰的认识后，开始实施治疗。治疗的宗旨是帮助求询者克服内心的困难。心理咨询往往需要多次进行，对于复杂的心理问题要分阶段、分主次依次解决。但患者必须要知道，他仅能得到咨询者的指导与帮助，最终仍需由他自己来解决自己的问题。

二、心理咨询的分类和形式

根据中外对心理咨询特征的解释，大学生心理咨询的内容有发展性咨询和障碍性咨询。

1.发展性咨询

健康人群会面对婚姻、家庭、择业、求学、社会适应等许多问题，他们会期待做出理想的选择，顺利地度过人生的各个阶段，求得自身能力的最大发挥和寻求生活的良好质量。心理咨询师可以从心理学角度，给出相应的帮助。因此，发展性心理咨询偏重于心理保健、情绪调节、潜能开发。

当今的大学生面临各种竞争压力，常常会有剧烈的心理冲突和很多的不适应，发展心理咨询能为大学生调节自己的心身状态，缓解自身的情绪困扰和内心冲突，以健康的心理快乐地生活、学习提供极好的保健功能。

2.健康咨询

健康心理咨询的对象是指那些觉得心理不够健康的人群。凡是因为某些刺激而引起心理状态紧张，并且明确体验到躯体或情绪上的困扰者，都属于健康心理咨询对象。

一般情况下，凡是生活、工作、学习、家庭、疾病、康复、婚姻等方面出现心理问题，一旦求助者体验到不适或痛苦，都可属于健康心理咨询的范围。其内容大致如下：

①各种情绪障碍，如焦虑、恐惧、抑郁、悲观等；

②各种不可控制性的思维、意向、行为、动作的解释；

③长期慢性躯体疾病，久治不愈，既对治疗不满意，又丧失信心，因而需进行心理上的指导者；

④精神病康复期的心理指导；

⑤家庭中求助者的处理、护理。

当今大学生由于学习的压力及人际关系的不适应，难免会出现一些心理障碍，一些心理问题在初期没有得到很好的重视，会出现一些心理疾患。这些障碍只要通过健康性咨询，运用一些有效的心理治疗方法，是能够排除或治愈的。

3.团体咨询

团体咨询是在团体情景中提供心理帮助与指导的一种心理咨询形式。它是通过团体内人际交互作用，促使个体在交往中通过观察、学习、体验，认识自我、探讨自我、接纳自我、调整和改善与他人的关系，学习新的态度与行为方式，以发展良好的生活适应能力的助人过程。

团体咨询不是个别咨询与治疗的简单拓展，也不仅仅是为了节省时间和人力。团体咨询与治疗有其独到之处。其作用可以概括为如下几点(樊富珉,1998)。

①团体为个人提供了一面镜子。

②成员可从其他参加者和指导者的反馈中获得益处。

③成员接受其他参加者的协助,也给予协助。

④团体提供考验实际行为和尝试新行为的机会。

⑤团体情景鼓励成员做出承诺并用实际行动来改善生活。团体中的互动行为,帮助成员了解他们在工作、家庭中的功能,并显示出如何追求其在社会上的地位。

⑥团体的结构方式可以使成员得到归属的满足。

团体咨询与治疗有其独特的优点。团体咨询与治疗通过团体活动协助参加者发展个人潜能,学习解决问题及克服情绪和行为上的困难。心理学研究者证明,人类的许多问题和冲突可以在社会活动中被确认,因此团体工作不仅可以反映人性的冲突和不适应,而且可以提供矫正的影响力。目前,团体咨询与治疗已在学校、家庭、医院、企业、军队等众多的社会领域得到广泛的应用,成为心理咨询的一种新的发展趋势。但是团体咨询也有其局限性。有多数人在场的情况下,求助者容易产生顾虑,不愿暴露自己的想法。所以,团体咨询只能解决一些共同存在的表层心理问题,深层的问题则需要通过个别咨询单独加以解决。

三、心理咨询的积极意义

实践证明,心理咨询能够为人们提供全新的人生经验和体验。对那些心理适应属于正常范围的人来说,咨询所提供的全新环境可以帮助他们认识自己与社会,处理各种关系,以便更好地发挥他们的内在的潜力。而那些由于心理问题而遇到麻烦的人可以在心理咨询师的帮助下逐渐改变他们不良的思维方式,学会与外界相处的方式。

(一)相互理解,建立新的人际关系

咨询关系是一种诚实的人际关系。咨询师总是带着一种善意的并且真诚的态度来回答对方的问题。咨询过程也为求助者提供了真诚的机会。咨询关系是一种相互理解的人际关系。为了达到帮助对方的目的,咨询师要想方设法去理解对方。基于这样的关系,人们可以直抒胸

臆而不必承担破坏性的后果。他们的冒险或失败都不必付出任何代价。在咨询中,他们可以做出过激的或冷淡的反应,他们的坦诚付出不需要代价,咨询师常常用积极的态度去回应。这种相互理解、平等和睦的关系,有利于求助者成功地应用于其他人际交往当中。

(二)认识自我,缓解矛盾冲突

去心理咨询的人有各种各样的心理问题,但大部分是由于自身的人格特点和处事风格而引起。不幸的是,人们通常认为他们的问题产生的原因不在自身,而把它归结为是因为外界而引起的,常常认为外界不公平。咨询师能够帮助对方很好地审视自我,促进求助者的内省,能够正确地认识自我,让他们懂得,大多数心理问题是由内部产生的,外部环境不过是一个舞台,冲突就在这个舞台上面展开。人们遇到的与周围环境之间或人与人之间的问题,这是由于自我内部冲突的外部表现和反映。咨询能为这些人提供新的经验,让他们认识自己的需要、价值观、态度、动机、长处和短处。他们一旦认识了自己,就会惊奇地发现大部分冲突是他们自己造成的。同时,他们还能通过咨询学会使软弱的内心世界变得坚强起来,使他们尽快成长并获得最大程度的快乐和幸福。

(三)有效宣泄,以求内心的解脱

倾诉和宣泄是一种很好的心理疏导方式。在咨询过程中,有可能让求助者一吐为快,在宣泄与倾诉中,求助者的心理问题就得到了很好的缓解和治疗。对于咨询者而言,咨询是了解求助者苦恼和困惑等情况的途径,因此,咨询者主要任务就是倾听。倾听并非仅仅是用耳朵听,更重要的是要用心去听,去设身处地地感受。正确的倾听要求咨询者以机警和同情达理的态度深入到求助者的烦恼中去,细心地注意求助者的所言所行,注意对方如何表达自己的问题,如何谈论自己及自己与他人的关系以及如何对问题做出反应。

(四)容纳自我,增加心理自由度

咨询为人们提供了更大的心理空间,增加了心理自由度。求助者大多过分追求完美,不允许自己有不足。而咨询允许人们有不足,并且帮助他们明白,一个人成长的道路总是与不完美和不足相伴的。而一旦这些人按照他们自身的本性自然而然地成长起来的时候,他们就有了更大的自由去享受生活了。求助者不愿意让人失望,咨询就可以给他让人失望的自由,从而使自己得到解脱。咨询也允许矛盾的感情同时存在。爱配偶或恨他(她),为朋友感到骄傲或是嫉妒他们,把自己称为勇敢的或是胆怯的……这一切可以共存。事实上,一个人几乎永远不会达到完美,残缺也许才是美,如果人们都能触及自己矛盾的心理和感情,并表示接受的话,就会逐渐地理解自己的行为,并且在问题的解决上也迈出了重要的一步。

思考题

1.什么是健康?心理健康的标准是什么?
2.你如何看待社会交往与心理健康?
3.什么是心理咨询?你如何看待心理咨询?

团体训练(十):“人际关系中的我”

时间:大约90分钟。

目的:通过此活动让成员能够从更多的角度认识自己,促进成员全面认识自我,并能更好地整合自己,以利于在今后的社交活动中学会协调各方面的关系,从而建立良好的人际氛围。

活动程序如下:

1.指导者发给每个人一张表。

2.拿到表后请认真思考并填写。

父亲眼中的我	兄弟姐妹眼中的我	朋友眼中的我	自己眼中的我
母亲眼中的我	同事同学眼中的我	恋人眼中的我	自己心中的我

3.填完后进行交流:你对自己有什么心得发现?你最重视谁的看法?为什么?你最难填写的是那个格?为什么有困难?指导者鼓励成员尽情地发表自己的内心感受。

附录 人际交往简易心理测验量表

一、健康症状量表

(一)SCL—90问卷

以下列出了有些人可能会有的问题,请仔细阅读每一条,然后根据最近一星期来自己的实际感觉,选择最符合您的一种情况,填在测验答卷纸中相应题号的评分栏中。其中“没有”记1分,“较轻”记2分,“中等”记3分,“较重“记4分,”严重“记5分。

(1)头痛。

(2)神经过敏,心中不踏实。

(3)头脑中有不必要的想法或字句盘旋。

(4)头昏或昏倒。

(5)对异性的兴趣减退。

(6)对旁人责备求全。

(7)感到别人能控制您的思想。

(8)责怪别人制造麻烦。

(9)忘性大。

(10)担心自己的衣饰不整齐及仪态的不端正。

(11)容易烦恼和激动。

(12)胸痛。

(13)害怕空旷的场所或街道。

(14)感到自己的精力下降,活动减慢。

(15)想结束自己的生命。

(16)听到旁人听不到的声音。

(17)发抖。

(18)感到大多数人都不可信任。
(19)胃口不好。
(20)容易哭泣。
(21)同异性相处时感到害羞不自在。
(22)感到受骗、中了圈套或有人想抓住您。
(23)无缘无故地突然感到害怕。
(24)自己不能控制地大发脾气。
(25)怕单独出门。
(26)经常责怪自己。
(27)腰痛。
(28)感到难以完成任务。
(29)感到孤独。
(30)感到苦闷。
(31)过分担忧。
(32)对事物不感兴趣。
(33)感到害怕。
(34)我的感情容易受到伤害。
(35)旁人能知道您的私下想法。
(36)感到别人不理解您、不同情您。
(37)感到人们不友好不喜欢您。
(38)做事必须做得很慢以保证做得正确。
(39)心跳得很厉害。
(40)恶心或胃部不舒服。
(41)感到比不上他人。
(42)肌肉酸痛。
(43)感到有人在监视您谈论您。
(44)难以入睡。
(45)做事必须反复检查。
(46)难以做出决定。
(47)怕乘电车、公共汽车、地铁或火车。

(48)呼吸有困难。

(49)一阵阵发冷或发热。

(50)因为感到害怕而避开某些东西、场合或活动。

(51)脑子变空了。

(52)身体发麻或刺痛。

(53)喉咙有梗塞感。

(54)感到前途没有希望。

(55)不能集中注意力。

(56)感到身体的某一部分软弱无力。

(57)感到紧张或容易紧张。

(58)感到手或脚发重。

(59)想到死亡的事。

(60)吃得太多。

(61)当别人看着您或谈论您时就感到不自在。

(62)有一些不属于您自己的想法。

(63)有想打人或伤害他人的冲动。

(64)醒得太早。

(65)必须反复洗手、点数目或触摸某些东西。

(66)睡得不稳不深。

(67)有想摔坏或破坏东西的冲动。

(68)有一些别人没有的想法或念头。

(69)感到对别人神经过敏。

(70)在商店或电影院等人多的地方感到不自在。

(71)感到任何事情都很困难。

(72)一阵阵恐惧和惊恐。

(73)感到在公共场合吃东西很不舒服。

(74)经常与人争论。

(75)单独一人神经很紧张。

(76)别人对您的成绩没有做出恰当的评价。

(77)即使和别人在一起也感到孤单。

(78)感到自己没有什么价值。

(79)感到坐立不安,心神不定。

(80)感到熟悉的东西变成陌生或不像是真的了。

(81)大叫或摔东西。

(82)害怕会在公共场合昏倒。

(83)感到别人想占您的便宜。

(84)为一些有关"性"的想法而很苦恼。

(85)您认为应该为自己的过错而受到惩罚。

(86)感到要赶快把事情做完。

(87)感到自己的身体有严重问题。

(88)从未感到和其他人很亲近。

(89)感到自己有罪。

(90)感到自己的脑子有毛病。

(二)计分与评价

SCL—90有10个因子($F_1 \sim F_{10}$),即所有90个项目可以分为10大类。每一类都着重反映出求助者的某一方面的情况,因而通过各因子的合计分(粗分)/该因子的项目数所得的标准分(T分),可以了解病人的症状分布特点以及求助者自身的具体演变过程。当$T \geqslant 3$时,便认为被试的该因子症状已达中等以上程度。

10个因子所包含项目如下:

F_1(躯体化):包括1,4,12,27,40,42,48,49,52,53,56,58共12项。该因子主要反映主观身体的不适感。

F_2(强迫症状):包括3,9,10,28,38,45,46,51,55,65共10项。主要指那些明知没有必要,但又无法摆脱的无意义的思想、冲动、行为等表现。

F_3(人际关系敏感):包括6,21,34,36,37,41,61,69,73共9项。它主要指某些人不自在感和自卑感,尤其是在与他人相比较时更突出。自卑、懊丧以及在人际关系中明显相处不好的人,往往是这一因子获高分的对象。

F_4(抑郁):包括5,14,15,20,22,26,29,30,31,32,54,71,79共13项。

附表－1 SCL-90 测验答卷

F_1		F_2		F_3		F_4		F_5		F_6	
项目	评分	项目	评分	项目	评分	项目	评分	项目	评分	项目	评分
1		3		6		5		2		11	
4		9		21		14		17		24	
12		10		34		15		23		63	
27		28		36		20		33		67	
40		38		37		22		39		74	
42		45		41		26		57		81	
48		46		61		29		72		合计	
49		51		69		30		78			
52		55		73		31		80			
53		65		合计		32		86			
56		合计				54		合计			
58						71					
合计						79					
						合计					

F_7		F_8		F_9		F_{10}		结果处理		
项目	评分	项目	评分	项目	评分	项目	评分	因子项	粗分/项目数	T分
13		8		7		19		F_1	/12	
25		18		16		44		F_2	/10	
47		43		35		59		F_3	/9	
50		68		62		60		F_4	/13	
70		76		77		64		F_5	/10	
75		83		84		66		F_6	/6	
82				85		89		F_7	/7	
合计		合计		87		合计		F_8	/6	
				88				F_9	/10	
				90				F_{10}	/7	
				合计						

它反映的是与临床上抑郁症状群相联系的广泛的概念。抑郁苦闷的感情和心境是代表性症状。

F_5(焦虑):包括 2,17,23,33,39,57,72,78,80,86 共 10 个项目。它包括一些通常在临床上明显与焦虑症状相联系的精神症状及体验,一般指那些无法静息、神经过敏、紧张以及由此而产生的躯体征象。

F_6(敌对):包括 11,24,63,67,74,81 共 6 项。主要从思维、情感及行为三方面来反映受检者的敌对表现。

F_7(恐怖):包括 13,25,47,50,70,75,82 共 7 项。它与传统的恐怖状态或广场恐怖所反映的内容基本一致。引起恐怖的因素包括出门旅行、空旷场地、人群、公共场合及交通工具等。

F_8(偏执):包括 8,18,43,68,76,83 共 6 项。偏执是一个十分复杂的概念。本因子只是包括了一些基本内容,主要指思维方面,如投射性思维、敌对、猜疑、妄想、被动体验与夸大等。

F_9(精神病性):包括 7,16,35,62,77,84,85,87,88,90 共 10 项。其中有幻听、思维播散、被控制感、思维被插入等反映精神分裂样症状的项目。

F_{10}(其他):包括 19,44,59,60,64,66,89 共 7 个项目,主要反映睡眠及饮食情况。

该量表适用于精神科或非精神科门诊的成年病人。根据国内学者的研究体会,它对于神经症及综合医院住院病人或心理咨询门诊的受检者,都有较好的自评效果,是能很快了解病人自觉症状的有力工具。

注意事项:评定的时间范围是“现在”或者是“最近一个星期” 的实际感觉。

二、人格评估量表

(一)艾森克个性量表 EPQ(Adult)

问卷共有 88 个问题,只回答“是”或“否”即可。请同学注意,无论“是”与“否”并不存在“对”与错”的问题,也不需要过多地思考,看懂意思便可回答。

(1)你是否有许多不同的业余爱好？……………………是　否

(2)你是否在做任何事情以前都要停下来仔细思考？…………………………………………………………………………是　否

(3)你的心境是否常有起伏？……………………………是　否

(4)你曾有过明知是别人的功劳而你去接受奖励的事情吗？……………………………………………………………………是　否

(5)你是否健康？…………………………………………是　否

(6)欠债会使你不安吗？…………………………………是　否

(7)你曾无缘无故觉得"真实"难受吗？…………………是　否

(8)你曾经贪图过分外之物吗？…………………………是　否

(9)你是否在晚上小心翼翼地关好门窗？………………是　否

(10)你是否比较活跃？ ………………………………是　否

(11)你见到小孩或动物受折磨时是否会感到非常难过？ …………………………………………………………………………是　否

(12)你常常为自己不该做而做了的事、不该说而说了的话而紧张吗？ ………………………………………是　否

(13)你喜欢跳伞吗？ …………………………………是　否

(14)你常能在热闹的联欢会上尽情地玩吗？ …………是　否

(15)你易激动吗？ ……………………………………是　否

(16)你曾将自己的过错推给别人吗？ ………………是　否

(17)你喜欢会见陌生人吗？ …………………………是　否

(18)你是否相信保险制度是一种好方法？ ……………是　否

(19)你是一个容易伤感情的人吗？ …………………是　否

(20)你所有的习惯都是好的吗？ ……………………是　否

(21)在社交场合你是否总不愿露头角？ ……………是　否

(22)你体会过服用有奇异或危险作用的药物吗？ ……是　否

(23)你常有"厌倦"之感吗？ …………………………是　否

(24)你曾拿过别人的东西(哪怕是一针一线)吗？ ……是　否

(25)你是否常爱外出？ ………………………………是　否

(26)你是否以伤害你所宠爱的人而感到乐趣？ ………是　否

(27)你常为有罪恶之感所苦恼吗？ …………………… 是 否
(28)你在谈论中是否有时不懂装懂？ ………………… 是 否
(29)你是否宁愿去看些书而不愿去多见人？ ………… 是 否
(30)你曾要伤害你的仇人吗？ ………………………… 是 否
(31)你觉得自己是一个神经过敏的人吗？ …………… 是 否
(32)对人有所失礼时你是否经常要表示歉意？ ……… 是 否
(33)你有许多朋友吗？ ………………………………… 是 否
(34)你是否喜爱讲些有时确能伤害人的笑话？ ……… 是 否
(35)你是一个多忧多虑的人吗？ ……………………… 是 否
(36)你在童年时是否按照吩咐要你做什么便做什么，
毫无怨言？ ……………………………………… 是 否
(37)你认为你是乐天派吗？ …………………………… 是 否
(38)你讲究礼貌和整洁吗？ …………………………… 是 否
(39)你是否总在担心会发生可怕的事情？ …………… 是 否
(40)你曾损坏或遗失过别人的东西吗？ ……………… 是 否
(41)交新朋友时一般是你采取主动吗？ ……………… 是 否
(42)当别人向你诉苦时，你是否容易理解他们的苦衷？ …………
…………………………………………………………… 是 否
(43)你认为自己很紧张，如同“拉紧的弦”一样吗？ …… 是 否
(44)在没有废纸篓时，你是否将废纸扔在地板上？ …… 是 否
(45)当你与别人在一起时是否言语很少？ …………… 是 否
(46)你是否认为结婚制度过时了应该废止？ ………… 是 否
(47)你是否有时感到自己可怜？ ……………………… 是 否
(48)你是否有时有点自夸？ …………………………… 是 否
(49)你是否很容易将一个沉寂的集会搞得活跃起来？ …………
…………………………………………………………… 是 否
(50)你是否讨厌那种小心翼翼开车的人？ …………… 是 否
(51)你为你的健康担忧吗？ …………………………… 是 否
(52)你曾讲过什么人的坏话吗？ ……………………… 是 否
(53)你是否喜欢对朋友讲笑话和有趣的故事？ ……… 是 否

(54)你小时候曾对你父母粗暴无礼吗？ ………………… 是　否
(55)你是否喜欢与人混在一起？ ……………………… 是　否
(56)你知道自己工作有错误，这会使你感到难过吗？ …………
……………………………………………………………… 是　否
(57)你有失眠现象吗？ ………………………………… 是　否
(58)你吃饭前必定洗手吗？ …………………………… 是　否
(59)你常无缘无故感到无精打采和疲倦吗？ ………… 是　否
(60)和别人玩游戏时，你有过欺骗行为吗？ ………… 是　否
(61)你是否喜欢从事一些动作迅速的工作？ ………… 是　否
(62)你的母亲是位善良的女性吗？ …………………… 是　否
(63)你是否常常觉得人生非常乏味？ ………………… 是　否
(64)你曾利用过某人为自己取得好处吗？ …………… 是　否
(65)你是否常常参加许多活动，超过你的时间所允许？ ………
……………………………………………………………… 是　否
(66)是否有几个人总在躲避你？ ……………………… 是　否
(67)你是否为你的容貌而非常烦恼？ ………………… 是　否
(68)你是否觉得人们为了未来有保障而办理储蓄和保险
所花的时间太多？ ………………………………… 是　否
(69)你有过不如死了为好的愿望吗？ ………………… 是　否
(70)如果有把握永远不会被人发现，你会逃税吗？ …… 是　否
(71)你能使一个聚会顺利进行吗？ …………………… 是　否
(72)你能够克服自己对人无礼的行为吗？ …………… 是　否
(73)遇到一次难堪的经历以后，你是否在一段时间内感到
难受？ ……………………………………………… 是　否
(74)你患有“神经过敏症”吗？ ……………………… 是　否
(75)你曾经故意说些什么来伤害别人的感情吗？ …… 是　否
(76)你与别人的友谊是否容易破裂，虽然不是你的过错？ ……
……………………………………………………………… 是　否
(77)你常感到孤独吗？ ………………………………… 是　否
(78)当有人寻你的差错、找你工作中的缺点时，你是否

容易在精神上受到挫伤? …………………………… 是 否

(79)你赴约会或上班曾迟到过吗? …………………… 是 否

(80)你喜欢忙忙碌碌和热热闹闹地过日子吗? ……… 是 否

(81)你愿意别人怕你吗? …………………………… 是 否

(82)你是否觉得有时浑身是劲,而有时又是懒洋洋的?…………
……………………………………………………… 是 否

(83)你有时把今天应做的事拖到明天去做吗? ……… 是 否

(84)别人认为你是生气勃勃的吗? …………………… 是 否

(85)别人是否对你说了许多谎话 ……………………… 是 否

(86)你是否对某些事物容易着火? …………………… 是 否

(87)当你犯错误时,是否常常愿意承认它? …………… 是 否

(88)你会为一动物落入圈套被捉拿而感到难过吗? … 是 否

(二)气质测验

由陈会昌编制的气质测验60题,是目前国内应用较广的一种气质测验工具。它既可以用于大学生班级、年级的集体测试,也可用于个人进行自测。测试时间一般为15~20分钟。

1.气质测验60题

下面60道题,可以帮助你大致确定自己的气质类型。在回答这些问题时,你认为:很符合自己情况的,记2分;比较符合的,记1分;介于符合与不符合之间的,记0分;比较不符合的,记-1分;完全不符合的,记-2分。

(1)做事力求稳妥,一般不做无把握的事。

(2)遇到可气的事就怒不可遏,想把心里话全说出来才痛快。

(3)宁可一个人干事,不愿很多人一起。

(4)到一个新环境很快就能适应。

(5)厌恶那些强烈的刺激,如尖叫、噪声、危险镜头等。

(6)和人争吵时,总是先发制人,喜欢挑衅。

(7)喜欢安静的环境。

(8)善于和人交往。

(9)羡慕那种善于克制自己感情的人。

(10)生活有规律,很少违反作息制度。
(11)在多数情况下情绪是乐观的。
(12)碰到陌生人觉得很拘束。
(13)遇到令人气愤的事,能很好地自我克制。
(14)做事总是有旺盛的精力。
(15)遇到问题总是举棋不定,优柔寡断。
(16)在人群中从不觉得过分拘束。
(17)情绪高昂时,觉得干什么都有趣;情绪低落时,又觉得什么都没意思。
(18)当注意力集中于一事物时,别的事很难使我分心。
(19)理解问题总比别人快。
(20)碰到危险情景,常有一种极度恐怖感。
(21)对学习、工作、事业怀有很高的热情。
(22)能够长时间做枯燥、单调的工作。
(23)符合兴趣的事情,干起来劲头十足,否则就不想干。
(24)一点小事就能引起情绪波动。
(25)讨厌做那种需要耐心、细致的工作。
(26)与人交往不卑不亢。
(27)喜欢参加热烈的活动。
(28)爱看感情细腻、描写人物内心活动的文学作品。
(29)工作学习时间长了,常感到厌倦。
(30)不喜欢长时间谈论一个问题,愿意实际动手干。
(31)宁愿侃侃而谈,不愿窃窃私语。
(32)别人总是说我闷闷不乐。
(33)理解问题常比别人慢些。
(34)疲倦时只要短暂的休息就能精神抖擞,重新投入工作。
(35)心里有话宁愿自己想,不愿说出来。
(36)认准一个目标就希望尽快实现,不达目的,誓不罢休。
(37)学习、工作同样一段时间后,常比别人易疲倦。
(38)做事有些莽撞,常常不考虑后果。

(39)老师讲授新知识时,总希望他讲得慢些,多重复几遍。
(40)能够很快地忘记那些不愉快的事情。
(41)做作业或完成一件工作总比别人花时间多。
(42)喜欢运动量大的剧烈运动或参加各种文艺活动。
(43)不能很快地把注意力从一件事转移到另一件事上去。
(44)接受一个任务后就希望把它迅速解决。
(45)认为墨守成规比冒风险强些。
(46)能够同时注意几件事物。
(47)当我烦闷的时候,别人很难使我高兴起来。
(48)爱看情节起伏跌宕、激动人心的小说。
(49)对工作抱认真严谨、始终一贯的态度。
(50)和周围人的关系总是相处不好。
(51)喜欢复习学过的知识,重复做能熟练做的工作。
(52)希望做变化大、花样多的工作。
(53)小时候会背的诗歌,我似乎比别人记得清楚。
(54)别人说我"出语伤人",可我并不觉得这样。
(55)在体育活动中,常因反应慢而落后。
(56)反应敏捷,头脑机智。
(57)喜欢有条理而不甚麻烦的工作。
(58)兴奋的事常使我失眠。
(59)老师讲新概念,常常听不懂,但是弄懂了以后很难忘记。
(60)假如工作枯燥无味,马上就会情绪低落。

2.确定气质类型的方法

(1)将每题得分填入附表-2 相应"得分"栏内。
(2)计算每种气质类型的总得分数。
(3)确定气质类型。

①如果某类气质得分明显高出其他 3 种,均高出 4 分以上,则可定为该类气质。如果该类气质得分超过 20 分,则为典型型;如果该类得分在 10~20 分,则为一般类型。

②两种气质类型得分接近,其差异低于 3 分,而且又明显高于其他

两种，高出4分以上，则可定为这两种气质的混合型。

③三种气质得分均高于第四种，而且接近，则为三种气质的混合型，如多血—胆汁—黏液质混合型或黏液—多血—抑郁质混合型。

附表-2　气质测验得分

胆汁质	题号	2	6	9	14	17	21	27	31	36	38	42	48	50	54	58	总分
	得分																
多血质	题号	4	8	11	16	19	23	25	29	34	40	44	46	52	56	60	总分
	得分																
黏液质	题号	1	7	10	13	18	22	26	30	33	39	43	45	49	55	57	总分
	得分																
抑郁质	题号	3	5	12	15	20	24	28	32	35	37	41	47	51	53	59	总分
	得分																

需要强调的是，运用短时的观察和实验法来确定气质类型时，有一定的局限性，全面而准确的测定需要通过长时间和多方面的观察，并联系对被试者整个生活历程的了解和分析，才能真正看出一个人高级神经活动类型的最稳定的特征。因此，气质的问卷调查对被试气质类型的确定只是一种“大致的确定”。

（三）性格测验

性格测验的方法有许多种。一般较多采用的是观察法、谈话法、个案追踪法、作品分析法、自然实验法、自陈测验法、投射测验法及将上述几种方法综合运用的综合分析法。

下面介绍日本学者田崎仁所推出的一种比较适合学生特点的性格测验量表，量表包括Ⅰ～Ⅴ共五个分测验，其内容与统计方法如下。

方法：比较下面A，B两种提问，如果你的性格符合于提问A时，就在A栏□中画一个“○”。当你的性情符合于提问B时，就在B栏□中画上一个“○”。如果对A和B的提问无法确定哪一个符合你的情况时，就在C栏□中画一个“○”。

1. 田崎仁性格测验量表

Ⅰ

	A	A C B	B
(1)	在众人面前有些心慌，不能自然地谈话。	□□□	在众人面前，能保持沉着、镇静的谈话。
(2)	不善于结交朋友。	□□□	善于结交朋友。
(3)	单独一个人，能把身心沉静下来。	□□□	不和朋友在一起，身心沉静不下来。
(4)	初次与人会面，不能融洽地谈话。	□□□	即使是初次会面，也能融洽地谈话。
(5)	不善于领导别人。	□□□	总是喜欢领导别人。
(6)	不会感情用事，善于克制，即使有令人气愤的事，也不显露出来。	□□□	感情极易冲动。往往不能克制，喜怒无常。
(7)	集会时，常常喜欢选择后边座位。	□□□	集会时，尽量坐在前排。
(8)	自己明白的问题，不愿在众人面前回答，有点害羞，所以经常保持沉默。	□□□	不论在何时何地，自己明白的事情，都能轻松愉快地进行回答。

Ⅱ

	A	A C B	B
(1)	不善于选择参考书，去书店时，往往犹豫不决。	□□□	在书店里，只要认为是好的参考书立即决定买下。
(2)	自己的思想不愿意暴露出来。	□□□	自己的思想能毫不在乎地向别人暴露。
(3)	被人称为是个爱讲	□□□	被人称为是个轻率的

道理的人。		人。
(4)自己拿定的主张,不管别人怎样讲,也不想改变。	□□□	听到别人意见,就迅速改变自己的主张。
(5)午休时,喜欢在教室里呆着,不愿出去活动。	□□□	午休时,喜欢到操场上轻松愉快地玩。
(6)对议论感兴趣。	□□□	对议论不感兴趣。
(7)虽然有人教我,可是,还是有些问题不能理解。	□□□	别人教我的问题,能马上都明白。
(8)碰到难题时,能努力思考,直到解决时为止。	□□□	一碰到不能解决的问题,立即停止学习。

Ⅲ

A	A C B	B
(1)当考试的成绩不好时,就变得颓丧,没有精神再继续学习下去。	□□□	即使成绩不好,却认为失败是成功之母,毫不介意。
(2)经常认为自己的能力不行、无能,常有自卑感。	□□□	认为人总是有成功的时候,也有失败的时候。
(3)有时认为自己天生运气不好。	□□□	对于有志气的人来说道路是很宽广的。
(4)在重要的考试中,往往担心是否会出错。	□□□	我认为错了就改,对考试不太介意。
(5)我一考虑到自己的力量是否够,就不能确定前进的道路。	□□□	只要能做的事,即使做不好,也没关系。

A	A C B	B
(6)总是考虑这次考试要失败，而感到不安。	□□□	我想即使把考试放在心上，也没有什么用。
(7)我很关心朋友们的成绩。	□□□	我不关心朋友们的成绩。
(8)对自己的前途有时不抱希望。	□□□	对自己的前途总是抱有希望。

Ⅳ

A	A C B	B
(1)自己一个人呆着，有时感到有点不安。	□□□	自己一个人也能很镇静地呆着。
(2)总是担心别人对自己有什么看法。	□□□	不介意别人对自己有什么看法。
(3)常常注意自己的仪容。	□□□	不介意自己的仪容。
(4)一有羞耻的思想，总是忘不掉。	□□□	即使有羞耻的思想，也能马上忘掉。
(5)房间不整理好，身心平静不下来。	□□□	即使房间里杂乱无章，也能把身心平静下来。
(6)在学习中，非常担心有讲话声、收音机或电视机等声音的干扰。	□□□	不介意讲话声、收音机或电视机等声音的干扰。
(7)非常注意交通安全，唯恐发生交通事故。	□□□	不注意交通安全，时常做冒险的行动。
(8)向老师提问题总有点羞怯、疑虑。	□□□	不懂的地方，能随便向老师提问。

Ⅴ

A	A C B	B
(1)情绪总是镇静的。	□□□	碰到一点事情，情绪就

		受波动。
(2)只要认为是好的参考书，就能长期使用它。	□□□	一看到朋友们有新的参考书，马上就想换一下。
(3)学习时，能够始终平心静气地坐在书桌旁。	□□□	学习时，一会儿站着，一会儿坐着，总是定不下心来。
(4)在编制可靠的计划后，才开始学习。	□□□	由于编制的学习计划往往不能执行，所以一开始学习就无计划。
(5)能认真完成课外作业。	□□□	常常把课外作业忘掉。
(6)人们称我是能专心致志的人。	□□□	人们说我无论干什么事都不能专心致志。
(7)在学习中，有朋友来邀请时，能婉言拒绝。	□□□	在学习中，一有朋友来邀请，我就停止了学习。
(8)在学习中，即便碰上喜欢看的电视节目也不去看。	□□□	在学习中，想干什么就去干，想看什么就去看。

2.根据实际情况选择合适答案

(1)你认为自己的性格符合(　　)。

A.外向　　B.内向　　C.不典型

(2)你的性格从小到现在(　　)。

A.基本上没有变　　B.有改变

(3)你的性格改变的时间大致是(　　)。

A.小学　　B.初中　　C.高中　　D.大学

(4)使你的性格改变的因素影响(　　)。

A.父、母的影响

B.兄弟姐妹影响

C.家庭及其成员影响

D.朋友的影响

E.学校中老师或班级集体的影响

F.家庭的政治、经济地位等的变动

G.其他社会因素,如社会风气等的影响

(5)在你成长或成功的道路上,哪些性格特征帮助了你？哪些性格特征阻碍了你？

3.确定性格类型的方法

(1)A栏中填一个○为0分,B栏中填一个○为1分,C栏中填一个○为2分。

(2)把5个分测验的得分分别填入得分栏,然后依据等级分数换算把求得的等级分数也填入表中。

(3)在“性格雷达”图表的Ⅰ~Ⅴ线上,取各分测量等级分数,用线连起来。以中间圆圈3为标志,在它的外面为外向性格,向中心为内向性格。

附表-3 等级分数换算表

得分范围	等级分数	评价
2分以下	1	相当内向性
3~5分	2	稍微内向性
6~10分	3	两向性
11~13分	4	稍微外向性
14分以上	5	相当外向性

附表-4 测验分数汇总表

分测验	得分	等级分数
Ⅰ		
Ⅱ		
Ⅲ		
Ⅳ		
Ⅴ		

附表-5

	内向型		外向型	
孤独型	寡言、谨慎、消极、孤僻	Ⅰ	开朗、积极、善辩、适应	社交型
思考型	沉思、自省、重理论	Ⅱ	讲实际、实干、进取	行动性
失去自信型	自卑感、内疚	Ⅲ	自命不凡	自负性
不安全型	守规矩、清高、胆小	Ⅳ	大方、草率、无忧无虑	乐天型
冷静型	慎重、沉着、安稳	Ⅴ	敏感、情绪冲动	感情型

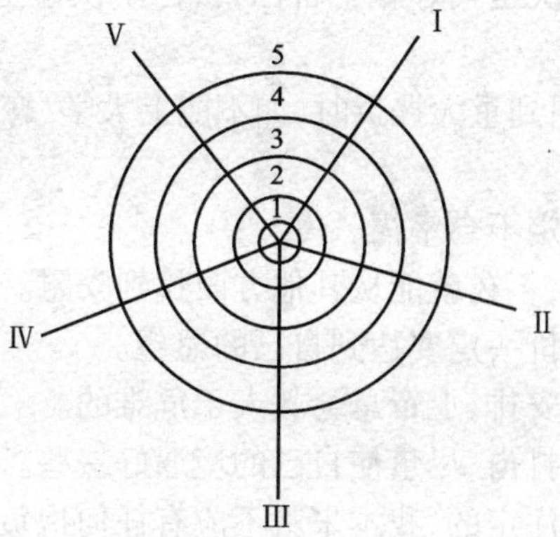

附图-1　性格雷达图

(四)个性成熟测验

个性成熟测验以一种定量的指标告诉你自己个性成熟的程度。请先对各题进行逐一选择,最后再翻看后面的评分表。

请对下面每一个问题选择一种回答。

(1)我的雇主或老师对待我的方式是:

①老是吹毛求疵,使我经常不得安宁。

②他们一有机会,就对我进行批评。

③只要我遵守规章制度,工作得好,他们不来多管我。

④在工作中给我很多帮助。

⑤赞扬我工作勤勤恳恳。

⑥我有错误他们就批评,我有成绩他们就表扬。

(2)我在打牌时或参加体育比赛中,如果我或我的一方输掉,我的反应往往是:

①研究输的原因,以便提高自己的技术。

②对赢的一方的技术表示无比赞赏。

③感到自己不如人家。

④感到对方没啥了不起,自己别的方面比对方强。

⑤认为这类活动中的输赢并不重要,很快就置之脑后。

⑥认为对方这次运气好赢了自己,自己下次碰上好运气也能赢对方。

(3)当生活中遇到重大挫折时,如不能上大学、恋爱对象告吹等等,我感到:

①这辈子我肯定不会幸福。

②我兴趣广泛,不久就能从其他方面找到安慰。

③不惜任何代价一定要达到自己的愿望。

④相信命运的安排,上帝总会救人于危难的。

⑤努力承受住打击,尽量使自己的境遇好一些。

⑥这是我命里注定的,我本来就不应有任何抱负或奢望。

⑦我没有什么不可放弃的计划和抱负。

⑧我不高兴了一阵,接着就忘了。

(4)人们喜欢我的程度似乎是:

①要么很喜欢我,要么一点也不喜欢我。

②有点喜欢我,但不引为知己。

③第一次见面时人们似乎都喜欢我。

④人们了解我后才喜欢我。

⑤没人喜欢我。

⑥很多人都在某种程度上喜欢我。

⑦我说不上。

⑧如果我能帮某人一点忙,那人就喜欢我。

⑨人们起初喜欢我,但后来往往转而不喜欢我。

(5)我谈论自己受挫折的经历时大体倾向是:

①无论何时,人们对我受挫折的经历表现出兴趣,我就告诉他们。
②在谈话中随便提到,我就告诉他们。
③我很少跟人谈起自己受挫折的经历,以免人家怜悯自己。
④我从来不跟人说起自己受挫折的经历,怕人以为自己想博取同情或承认有自卑感。
(6)和我意见不相同的那些人是:
①不善交际的,古怪的。
②自私自利的。
③缺乏训练的。
④有理由坚持自己看法的。
⑤和我的社会背景不同的。
⑥缺乏经验的。
⑦智力上比我强的。
⑧在某一问题上知识比我丰富的。
(7)在打牌或比赛中我喜欢的对手是:
①技术高超的,这样我有更多机会提高自己的技术。
②比我的技术略高一筹的,这样玩起来更有趣味些。
③比我的技术差劲的,这样我可以赢他,以显示至少我在这一方面比他强。
④跟我的技术不相上下的,我们双方都努力的话均有机会赢取对方。
⑤一个具有体育道德的人,不管其技术如何。
(8)我喜欢生活的社会是:
①比现在的社会更简单一些的社会。
②就像现在这样的社会。
③按部就班逐步向好的方面发展的社会。
④变化中的社会,这样我可以利用变化的机会发展自己,同时造福于别人。
⑤不断变化的社会。
⑥比现在更好的社会。

(9)我和同事(或同学)进行争论的倾向是:
①我总是喜欢随时进行有益的激烈争论。
②如果我有兴趣,我通常喜欢进行争论。
③我很少与人争论,我喜欢自己推敲不同的观点。
④不喜欢争论,并尽量避开争论。
⑤不讨厌争论。
⑥我喜欢漫无边际的讨论。
⑦我喜欢考考人家的知识。
(10)非家庭人员批评我时,我的反应通常是:
①分析批评者为什么批评我。
②问批评者为什么批评我。
③保持沉默,过后丢置脑后。
④遇到机会,也对他进行批评。
⑤如果我认为自己是对的,我就为自己辩护。
⑥保持沉默,并对他记恨在心。
(11)要想在自己的职业中获得成功,家庭影响,即家庭的推动是:
①总是有害的,因为这会使被推动的人在无人推动的情况下,对面临的问题一筹莫展。
②通常是有害而无益。
③对一个人刚从事某一职业时的帮助。
④有时是有帮助的,但不是必需的。
⑤总是有帮助的,但并不是必需的。
⑥为了出人头地是必需的。
⑦总是有帮助的,也总是必需的。
(12)我相信,人们的生活要过得既愉快又有意义有赖于:
①他们如何适应环境,并利用好的环境发展自己。
②他们如何适应环境,并利用环境中的有利因素发展自己。
③即使环境不好,仍然尽量加以使用,变不利因素为有利因素。
(13)我对自己的死的想法是:
①非常害怕想到死。

②不喜欢想到死，但不表露出来。
③把死视为必然要发生的事，平时很少去考虑。
④经常想到死，希望自己有勇气去试验一下。
⑤暗中希望自己死了倒好，但很少在别人面前表露出来。
⑥公开希望自己死了倒干净。
⑦从来不去考虑死。
(14)我希望给人一个好的印象的倾向是：
①预先想好，并刻意追求。
②很少预先想好，但如有机会，则设法给人一个好的印象。
③很少去考虑给人一个好的印象。
④不喜欢别人这样做，自己也从来不这样做。
(15)工作或学习遇到棘手的问题时：
①我就向比我懂得多的人去请教。
②我通常向好朋友请教。
③我很少让人帮助我。
④如果我认为我的朋友知道如何处理，我就去问他。
⑤我尽自己最大的努力去解决，实在不行才去请求别人的帮助。
(16)我认为生活要有意义就必须生活在：
①比现在关系更融洽的亲戚朋友中间。
②有知识的人中间。
③比现在更多的亲戚朋友中间。
④现有的亲戚朋友中间。
⑤不管什么人中间。
⑥志同道合的人中间。
(17)当家里的人批评或责备我时，我通常的反应是：
①讨厌批评和责备，但不吭声。
②为了家庭和睦接受批评，并且说批评得好。
③不吭声，但以后找机会进行反批评。
④不接受批评，进行争论以维护自尊。
⑤设法了解别人为什么批评或责备自己。

⑥发怒并进行争论。

(18)我让人注意我的活动、能力或成就的心情是:

①我希望别人注意,并故意引起别人的注意。

②我希望别人注意我,但不明显地去那么做。

③我喜欢别人注意,但并不刻意追求。

④我不喜欢别人注意我,总是回避谈论自己。

(19)外表对我来说:

①非常重要,我花很多时间修饰自己的外表。

②不怎么重要,我花很少时间去修饰。

③不重要,我只花很少时间,让人看得过去就行。

④几乎没有什么重要性。

⑤非常重要,但我花在这上面的时间不太多。

(20)我喜欢做伴的人是:

①异性。因为他们(或她们)更了解我。

②和我合得来的人,不管是异性还是同性。

③同性,因为我和他们(或她们)更合得来些。

④我不喜欢任何人做伴,因为不感到有这种需要。

(21)当不得不在大庭广众讲话时,我感到:

①极其困难,常使我发窘或说话结结巴巴。

②颇困难,但我还是做出泰然自若的样子。

③这是对我自尊的一种挑战,我毫不畏惧地去干。

④通常不花多大力气就能干好。

⑤我喜欢在大庭广众中发表演说。

⑥除非我认为听众对我是友好的。我感到很困难。

(22)我对预兆的态度是:

①我在我的生活中发现这些预兆总是应验的。

②这些预兆通常是应验的。

③我搞不清这仅仅是巧合还是真的灵验。

④我不相信预兆真的会应验。

⑤我知道预兆是迷信,但还是半信半疑。

(23)我在小组会议上的活动情况是：

①我总是带头讨论问题。

②我了解的问题我才参加讨论。

③只有我认为自己说的东西有价值，我才发言。

④我从来不参加讨论，因为我不喜欢小组讨论。

⑤我不带头，但总是发言的，使讨论能继续下去。

(24)我遇到情感问题时：

①我感到喜欢，因为我可以克服它们，得到刺激。

②我不是特别感兴趣，因为我已经习惯了。

③我感到这是我生活道路上出现的暂时障碍。

④我没有情感问题。

⑤虽然使我不快，但我努力克制。

(25)我对世界的一般看法：

①世界充满罪恶，我希望能逃避现实。

②世界充满诱惑，要保持干净清白很困难。

③世界是包罗万象的人生大舞台，我喜欢研究它。

④如果人们过有意义的生活，世界则是美好的。

⑤我只能活一次，所以我不想去解释世界，我只想生活得痛快。

⑥不管世界是好是坏，我是其中的一分子，我要尽自己的最大努力无愧于自己的一生。

好了，在你答完之后，先不要急于翻看记分表。请你仔细地从头再检查一遍，看有没有漏掉的题。检查完之后，可以对照记分表算出你得的分数，然后再分析。

该问卷满分为192分。一般认为，若你的得分超过100，就说明比较成熟了。如果你的得分低于100，那么你就应该认真地的反思一下，可能并不难发现其症结所在。

如果你的得分高于180分，你最好重新看一遍题目及你的答案，看看是否错了题号或误解题意。如果不是，那么只有两种情况：一是你远比一般人成熟，而且自我感到很好，能在许多方面获得成功，并且有很大的可能出类拔萃；另一种情况是你在骗自己，你不愿了解自己的真实情况，不敢正视现实。对于这种情况，你最好能不带偏见地重新做一遍测验题。

当你的得分低于50分，你就应该十分注意了，否则你将会在很多事情上遭到失败，这时你很可能需要找一位心理咨询工作者谈一谈了。

附表-6 记分表

题号 \ 得分 \ 选择项	1	2	3	4	5	6	7	8	9
1	−3	−2	+4	0	−1	+6			
2	+4	0	−3	−3	+8	−4			
3	−3	+10	0	−5	+2	−3	+6	0	
4	0	−3	0	0	0	+8	−2	−2	0
5	−3	+8	+2	−1					
6	−2	0	−3	+8	+4	−2	−1	−1	
7	−2	+6	0	−5	+8				
8	0	−5	+6	+6	+2	−3			
9	−2	+8	0	0	−4	0	0		
10	+8	+6	−3	−2	+4	−4			
11	−2	0	+8	+8	0	−4	−4		
12	−1	−2	+8						
13	−2	−3	+10	−1	−2	−3	−1		
14	−1	+8	−2	−2	−2				
15	+6	−3	0	0	+2				
16	−4	+8	−2	0	−4	+4			
17	0	−3	−3	+2	+8	−2			
18	−1	−4	+8	0					
19	−2	+4	0	−3	+4				
20	−3	+8	−3	−3					
21	−4	+6	0	+4	+2	0			

续表

题号 \ 得分 \ 选择项	1	2	3	4	5	6	7	8	9
22	-5	-4	-3	+10	-4				
23	-4	+6	0	-4	0				
24	0	+4	+6	0	-1				
25	-3	-3	+6	0	-2	+10			

二、社会交往能力测量量表

(一)社会适应能力测量

社会适应能力,指的是一个人在心理上适应社会生活和社会环境的能力。社会适应能力的高低,从某种意义上说,表明一个人的成熟程度。

请对下面的20道题进行选择:

(1)我最怕转学或转班级,每到一个新环境,我总要经过很长一段时间才能适应。

A.是　　B.无法肯定　　C.不是

(2)每到一个新的地方,我很容易同别人接近。

A.是　　B.无法肯定　　C.不是

(3)在陌生人面前,我常无话可说,以致感到尴尬。

A.是　　B.无法肯定　　C.不是

(4)我最喜欢学习新知识或新科学,它给我一种新鲜感,能调动我的积极性。

A.是　　B.无法肯定　　C.不是

(5)每到一个新地方,我第一天总是睡不好,就是在家里,只要一换床,有时也会失眠。

A.是　　B.无法肯定　　C.不是

(6)不管生活条件有多大变化,我也能很快习惯。

A.是 B.无法肯定 C.不是

(7)越是人多的地方,我越感到紧张。

A.是 B.无法肯定 C.不是

(8)在正式比赛或考试时,我的成绩多半不会比平时练习差。

A.是 B.无法肯定 C.不是

(9)我最怕在班上发言,全班同学都看着我,心都快跳出来了。

A.是 B.无法肯定 C.不是

(10)即使有同学对我有看法,我仍能同他交往。

A.是 B.无法肯定 C.不是

(11)老师在场的时候,我做事情总是有些不自在。

A.是 B.无法肯定 C.不是

(12)和同学、家人相处,我很少固执己见,乐于采纳别人的看法。

A.是 B.无法肯定 C.不是

(13)与同学争论时,我常常感到语塞,事后才想起该怎样反驳对方,可惜已经太迟了。

A.是 B.无法肯定 C.不是

(14)我对生活条件要求不高,即使生活条件很艰苦,我也能过得愉快。

A.是 B.无法肯定 C.不是

(15)有时自己明明把课文背得滚瓜烂熟,可在课堂上背的时候,还是会出差错。

A.是 B.无法肯定 C.不是

(16)在决定胜负成败的关键时刻,我虽然很紧张,但总能很快地使自己镇定下来。

A.是 B.无法肯定 C.不是

(17)我不喜欢的东西,不管怎么学也学不会。

A.是 B.无法肯定 C.不是

(18)在嘈杂混乱的环境里,我仍然能集中精力学习,并且效率较高。

A.是 B.无法肯定 C.不是

(19)我不喜欢陌生人来家里做客,每逢这种情况,我就有意回避。

A.是　　B.无法肯定　　C.不是

(20)我喜欢参加社交活动,我感到这是交朋友的好机会。

A.是　　B.无法肯定　　C.不是

附表-7　得分表

	A	B	C		A	B	C
1	-2	0	2	2	2	0	-2
3	-2	0	2	4	2	0	-2
5	-2	0	2	6	2	0	-2
7	-2	0	2	8	2	0	-2
9	-2	0	2	10	2	0	-2
11	-2	0	2	12	2	0	-2
13	-2	0	2	14	2	0	-2
15	-2	0	2	16	2	0	-2
17	-2	0	2	18	2	0	-2
19	-2	0	2	20	2	0	-2

得分解释:

30~40分:社会适应能力很强,能很快地适应新的学习和生活环境。与人交往轻松、大方,给人的印象极好。无论进入什么样的环境,都能应付自如,左右逢源。

29~34分:社会适应能力良好。

17~28分:社会适应能力一般,当进入一个新的环境,经过一段时间的努力,基本上能适应。

6~16分:社会适应能力较差,依赖于较好的学习、生活环境,一旦遇到困难则易怨天尤人甚至消沉。

5分以下:社会适应能力很差,在各种新环境中,即使经过一段相当长时间的努力,也不一定能够适应,常常困惑,感到与周围事物格格不入而十分苦恼。在与他人的交往中,总是显得拘谨、羞怯、手足无措。

(二)人际信任量表

本量表用于测查受试者对他人的行为、承诺(口头和书面)陈述之可靠性的估计。共有25个项目,其内容涉及各种处境下的人际信任,涉及社会不同社会角色。多数项目与社会角色的可信赖度有关,但也有一些项目与对于未来社会的乐观程度有关。本量表测查时间为10~15分钟。

下面是本量表共25道题,请同学们在规定的时间内完成。

使用以下标准表明你对每一陈述同意或不同意的程度:

1=完全同意;

2=部分同意;

3=同意与不同意相等;

4=部分不同意;

5=完全不同意。

(1)在我们这个社会里虚伪的现象越来越多了。

(2)与陌生人打交道时,你最好小心,除非他们拿出可以证明其值得信任的依据。

(3)除非我们吸引更多的人进入政界,这个国家的前途将十分暗淡。

(4)阻止多数人触犯法律的是恐惧、社会廉耻或惩罚,而不是良心。

(5)考试时老师不到场监考可能会导致更多的人作弊。

(6)通常父母在遵守诺言方面是可以信赖的。

(7)联合国永远也不会成为维持世界和平的有效力量。

(8)法院是我们都能受到公正对待的场所。

(9)如果得知公众听到和看到的新闻有多少已被歪曲,多数人会感到震惊的。

(10)不管人们怎样表白,最好还是认为多数人主要关心其自身幸福。

(11)尽管在报纸、收音机和电视中均可看到新闻,但我们很难得到关于公共事件的客观报道。

(12)未来似乎很有希望。

(13)如果真正了解到国际上正在发生的政治事件,那么公众有理由比现在更加担心。

(14)多数获选官员在竞选中的许诺是诚恳的。

(15)许多重大的全国性体育比赛均受到某种形式的操纵和利用。

(16)多数专家有关其知识局限性的表白是可信的。

(17)多数父母关于实施惩罚的威胁是可信的。

(18)多数人如果说出自己的打算就一定会去实现。

(19)在这个竞争的年代里,如果不保持警惕,别人就可能占你的便宜。

(20)多数理想主义者是诚恳的并按照他们自己所宣扬的信条行事。

(21)多数推销人员在描述他们的产品时是诚实的。

(22)多数学生即使在有把握不会被发现时也不作弊。

(23)多数维修人员即使认为你不懂其专业知识也不会多收费。

(24)对保险公司的控告有相当一部分是假的。

(25)多数人诚实地回答民意测验中的问题。

评分指南:

①项目 6,8,12,14,16,17,18,20,21,22,23 和 25 正序记分。

②项目 1,2,3,4,5,7,9,11,13,15,19 和 24 反序记分。如得 1 分则记 5 分,如得 5 分则记 1 分。

③所有项目得分累加即为总分。

④得高分者人际信任度也高。

参考文献

[1] 高玉祥,王仁欣,刘玉玲.人际交往心理学[M].北京:中国社会出版社,1990.

[2] 章志光.社会心理学[M].北京:人民教育出版社,1998.

[3] 王德华,高希庚.青年交往心理学[M].长沙:湖南人民出版社,1988.

[4] 关茹萍.思想道德修养与法律基础[M].天津:天津大学出版社,2006.

[5] 高希庚,孙颖.大学生心理健康理论与实践[M].天津:天津大学出版社,2005.

[6] 王向东,王希林,马弘.心理卫生评定量表手册[M].北京:中国心理卫生杂志社,1999.

[7] 李元授.交际心理学[M].武汉:中科技大学出版社,2004.

[8] 陈国梁.大学生心理健康教育[M].广州:华南理工大学出版社,1995.

[9] 马建青.大学生心理卫生[M].杭州:浙江大学出版社,1992.

[10] 华红琴.社会心理学原理和应用[M].上海:上海大学出版社,2004.